W0175147

BASTEI
LÜBBE
TASCHENBUCH

Juliane Zimmermann

DER TEUFEL
STECKT IM
ICE

Die abgefahrensten Erlebnisse
einer Zugbegleiterin

BASTEI
LÜBBE
TASCHENBUCH

BASTEI LÜBBE TASCHENBUCH
Band 60817

1. Auflage: Januar 2015

Dieser Titel ist auch als E-Book erschienen

Originalausgabe

Copyright © 2014 by Bastei Lübbe AG, Köln
Lektorat: Ramona Jäger
Textredaktion: Lisa Bitzer, Landau
Titelillustration: © FAVORITBUERO, München
Umschlaggestaltung: © FAVORITBUERO, München
Satz: hanseatenSatz-bremen, Bremen
Gesetzt aus der Minion Pro
Druck und Verarbeitung: GGP Media GmbH, Pößneck
Printed in Germany
ISBN 978-3-404-60817-1

2   4   5   3   1

Sie finden uns im Internet unter
www.luebbe.de
Bitte beachten Sie auch: www.lesejury.de

Inhalt

1 Abfahrt Leben, Gleis 1

Sehr geehrte Fahrgäste, wir begrüßen Sie recht
herzlich im Zug der Deutschen Bahn. Sie wissen
wahrscheinlich am besten, warum Sie nicht das Auto
genommen haben. Denken Sie während der Fahrt
ab und zu daran – sich selbst und uns zuliebe.

»Hey«, ruft mir Lutz hinterher. »Ist was?«

Natürlich ist was, du Blitzmerker. Ich bin Zugbegleiterin. Mein Leben verläuft in mehr oder weniger geregelten Bahnen. Wenn ich die Beine in die Hand nehme und die Flucht ergreife, *muss* etwas sein.

Wir fahren von Dortmund nach München. Vor der Abfahrt hat mich Stefan, der Zugchef, zum Dienst in der ersten Klasse eingeteilt. Zum Glück ist heute auch Lutz an Bord, der mich als Steward unterstützen wird. Ich arbeite nämlich lieber in der zweiten Klasse, da muss man meist nur die Fahrkarten kontrollieren und Auskunft über Anschlusszüge geben. In der ersten Klasse steht der Service im Vordergrund, Zeitungen verteilen, Bestellungen aufnehmen und servieren – natürlich alles in extrafreundlich. Wenn aber ein Erster-Klasse-Steward an Bord ist, übernimmt er den Großteil des Services, und ich kann in Ruhe Karten knipsen.

Wir sind bis gerade eben gemeinsam durch die beiden Wagen gelaufen, ich mit den Zeitungen in der Hand, während Lutz die Bestellungen der Gäste notierte. In einem Abteil saßen vier Geschäftsleute, alle sehr wichtig und mit den neusten elektronischen Spielereien ausgestattet, auf die sie wie hypnotisierte Kaninchen starrten.

»Die Fahrkarten, bitte«, sagte ich – dann entgleisen mir plötzlich die Gesichtszüge. Der Typ rechts am Fenster. Das war doch … Nein, das konnte er nicht sein! Das war nicht möglich. Die Wahrscheinlichkeit, dass ausgerechnet er in diesem Zug saß, in dem ich arbeitete …

Ich handelte spontan und ohne zu zögern, machte auf dem Absatz kehrt, drückte Lutz die Zeitungen in die Hand und schob mich an ihm vorbei in Richtung Dienstabteil, wo ich seitdem sitze und mich frage, in welchem Mauseloch ich mich verstecken kann.

Alexander Sulzmann. Ausgerechnet der! Was soll ich nur tun? Ich kann ihm nicht entkommen. Aber ich kann auch schlecht die Fahrt bis zu unserem Zielbahnhof im Dienstabteil verbringen …

Ich greife zum Mobiltelefon und rufe meine Kollegin Silke an. Sie hat Dienst in der zweiten Klasse in den Wagen hinter dem Bistro. »Silke, können wir tauschen?«, frage ich, als sie abnimmt. Auf die Begrüßung verzichte ich. Ich habe keine Zeit für Nettigkeiten. »Bitte! Es ist ein Notfall.«

»Erste Klasse mit Steward?« Sie lacht. »Na klar, mache ich sofort. Hier hinten sitzt ein Junggesellenabschied. Das Thema der Veranstaltung ist Oktoberfest. Sie singen schweinische Lieder in bayerischer Mundart und lassen die anwesenden Damen Weißwürste zuzeln.«

»Das klingt verlockend«, seufze ich erleichtert. Mir ist alles recht. Hauptsache, ich muss Alexander nicht begegnen.

»Aber du erzählst mir nachher, was so Schlimmes passiert ist, dass du freiwillig mit dem Löwenbräu-Bierzelt tauschen willst, ja?«

Ich verspreche es ihr und beende die Verbindung. Dann öffne ich die Tür des Dienstabteils, schaue erst links, dann rechts den Gang entlang, um sicherzugehen, dass die Luft rein ist, und mache mich auf in Richtung Zweite-Klasse-Waggons.

Wir verlassen gerade den Kölner Hauptbahnhof, fahren langsam über die Deutzer Brücke. Ich schaue kurz nach draußen – überall hängen Vorhängeschlösser am Brückenzaun, die verliebte Paare dort befestigt haben. Die Schlüssel haben sie als Zeichen ihrer ewigen Liebe in den Rhein geworfen. Ich mag diesen Anblick sonst sehr gern, aber heute kann ich ihn kaum ertragen.

Ich schlucke schwer. Sulzmann. Ausgerechnet.

Nach dem Abitur war ich wild entschlossen, Hotelfachfrau zu werden. Damals lebte ich mit meinem Vater in einem Siedlungshaus am Niederrhein. Er oben, ich unten, zwei Wohnungstüren, zwei Küchen und jeweils zwei weitere Zimmer. Wir verbrachten die Abende zusammen, wenn wir einsam waren, und schlossen die Türen, wenn wir uns auf die Nerven gingen.

Er fand meine Idee, im Hotel zu arbeiten, gut. »Das Gewerbe läuft schon immer und wird immer laufen«, meinte er. Dass ich für die Ausbildung vielleicht wegziehen musste, machte ihm jedoch zu schaffen. Schließlich waren wir seit zehn Jahren ein Team. Um genau zu sein, seit meine Mutter gestorben war. Ein Verkehrsunfall hatte sie das Leben gekostet, bloß weil so ein dämlicher Mercedesfahrer dachte, er hätte eine eingebaute Vorfahrt, vor allem einem Fiat Punto gegenüber.

Das Haus, in dem Papa und ich leben, gehört schon immer der Familie. Früher haben meine Oma und mein Opa unten gewohnt, meine Eltern und ich in der oberen Etage. Mein Großvater schlief mit neunzig friedlich ein – da war ich zwei, deshalb kann ich mich daran nicht mehr erinnern. Vor fünf Jahren folgte ihm dann Oma. Im Garten an einem sonnigen Tag im Juli. Herzinfarkt. Sie war sofort tot, und die Tomaten unter ihr auch.

Papa und ich entrümpelten die untere Wohnung, renovierten, sanierten und richteten sie so ein, dass sich eine Achtzehnjährige dort wohlfühlen konnte. Ich zog im Erdgeschoss ein, sehr zum Entzücken all meiner Mitschüler, die regelmäßig bei mir Party machen durften. Paps ließ mich. »Tob dich ruhig aus, der Ernst des Lebens kommt früh genug.«

Wie recht er damit doch hatte. Es hat sich so vieles verändert seitdem. Mein Leben, mein Beruf. Auch ich bin eine andere geworden. Und jetzt stehe ich mit einem dicken Kloß im Hals im ICE nach München. Mein Herz pocht, und meine Knie fühlen sich an wie Wackelpudding.

»Sagen Sie«, spricht mich da eine Frau im schicken Kostüm an und reißt mich aus den Gedanken, »werden wir pünktlich in München ankommen?«

Wir sind gerade erst in Köln losgefahren und haben noch knapp fünf Stunden Fahrt vor uns, in denen theoretisch alles passieren kann – vom spontanen Platzregen in der Eifel bis zu Demonstranten auf den Gleisen am Stuttgarter Hauptbahnhof. Woher soll ich denn wissen, ob wir pünktlich ankommen werden? Ich kann doch nicht hellsehen.

»Es spricht nichts dagegen«, antworte ich und zwinge mich zu einem Lächeln.

»Also *werden* wir pünktlich in München ankommen«, sagt die Dame und macht ein Gesicht, als ob sie sich mit einem Idioten unterhalten würde.

»Ich denke schon, ja.«

»Denken Sie es oder wissen Sie es?«

Ich seufze. »Ich wüsste nicht, warum wir München nicht pünktlich erreichen sollten, aber dieses Leben hat einige Überraschungen parat, sodass es durchaus möglich sein *könnte*«, ich betone das Wort überdeutlich, »dass es dennoch zu Verzögerungen kommt. Ich verspreche Ihnen aber, wir werden keine Kosten und Mühen scheuen, damit Sie ohne Verspätung im Zielbahnhof eintreffen.«

»Na also«, sagt die Frau. »Geht doch.« Dann dreht sie sich um und verschwindet.

Der Zug nimmt Geschwindigkeit auf, und die Landschaft rauscht an mir vorbei. Ich habe schon lange aufgehört, mich über komische Menschen zu wundern. Ich mag meinen Job, den Kontakt zu unseren Kunden, und ich liebe es, Bahn zu fahren. Man trifft meistens interessante Leute, nur selten unfreundliche, manchmal erlebt man aufregende Geschichten, manchmal lustige und traurige. Der Ruf der Bahn ist schlecht, aber das liegt zum Teil auch daran, dass der Mensch negative Erlebnisse viel länger im Gedächtnis behält als positive. Wie viele Bücher wurden schon über berührende, ergreifende und wunderbare Begegnungen im Zug geschrieben, wie viele über nervige, ärgerliche und störende? Dabei gibt es häufiger schöne Szenen in der Bahn als schlechte. Ich muss wissen, wovon ich rede, ich verbringe einen Großteil meines Lebens auf den Gleisen.

Silke kommt mir entgegengehastet. »Dann darf ich ja gleich die Goodies verteilen! Das mache ich so gern.«

Goodies, das ist unser Ausdruck für die Süßigkeiten, die wir in der ersten Klasse ausgeben.

»Gib den Affen Zucker«, sage ich grinsend.

»Aber nachher will ich wissen, was es damit auf sich hat, dass du unbedingt in die Holzklasse wechseln willst«, sagt Silke und nimmt mir die Tüte mit den kleinen Gummibärchen-Packungen ab.

Ich nicke ergeben und mache mich auf in die zweite Klasse. Dieses Mal bin ich einer Begegnung mit ihm entkommen. Alexander Sulzmann. Er hat mein Leben verändert.

Die Ausbildung zur Hotelfachfrau konnte ich glücklicherweise in einem Hotel in der Nähe machen und so zu Hause wohnen bleiben, was sowohl meinen Vater als auch mich sehr freute.

Aufgeregt fuhr ich an meinem ersten Tag zum Hotel. Meine Dienstkleidung hatte ich schon vorher bekommen. Es fühlte sich großartig an, dieses schicke Kostüm, und machte mich stolz – gleichzeitig war ich aber sehr unsicher und aufgeregt.

In den ersten Wochen war ich vor allem an der Rezeption, aber im Laufe der zweijährigen Ausbildung durchlief ich alle Bereiche im Hotel. Ich musste als Zimmermädchen Kissen aufschütteln, in der Küche unter Tränen Zwiebeln schälen, in der Warenannahme Paletten zählen und im Büro Rechnungen von Lieferanten überprüfen und abheften. Ich musste Zimmer vergeben, Stornierungen annehmen und Kundengespräche führen. Ich begrüßte Gäste, manchmal auch ihre Kinder, die Hunde oder die Katze, Ehefrauen und Geliebte, übte, wie man eindeckt, serviert und abräumt. Vor allem aber lernte ich, wie man in fast jeder Situation freundlich bleibt. Gerade das war nicht ganz so einfach, wie ich es mir vorgestellt hatte. Gäste können sehr anstrengend sein.

Auch die Fahrt zur Berufsschule mit der Regionalbahn war manchmal etwas lästig – nie wusste man, ob der Zug pünktlich fuhr. Morgens war er voller Berufspendler und mittags voller lärmender Schüler. Aber die halbe Stunde eignete sich hervorragend, um zu lernen oder den Arbeitsalltag hinter sich zu lassen.

Nach zwei Jahren Ausbildung bestand ich die Abschlussprüfung und war Hotelfachfrau. Ich wurde vom Hoteldirektor übernommen, was mich natürlich sehr glücklich machte. Dabei war es quasi seine letzte Tat, denn danach ging er in Rente. Ein neuer Direktor aus München kam. Er hieß Alexander Sulzmann, und wir verstanden uns, so unterschiedlich wir auch waren, seit unserem ersten Aufeinandertreffen blendend.

An einem Abend hatte ich Ärger mit einem der Gäste – einem Umbesteller. Dreimal hatte er schon seine Bestellung verändert, und als ich ihm schließlich die Hauptspeise brachte, wollte er sie nicht mehr haben, sondern verlangte plötzlich etwas ganz anderes. Ich nahm den Teller also wieder mit.

Als ich zurück ins Restaurant kam, starrte mich der

Gast entrüstet an. »Und wo bleibt jetzt mein Essen? Muss man hier immer so lange warten? Das ist ja unverschämt!«

»Noch ein kleines bisschen Geduld«, sagte ich freundlich. Ich erwähnte nicht, dass er ja den Gang schon hätte haben können, wenn er es denn gewollt hätte.

»Unglaublich, dieser Service hier!«, rief der Gast nun lauter. »Ich werde mich beschweren.«

»Gibt es ein Problem?«, fragte plötzlich jemand.

Es war der neue Direktor, der auf einmal hinter mir aufgetaucht war. Er lächelte mich an, und ich schmolz dahin. Er war einfach nur … WOW! Anfang dreißig, gut aussehend, sportlich, eloquent und sehr freundlich. Er hatte eine Suite im Hotel bezogen, das wusste ich von der Rezeption. Seine Familie – Frau und Kind – waren in München geblieben, dorthin flog er auch an den meisten Wochenenden.

»Der Gast wartet noch auf sein Essen«, sagte ich so neutral, wie es mir möglich war. Dann flüsterte ich dem neuen Direktor zu: »Er ist ein Umbesteller. Als ich ihm den Gang gebracht habe, hat er es sich einfach anders überlegt. Statt dem Steak möchte er nun Rehrücken.«

Sulzmann nickte. Dann wandte er sich an den Gast. »Guten Tag, mein Name ist Alexander Sulzmann. Wie ich höre, möchten Sie sich beschweren?«

»Das Personal hier ist grauenvoll!«, meckerte der Gast los. »Das sind alles Schnecken. Sind Sie hier auch zu Gast? Wenn Sie etwas essen wollen, dann bringen Sie am besten viel Zeit mit. Und das soll das beste Hotel am Platz sein? Dass ich nicht lache!«

»Nein, ich bin kein Gast, ich leite dieses Hotel. Mir hat die Bedienung gerade gesagt, dass Sie Ihre Bestellung haben zurückgehen lassen.«

Dem Mann verschlug es kurz die Sprache. Offenbar besaß sogar er so etwas wie Taktgefühl, und ihm war allem Anschein nach klar, dass er eine Fettnäpfchen-Bauchlandung der Sonderklasse hingelegt hatte. Wie wird er wohl reagieren?, fragte ich mich. Vermutlich so wie die meisten: mit der Flucht nach vorn.

Er räusperte sich. »Nun, ich habe sehr lange warten müssen und dann keinen Appetit mehr auf Steak gehabt. Ich möchte lieber den Rehrücken, allerdings nicht mit Rösti, sondern mit Selleriepüree. Und auch nicht mit Rotkohl, sondern mit frischem Salat und Ziegenkäse. Das wird doch wohl möglich sein?«

Alexander Sulzmann knipste ein 300-Watt-Lächeln an. »Natürlich ist das möglich. Sie sollten dennoch wissen, dass die Speisen hier immer frisch zubereitet werden. Deshalb dauert es auch immer einen Moment, bis unser Personal servieren kann. Darf ich Ihnen die Wartezeit mit einem Glas Wein auf Kosten des Hauses verkürzen?« Er raunte mir zu: »Bitte bringen Sie ihm noch einmal die Weinkarte. Und außerdem noch etwas Brot und Depp … ich meine: Dip.« Er zwinkerte mir zu und lächelte.

So ein süßes Lächeln, und Humor hatte er auch! Da konnte man doch glatt vergessen, dass er verheiratet und Vater eines Kindes war …

Er eroberte mein Herz im Sturm. In den nächsten Wochen kamen wir uns näher – wenn auch nur rein platonisch. Na ja, jedenfalls von seiner Seite aus, ich hätte mir durchaus mehr vorstellen können. Er war so zauberhaft, so charmant und – das erfuhr ich nach und nach – so unglücklich verheiratet. Der Arme.

Eines Abends erzählte er mir, dass er beruflich verreisen müsse, nach Frankreich, wo es Hotels unserer Kette gab, die er besuchen wollte. Er würde in einer Woche sechs Hotels besichtigen. Seine Frau wolle nicht mit, obwohl seine Mutter das Kind nehmen würde, erzählte er mir seufzend, und ich sah, wie sehr ihm das Getrenntsein von seiner Familie zu schaffen machte. Inzwischen kannten wir uns gut, duzten uns sogar und sahen uns immer öfter nach dem Dienst.

»Jule«, fragte Alexander mich leise, »willst du nicht mitkommen? Bitte! Die Hotelkette bezahlt sowieso alles für zwei Personen.«

»Aber das geht doch nicht, Alexander!«, stotterte ich. »Deine Frau … deine Tochter …« Mir fehlten die Worte, auch wenn in mir alles schrie: JA, ich will! Aber diese Antwort war in vielerlei Hinsicht unangebracht, das verstand sogar ich.

»Gaby und ich werden uns trennen«, sagte Alexander traurig und ließ den Kopf hängen.

In diesem Moment hätte ich eigentlich das Weite suchen sollen. Aber hinterher ist man ja immer schlauer. Ich tat es natürlich nicht, sondern suchte stattdessen seine Nähe. Ich war zweiundzwanzig Jahre alt, grün hinter den Ohren und verliebt in einen verheirateten Mann. Meine Mutter war schon eine Weile tot, ich konnte sie nicht um Rat fragen. Und mein Vater war in Liebesfragen *wirklich* nicht der richtige Ansprechpartner. Meine Gefühle fuhren Achterbahn, und ich wusste nicht, was ich tun sollte.

Für Notfälle dieser und anderer Natur sollte jede junge Frau eine ABF haben – eine allerbeste Freundin. Meine heißt Marie Sock, genannt wird sie allerdings Söckchen. Der Spitzname wurde ihr im Kindergarten verpasst, und sie ist ihn bis heute nicht mehr losgeworden. Wir kennen uns aus dem Sandkasten und klebten fast die gesamte Schulzeit wie Kletten aneinander. Sie ging nach der elften Klasse vom Gymnasium ab und machte eine Ausbildung zur Kauffrau im Verkehrsservice – sprich: Sie wurde Schaffnerin bei der Deutschen Bahn. Als ich meine Lehre zur Hotelfachfrau anfing, trug sie bereits die nachtblaue Uniform, das rote Halstuch und eine schicke Mütze. Sie hatte eine Zugmeldescheibe – das sind diese Kellen, die die Zugbegleiter am Bahnsteig hochhalten – und natürlich eine Trillerpfeife. Schaffnerin zu werden war ihr Kindheitstraum, und sie hat ihn sich erfüllt.

»SOS«, lautete meine SMS an sie. »Dringender Notfall. Brauche Rat, bringe Sekt.«

Wir trafen uns im Schrebergarten ihrer Eltern, dort hatten wir schon manche Nacht bei Kerzenschein durchgequatscht und versucht, die Probleme der Welt im Allgemeinen und unseres Lebens im Besonderen zu lösen.

»Was ist passiert?«, fragte sie mich, als ich das quietschende Gartentürchen öffnete. Sie schaukelte sanft in der Hollywoodschaukel mit blau-weiß gestreifter Markise, ein Relikt ihrer Großeltern und ausgesprochen gemütlich.

»Ich habe mich verliebt«, sagte ich und ließ mich neben sie auf die Schaukel plumpsen. Mit einem satten *Plopp* entkorkte ich die Flasche Sekt und schenkte uns ein. Die Gläser hatte Söckchen in weiser Voraussicht bereits gezückt. »Darauf ein Prosit!« Ich trank den ersten Schluck.

»In wen? Kenne ich ihn? Woher kennst du ihn? Wie alt ist er? Wie sieht er aus? Was macht er beruflich?«, sprudelte es aus ihr heraus.

Ich musste lachen und verschluckte mich. »Das wird dir jetzt gar nicht gefallen, fürchte ich.«

Vor ein paar Wochen hatte ich Söckchen schon von Alexander erzählt – allerdings ohne Details, und vor allem ohne zu sagen, dass er mein Vorgesetzter war. Damals hatte ich nur verraten, dass ich mich mit einem älteren Mann angefreundet habe, der mich irgendwie fasziniere. Söckchen hatte die Sache kategorisch verurteilt. Der Altersunterschied sei zu groß, hatte sie gemeint.

»Also, es ist Alexander, von dem ich dir bereits erzählt habe.«

Söckchen machte ein langes Gesicht. »Der alte Knacker?«

»Er ist kein alter Knacker. Er ist nur acht Jahre älter als ich und ein absolutes Sahneschnittchen.«

Sie grinste. »Nur, wenn er sich wirklich so gut gehalten hat, wie du sagst …«

Ich unterbrach sie. »Und er ist der Hoteldirektor.«

»Der Direktor?« Sie verzog das Gesicht. »Also dein Chef? Das ist aber gar nicht gut.«

»Es kommt noch schlimmer, Marie«, gestand ich. »Er ist verheiratet.«

»Oh nein!«

»Oh doch. Aber er will sich trennen.« Und dann erzählte ich ihr alles.

Am frühen Morgen, als die Sonne gerade aufging, die Vögel den Tag begrüßten und wir die dritte Flasche Sekt geleert hatten, waren wir uns einig: Er meinte es ernst mit mir. Also beschloss ich, mit ihm nach Frankreich zu fahren. Was man eben so machte, wenn man jung, gutgläubig und auf der Suche nach der Liebe war.

»Entschuldigung, können Sie mir helfen?«, wendet sich eine Frau aufgeregt an mich, als ich die Fahrkarten in Wagen 7 kontrolliere. Wir sind kurz vor unserem nächsten Ziel, dem Bahnhof Bonn.

»Vielleicht«, antworte ich.

»Ich muss in Siegburg/Bonn umsteigen«, sagt sie und zeigt mir ihr Onlineticket. »Reicht die Zeit dafür?«

Ich sehe nach. Sie hat fünfzig Minuten zwischen den Zügen, und wir haben immer noch keine Verspätung. Vielleicht ist sie gehbehindert?

»Das sollte locker reichen«, sage ich. »Es ist ja fast eine Stunde.«

»Ja, aber schauen Sie doch mal. Jetzt sitze ich in Wagen 7. Aber im nächsten Zug habe ich eine Platzreservierung in Wagen 254.«

»Ja, und?« Ich verstehe nicht, worauf sie hinauswill.

»Dann muss ich ja den ganzen Zug entlanggehen, an über zweihundert Wagen vorbei!«

Ich muss mir auf die Lippen beißen, um nicht laut loszulachen. »Gnädige Frau, ich kann Sie beruhigen. Die Wagennummern zeigen nicht an, wie viele Waggons ein Zug hat.«

»Nicht?«

»Nein. In Australien ist mal ein Güterzug mit sechshundert Waggons gefahren, der hatte allerdings sieben Lokomotiven. In Deutschland gibt es so was natürlich nicht, der Zug würde wahrscheinlich vom Alpenrand bis an die Waterkant reichen. Durchschnittlich haben die Züge acht bis sechzehn Wagen. Ansonsten müssten Sie ja bis Offenbach laufen.«

»Aber da muss ich ja gar nicht hin!« Sie schüttelt erleichtert den Kopf. »Danke für die Auskunft.«

Die Frau verlässt den Zug, als wir zum Stehen kommen, und ein junger Mann steigt zu. Nachdem wir uns in Bewegung gesetzt haben, gehe ich zu ihm, um mir seine Fahrkarte zeigen zu lassen.

»Ich bin unterwegs zum Jobcenter«, sagt er und grinst.

»Das freut mich«, erwidere ich etwas irritiert. Eigentlich wollte ich nur seine Fahrkarte sehen. Wohin die Leute fahren, ist mir meistens egal. Wäre ja noch schöner, wenn ich mich auch noch damit auseinandersetzen müsste. »Ihre Fahrkarte?«, frage ich deshalb noch einmal.

»Aber ich bin doch unterwegs nach Frankfurt, zum Jobcenter!«

Ich lächele ihn freundlich an. »Von mir aus können Sie auch nach Heidelberg ins Schwimmbad fahren. Oder zur Papstaudienz nach Rom. Sie sind in einem Zug. Und deshalb möchte ich bitte Ihren Fahrausweis sehen.«

»Ich soll mich dort vorstellen. Vielleicht haben die einen Job für mich«, sagte er.

»Fein. Und Ihre Fahrkarte haben Sie ... wo?«

»Ich habe keine Fahrkarte. Man braucht doch keine, wenn man zum Jobcenter fährt.« Er sieht mich zufrieden an.

Ich bin aufrichtig verwundert. Man braucht kein Zugticket, wenn man zum Arbeitsamt fährt? Dann vermutlich auch nicht, wenn man ins Krankenhaus muss oder zum

Sechzigsten von Onkel Karlfried. Sind ja auch alles Einladungen, die man schlecht ausschlagen kann.

»Doch, Sie brauchen auch dafür eine Fahrkarte oder einen Kostenübernahmeschein der Behörde. Haben Sie das?«

Nun gefriert das Lächeln in seinem Gesicht. »Nein.«

»Dann müssen Sie nachlösen.«

»Was? Aber ich muss doch zum Jobcenter!«

Langsam fängt er an, mir auf die Nerven zu gehen. Die anderen Fahrgäste, die außen rum sitzen, gucken schon. »Was ich aber gar nicht verstehe: Wieso fahren Sie ICE, wenn Sie zum Jobcenter müssen? Ist das nicht in Ihrer Stadt?«

Er runzelt die Stirn. »Was meinen Sie damit?«

»Nun, Sie sind doch eben in Siegburg/Bonn zugestiegen und sind auf dem Weg nach Frankfurt.«

»Ja?«

»Wo wohnen Sie denn? In Frankfurt? Was haben Sie dann in Bonn gemacht?«

»Na, meine Freundin besucht.«

Das schlägt dem Fass den Boden aus. »Und da sitzen Sie jetzt in einem Zug der Deutschen Bahn und meinen, dass Sie nichts bezahlen müssen, weil Sie zum Arbeitsamt unterwegs sind?«

»Aber ich bin doch …«

»Guter Mann, die Bahn befördert auch Jobsuchende nicht unentgeltlich. Entweder Sie lösen jetzt nach, oder ich nehme Ihre Personalien auf und Sie werden eine hohe Fahrpreisnacherhebung zahlen müssen.«

Obwohl er nicht überzeugt scheint, kauft er sich ein Ticket.

»Vielleicht ersetzt Ihnen ja das Amt die Fahrtkosten«, sage ich ihm zum Abschied etwas freundlicher.

»Nein«, grummelt er. »Das tun die nie.«

Nachtigall, ick hör dir trapsen! Für die Wiederholungstat hätte ich ihm glatt noch mehr in Rechnung stellen müssen.

Dass meine Reise mit Alexander irgendwann dazu führen würde, dass mein Leben die Deutsche Bahn kreuzte, ahnte ich nicht, als wir damals unterwegs waren. An Alexanders Seite fühlte ich mich wie eine Göttin in Frankreich. Auch wenn ich ein schlechtes Gewissen Paps gegenüber hatte, dem ich die Fahrt als Dienstreise verkauft hatte.

Doch das vergaß ich schnell. Denn während Alexander und ich die Hotels der Kette besuchten, hatten wir wunderschöne Tage – und lustvolle Nächte. Er ließ den Room Service mehrmals täglich antanzen und spendierte Mitternachtssnacks, Champagner und Kaviar. Wir hatten immer die größten Zimmer, den besten Service und sieben Tage lang tolles Wetter. Alles war perfekt. Ich wusste: Ich liebte diesen Mann. Er war mein Traummann, besser noch, die Erfüllung einer lang gehegten Mädchenfantasie. Zusammen würden wir irgendwann ein eigenes Hotel führen, vielleicht sogar in Frankreich, da war ich mir ganz sicher. Alexander imponierte mir, er beeindruckte mich, war weltgewandt und umgarnte mich mit seinen Worten. Bald schon, versicherte er mir, bald schon würde er seiner Frau die Wahrheit über uns erzählen, und dann würde unsere gemeinsame Zukunft endlich beginnen.

Er war so wunderbar.

Und solch ein elender Mistkerl.

Das jedenfalls erfuhr ich, als ich ihm drei Monate später, zugegeben sehr entsetzt, mitteilte, dass ich schwanger war. Ungeplant. Unverhofft. Ich hatte immer verhütet, aber irgendetwas musste schiefgegangen sein. Es ist doch unser Kind, dachte ich nach den ersten entsetzlichen Momenten des Schreckens.

»Jule, das geht jetzt gar nicht«, stotterte Alexander. »Ein Kind? Ich habe doch schon eines!«

»Nun ja, bald wirst du zwei haben«, sagte ich trocken.

»Meine Frau macht Ärger. Sie will mir das Sorgerecht entziehen, wenn ich mich von ihr scheiden lasse. Du verstehst doch, dass meine Tochter mir wichtig ist? Ich kann das nicht einfach so hinnehmen.«

»Was willst du machen?« Ich war zum Glück nicht so blond und blauäugig, wie ich mich gerade fühlte, sondern brünett – aber doch sehr naiv, wie ich mir eingestehen musste.

»Es geht nicht darum, was ich machen will. Es geht darum, was du machen *musst*. Entweder das ist ein großer Irrtum und du bist nicht schwanger, oder du sorgst dafür, dass du es nicht mehr bist.« Er lächelte. Schief irgendwie. Falsch. Gemein.

Was meinte er bloß? Offensichtlich bemerkte Alexander, dass ich nicht begriff, was er wollte.

»Du musst es abtreiben. Ich habe schon eine Tochter. Und ich kann im Moment kein weiteres Kind gebrauchen. Schon gar nicht von dir!«

Ich war entsetzt, verzweifelt, traurig. So schnell es ging, verließ ich das Hotel und schrieb eine SMS an Söckchen: »HILFE!«

Ihre Antwort: »Sekt und Schrebergarten?«

»Lieber Selters«, schrieb ich geknickt zurück.

»Hallo?« Eine Frau mit einem Baby in einer Sitzschale kommt aufgelöst zu mir, als sich der Zug in Frankfurt/Flughafen gerade in Bewegung gesetzt hat. »Ich muss hier aussteigen!«

»Wo?«, frage ich verwirrt.

»Na, hier in Frankfurt. Sie müssen anhalten!«

»Das tut mir leid, das geht jetzt nicht mehr. Da haben Sie den Ausstieg verpasst.«

»Aber ich *muss* hier raus. Mein Koffer steht schon auf dem Bahnsteig. Ich bin doch nur zurück in den Zug, um Frieda zu holen. Beides konnte ich doch nicht tragen.« Sie hat Tränen in den Augen. »Ich habe erst den Koffer rausgebracht und bin dann zurück ins Abteil, um mein Baby zu holen.«

Ich seufze. »Leider können wir jetzt nicht mehr anhalten.«

»Aber was mache ich denn jetzt?«, schluchzt sie. »Mein Koffer … Und überhaupt, ich will doch zum Flughafen!«

»Sie können in Mannheim aussteigen und mit dem nächsten Zug zurückfahren.« Ich zücke mein Mobiles Terminal und nenne ihr die nächste Verbindung zurück nach Frankfurt/Flughafen.

»Aber mein Koffer …«

»Ich werde dem Zugchef Bescheid geben, er wird dafür sorgen, dass Ihr Koffer verwahrt wird.«

»Das geht?«

»Natürlich. Und für das nächste Mal sagen Sie dem Zugpersonal Bescheid oder bitten Sie um Hilfe. Und wenn Sie mit noch mehr Gepäck unterwegs sind: Sie können sich vorab bei der Bahnhofsmission melden, die bieten Einsteige- und Umsteigehilfen an.«

»Haben Sie auch Babysitter?«

»Bitte was?«

»Na, ob Sie auch jemanden für die Betreuung der Kinder haben?«

Ich lächele sie breit an. In den meisten Fällen ist Lächeln ein probates Mittel, um sich seine Bestürzung nicht anmerken zu lassen. »Das tut mir leid. Da muss ich Sie leider enttäuschen.«

»Könnten Sie dann kurz auf Frieda achtgeben?« Sie senkt die Stimme. »Ich muss schon seit Dortmund auf die Toilette, aber der Kindersitz passt nicht in die enge Kabine.«

Ich blicke auf Frieda, die an ihrem Schnuller nuckelt und mich mit großen Augen ansieht. »Aber klar doch.«

Diesmal kam ich vor Söckchen im Schrebergarten an und tigerte durch die Flora. Mein Leben ist vorbei, dachte ich immer wieder, während neues Leben in mir wuchs – das war doch paradox.

»Ärger mit dem Chef?«, fragte Söckchen und fiel mir in allerbester Freundinnenmanier um den Hals.

»Schlimmer.«

»Was kann schlimmer sein? Ich habe uns doch Sekt mitgebracht – das Kribbeln im Bauch wird dich aufbauen.«

»Bei mir kribbelt etwas ganz anderes im Bauch«, gestand ich tonlos und erzählte Söckchen, was los war.

»O Gott. Im Ernst?«, sagte sie. Doch dann nahm sie mich in den Arm, so wie es nun mal beste Freundinnen tun. »Das schaffen wir. Ganz sicher, irgendwie. Dein Paps hilft doch bestimmt auch.«

Aber sicher. Der würde sich ganz besonders freuen, dass er nun Opa wurde …

Das Gespräch mit meinem Vater schob ich so lange hinaus, wie es ging. Ich wusste, er würde nicht begeistert sein. Ich war es ja selbst nicht.

Die Tür zu meiner Wohnung war nie abgeschlossen. Warum auch? Papa respektierte meine Privatsphäre. Eigentlich. Eines Morgens aber platzte er einfach so herein, während ich unter lautem Würgen der keramischen Abteilung einen Besuch abstattete. Er war ja meist zu Hause, außer er war auf einer Kegeltour mit seinem Klub. Paps hatte die Bäckerei seines Vaters übernommen und sie vor einigen Jahren gewinnbringend an einen Konkurrenten verkauft. Das Geld hatte er dann gut angelegt und musste seitdem nicht mehr arbeiten. Große Sprünge konnte er sich zwar nicht leisten, aber für ein Leben als Privatier, wie er es nannte, reichte es.

»Du bist krank, Jule. Du hängst schon seit Tagen über der Kloschüssel. Meinst du, ich hör das nicht? Warum gehst du zur Arbeit und nicht zum Arzt? Jule, du bist doch kein Kind mehr«, schimpfte er. »Ich rufe Dr. Schneider an und sage, dass ich dich gleich vorbeibringe.«

Um Gottes willen, dachte ich nur. Alles, nur das nicht!

Ich wusch mir das Gesicht ab. Meistens war es nur ein Anfall von Übelkeit am Morgen, und danach war alles gut für den Rest des Tages. Ich war ja nicht krank ... sondern schwanger. Und natürlich arbeitete ich weiterhin. Nur Alexander ging ich aus dem Weg. Das war aber gar nicht so schwierig, denn der Feigling tat es mir gleich. Pah. Und so was wollte ein Mann sein!

»Ich bin nicht krank«, sagte ich.

»Du hast irgendetwas mit dem Magen. Das sieht doch ein Blinder mit Krückstock.«

Am besten war wohl ein Frontalangriff. Ich holte tief Luft. »Ich glaube, ich muss dir was sagen, Paps. Da gab es diesen Typen ...« Weiter kam ich nicht, denn mir fehlte jegliche Idee, wie ich meinem Vater von seiner neuen Rolle als Superopa berichten konnte.

Er verstand mein Zögern aber vollkommen falsch. »Ach je. Deshalb die Magenverstimmung? Aus Liebeskummer? Mädchen, lass dir sagen, das gibt sich. Ganz bestimmt. Auch wenn es jetzt im Moment sehr wehtut.«

»Papa, setz dich mal.« Ich schob ihn aus dem Badezimmer zum Sofa. Das war der entscheidende Moment. »Mir ist tatsächlich etwas auf den Magen geschlagen.«

»Was hat der Typ gemacht? Dich beleidigt? Deine Gefühle verletzt? Soll ich dem mal zeigen, wo der Frosch die Locken hat?«

Ich schüttelte den Kopf. »Nein, du kennst ihn nicht. Es ist mein ... nun ...«, druckste ich herum. Ach, was soll's, alles raus, was keine Miete zahlt. »Mein Direktor.«

»*Was?* Der ist doch uralt. Und sicherlich verheiratet«, schnaubte Papa entsetzt.

»Es ist Anfang dreißig, und ja, er ist verheiratet.« Ich fühlte mich wie eine frisch überbrühte Tomate, der man nun leicht die Haut abziehen konnte.

»Juliane.« Papa schüttelte den Kopf. Er sah sehr enttäuscht aus. »Er hat dir sicher erzählt, dass seine Ehe unglücklich ist, dass er sich trennen will und nur noch nicht den richtigen Zeitpunkt gefunden hat.«

»Woher weißt du das?«

»Weil man so etwas weiß! Das sind die üblichen Tricks von Ehebrechern. Schau mich nicht so an, ich habe solche Sprüche nie losgelassen.« Er seufzte. »Na gut, es ist also vorbei. Und das hat dich so umgehauen? Oder macht er Ärger im Hotel? Ach, Kind, man scheißt doch nicht da, wo man isst!«

Das hätte mir mal früher einer sagen sollen, dachte ich.

»Nein, er macht keinen Ärger.« Ich holte noch mal tief Luft. »Aber da ist noch was … Ich erwarte ein Kind von ihm.«

Jetzt, dachte ich und zog instinktiv den Kopf ein, jetzt wird es ein Donnerwetter geben, das ich mein ganzes Leben lang nicht mehr vergessen werde.

Doch Papa schwieg nur und schaute mich an. Sehr lange sagte er nichts. »Willst du es denn?«, fragte er schließlich.

Ich nickte. »Aber er nicht. Er will, dass ich abtreibe. Ich habe darüber nachgedacht, aber ich glaube, das kann ich nicht.«

»Gut«, sagte Papa. Er stand auf, nahm mich in den Arm und drückte mich. »Das schaffen wir schon irgendwie.«

Ich war verwirrt. Der Vater meines ungeborenen Kindes, von dem ich erwartet hätte, dass er sich mit mir freute, wollte, dass ich eine Abtreibung vornahm. Und mein Vater, der nichts von meinem Verhältnis zu dem älteren und verheirateten Mann hielt, würde zu mir stehen. Mit meiner Menschenkenntnis stand es wohl nicht zum Besten …

In Mannheim haben wir eine Pause, und Silke hat mir einen Becher mit Kaffee mitgebracht. Wir stehen mit unseren Getränken neben dem Zug, als ein Mann auf uns zukommt. Er hebt die Hand und will irgendwie nach meinem Becher greifen, den ich verblüfft zurückziehe. Erst da zögert der Mann, schaut mich an, dann den Becher, dann Silke.

»Verzeihung«, murmelt er. »Ich dachte, Sie wären von

der Bahnhofsmission und würden sammeln. Ich wollte etwas spenden.«

»Nein«, sagt Silke und kichert. »Wir trinken nur unseren Kaffee. Sie finden die Bahnhofsmission unten neben der DB Information.«

Die Erleichterung nach dem Gespräch mit meinem Vater hielt nicht lange an. Ein paar Tage später fing mich Alexander im Mitarbeiterbereich des Hotels ab. »Hast du das Problem gelöst?«, zischte er.

»Welches Problem?«

»Du weißt schon, der Zellhaufen.«

Ich war kurz davor, ihm eine runterzuhauen, doch ich riss mich zusammen. »Der Zellhaufen wächst und gedeiht, hoffe ich.«

»Du sollst das wegmachen lassen! Das geht doch wohl noch? Ansonsten fahren wir nach Holland. Keine Sorge, ich zahle das.«

»Nein.«

»Doch, das ist das Mindeste, was ich tun kann.« Er lächelte gönnerhaft.

Dieses abstoßende Grinsen hatte ich mal anziehend gefunden? Schön? Aufregend? Jetzt wurde mir nur übel, und diesmal lag es nicht am »Zellhaufen«.

»Ich meinte: Nein, ich werde es nicht wegmachen lassen. Das ist auch kein Zellhaufen, das ist ein Baby.« Ich streckte das Kinn vor.

Alexander sah aus wie ein Dampfkochtopf, der gleich in die Luft fliegt. »Das ist nicht dein Ernst«, brüllte er. »Bist du wahnsinnig? Du wirst es nicht bekommen, da habe ich ja schließlich auch noch ein Wort mitzureden!«

»Eigentlich nicht«, sagte ich ruhig und ging an ihm vorbei in den Servicebereich.

Als ich am Ende der Schicht gehen wollte, hatte ich ein Schreiben in meinem Fach liegen: meine Kündigung. Ich lachte auf. So einfach war das nicht – ich war schwanger und hatte einen Kündigungsschutz. Zwei Tage später nahm er die Entlassung zurück. Kurz darauf war er weg. Er hatte sich zurück nach München versetzen lassen, zurück zu Frau und Kind und weg von mir.

Ich schaffe das allein, dachte ich. Irgendwie schaffe ich das. Es gab ja noch mehr alleinerziehende Mütter in Deutschland. Außerdem war mein Vater da. Er ging mit mir zum Frauenarzt, er richtete das Kinderzimmer ein, er besorgte ein Babyphon und wollte mich auch in den Geburtsvorbereitungskurs begleiten. Das war mir allerdings etwas zu viel – immerhin war mein Vater im Gegensatz zum Erzeuger des Kindes wirklich ein paar Jahre älter als ich, und auf das Getuschel hinter meinem Rücken konnte ich gut und gern verzichten. Dennoch kam ich gut durch die Schwangerschaft, auch dank der tatkräftigen Unterstützung von Söckchen, die mich anstelle meines Vaters zum Geburtsvorbereitungskurs begleitete. Nun dachten zwar alle, wir wären Lesben, aber damit kam ich klar.

Und dann kam der magische Moment: Mein Sohn wurde geboren. Ich nannte ihn Felix, den Glücklichen.

Nicht so glücklich dagegen war Alexander, als ich ihm die Geburtsurkunde schickte, in die ich ihn als Vater hatte eintragen lassen. Er verweigerte jeglichen Kontakt zu uns, zahlte aber immerhin den Unterhalt. Mit dem Erziehungsgeld reichte es gerade so, um uns über Wasser zu halten. Doch auf längere Sicht brauchte ich wieder einen Job, und die Gastronomie konnte ich mit ihren Schicht- und Wochenenddiensten vergessen, zumal es kaum Teilzeitstellen gab.

Söckchen war natürlich Felix' Patentante geworden und stand uns bei jeder Gelegenheit mit Rat und Tat zur Seite. Sie hatte inzwischen erfolgreich einen Lehrgang bei der Bahn absolviert und war nun Zugchefin.

»Was machst du da eigentlich, so als Zugchefin?«, wollte

ich von ihr wissen, als wir eines Nachmittags gemeinsam in der Sonne lagen und Felix bei seinen ersten Krabbelversuchen zusahen.

Sie lachte. »Zugchefs haben die Verantwortung für den Zug – also den Service und die Kontrollen. Gefahren wird er vom Trieb- oder Lokomotivführer, man kann beides sagen. Aber ich habe rangieren und kuppeln gelernt und kann sogar die Bremshundertstel berechnen.«

»Das klingt so …« Langweilig? Staubtrocken? »… technisch.«

»Ist es auch«, sagte sie begeistert, »aber im normalen Betrieb bin ich nur für die Sicherheit zuständig. Ich mache vor der Fahrt zum Beispiel die Bremskontrolle. Während der Fahrt gebe ich dem Lokführer oder der örtlichen Aufsicht das Signal zur Abfahrt. Die Zugbegleiter sichern die Ausgänge und melden ihren Bereich als abfahrbereit, wenn alle Türen ordnungsgemäß geschlossen sind. Das gebe ich dann weiter.«

Okay. Ich hatte ungefähr zehn Prozent von dem verstanden, was sie gesagt hatte. Bremskontrolle? Signal? Abfahrbereit? Hä? »Musst du jetzt keine Fahrkarten mehr verkaufen?«

»Doch, klar. Aber ich bin auch für alles andere im Zug verantwortlich. Ich muss die Zugbegleiter einteilen und ihnen sagen, welche Wagen sie betreuen sollen. Nicht immer haben wir einen Erste-Klasse-Steward an Bord, wenn nicht, muss einer der Zugbegleiter den Service übernehmen. Außerdem bin ich für Notfälle und Streitigkeiten zuständig.«

»Und?«, fragte ich zweifelnd. »War das die richtige Entscheidung?«

»Den Lehrgang und die Prüfung zu machen? Auf jeden Fall. Zugchefin zu sein macht mir unglaublichen Spaß, auch wenn es stressiger ist.«

»Also bereust du es nicht, Zugbegleiterin geworden zu sein?«

»Auf keinen Fall. Das ist der coolste Job der Welt.«

Ich winkte müde ab. »Also ehrlich, Marie. Das kannst du deiner Oma erzählen!«

»Wollen wir wetten?«

Am nächsten Tag brachte ich Söckchen nach Köln, ihrem Einsatzbahnhof. Sie hatte darauf bestanden, mir einen kleinen Einblick in ihre Welt zu gewähren, und ich wollte ihr den Gefallen tun – auch wenn ich einfach nicht glauben konnte, was sie behauptete. Zugbegleiter, der coolste Job der Welt? Also bitte. Trotzdem, sie sah in ihrer Uniform schon sehr imposant aus, das musste ich zugeben. Ich durfte im Personalparkhaus parken und begleitete sie in den Bahnhof. Zuerst meldete sie sich zum Dienst und nahm alle Informationen zu Fahrt und Personal entgegen. Dann holte sie ihren Rollkoffer mit der Ausrüstung aus dem Spind. Schließlich gingen wir zu dem Gleis, an dem ihr Zug ankommen sollte. Sie hatte noch eine weitere Tasche dabei, denn sie musste einen Umlauf machen, also eine Fahrt über zwei Tage, mit Übernachtung in Berlin, und würde erst morgen wiederkommen.

»Heute Abend geh ich Unter den Linden ganz fein aus«, schwärmte sie. »Ich bin verabredet mit John, den ich neulich auf einer Fahrt nach Hamburg kennengelernt habe.« Sie grinste.

»Auch Zugbegleiter?«

»Lokführer.« Söckchen hob vielsagend die Augenbrauen.

Man konnte während der Arbeit bei der Bahn also nette Männer kennenlernen, mit denen man später in der Hauptstadt feiern ging. Langsam, aber sicher gewann der Job in meinen Augen doch an Attraktivität.

Auf dem Bahnsteig warteten bereits Leute, einige mit Koffern, andere mit Aktentaschen. Dann waren welche mit Luftballons und Blumensträußen ausgestattet, offenbar erwarteten sie jemanden. Ein Pärchen stand abseits und eng umschlungen, sie küssten sich. Ein wenig neidisch beobachtete ich sie. Eine Frau schob hektisch einen Kinderwagen zum Wagenstandsanzeiger. Sie sah abgehetzt aus. Ob sie wohl mit ihrem Kind in den Urlaub fuhr?

Plötzlich rannte ein Mann auf den Bahnsteig, schaute sich um und ließ sich dann erleichtert auf eine Bank sinken, als er merkte, dass der Zug noch nicht eingefahren war. Weiter hinten fiel mir eine junge Frau auf. Es war zwar Sommer, und viele Frauen trugen Kleider, aber ihr kleines Schwarzes wirkte dennoch ein wenig deplatziert. Die roten High Heels wollten auch nicht so recht auf den Bahnsteig passen, außerdem trug sie eine Plastiktasche eines Discounters in der Hand. Seltsam.

Die Ansage ertönte: »Achtung auf Gleis 4, der Zug fährt jetzt ein.«

Wir traten ein wenig zurück, und ich schaute wieder zu der schwarz gekleideten Frau. Sie nahm eine Sektflasche aus der Tüte, stopfte diese in einen der Mülleimer, die auf dem Bahnsteig standen, und schaute dem Zug erwartungsvoll entgegen. Das ist ja wie in der Werbung, dachte ich grinsend, als sie den Sekt hinter ihrem Rücken versteckte.

Die Aufregung unter den Wartenden stieg merklich an. Wer saß, erhob sich, wer hinten stand, schob sich nach vorn. Der Zug fuhr ein.

Zusammen mit Söckchen ging ich zum Triebwagen. Sie begrüßte den Lokführer – es war dieser John, und er war wirklich ein Leckerbissen –, drehte sich dann zu mir um und drückte mich noch einmal kurz. »Bis morgen«, sagte sie, und schon war sie eingestiegen.

Ich blieb noch ein Weilchen auf dem Bahnsteig stehen und betrachtete die Reisenden. Das Pärchen stand immer noch eng umschlungen, nun aber neben der Wagentür. Die Tasche des Mädchens war schon drinnen, aber die beiden Liebenden schienen sich nicht trennen zu können.

Ein älterer Mann schaute sich suchend um. Dann stiegen plötzlich zwei Kinder aus dem Zug, gefolgt von einer Frau. Sie wuchtete erst einen, dann einen zweiten Koffer aus dem Zug. Ich eilte zu ihr, um zu helfen.

»Danke«, sagte sie und lächelte. Ihr Lächeln wurde zum Strahlen, als sie den älteren Mann erblickte, die beiden Jungs umringten ihn schon. »Opa! Opa!«

Wo war die junge Frau mit dem Sekt geblieben? Sie stand wartend am Gleis, sah einer anderen Frau erwartungsvoll entgegen. Endlich blickte diese auf, erkannte sie und stürzte auf sie zu. Die beiden fielen sich in die Arme und küssten sich. Hach, das ging zu Herzen!

Das Pärchen musste sich jetzt trennen, die Türen wurden geschlossen. Er stand draußen, drückte seine Hand auf die Scheibe, ging noch ein paar Schritte neben dem abfahrenden Zug her. Erst als er nicht mehr Schritt halten konnte, blieb er stehen und sah den Wagen hinterher, bis sie aus dem Bahnhof gerollt und am Horizont verschwunden waren. Dann drehte er sich um und ging – mit hängenden Schultern. Am liebsten hätte ich ihn in die Arme genommen und getröstet, den armen Kerl.

Auch ich machte mich auf den Nachhauseweg. Wenn ich ehrlich war, beneidete ich Söckchen nun doch. Das musste ein aufregender Beruf sein, ein schöner Job zwischen Abfahrt und Ankunft, Wiedersehen und Abschied. Zwischen großen Gefühlen und ganz viel Menschlichem. Immer unterwegs, jeden Tag etwas anderes. Neue Fahrgäste, neue Strecken, neue Abenteuer.

Meine Berufsaussichten waren dagegen nicht gerade rosig – und äußerst vorhersehbar. Im Hotel hätte ich nach der Elternzeit wieder anfangen können, aber nur Vollzeit und im Schichtdienst. Das war aber keine wirkliche Perspektive für mich und mein Söhnlein brillant. An diesem Tag am Bahnhof wurde mir klar: Es war an der Zeit, dass ich mich um meine Zukunft kümmerte.

In Ulm ist es voll geworden, weil wir Fahrgäste eines ausgefallenen Zuges mitnehmen müssen. Als wir unsere Fahrt fortsetzen, kontrolliere ich eine Frau, die mir ihr Onlineticket hinhält. Zur Identifikation hat sie ihre EC-Karte angegeben. Sie schaut mich erwartungsvoll an.

»Ihre EC-Karte, bitte«, sage ich.

Sie reicht mir ihre Bahncard.

»Ich brauche Ihre EC-Karte«, erkläre ich.

»Ich habe aber gar keine ICE-Karte.« Sie verzieht das Gesicht, ihre Unterlippe zittert.

ICE-Karte – witzig. Ich muss lächeln. »Ich brauche auch nur Ihre *EC-Karte*. Sie wissen schon, die Karte, mit der Sie Geld abheben.«

Jetzt strahlt sie wieder, greift in ihre riesige Handtasche, wühlt und zieht ihre Kreditkarte hervor. Lieber Herr im Himmel …

»Nein«, sage ich, immer noch lächelnd, auch wenn es mir zunehmend schwerer fällt. »Die EC-Karte. Mit der Sie zum Beispiel diese hübsche Tasche bezahlt haben.« Es ist ein Schuss ins Blaue, aber besser als nichts.

»Ach so. Sagen Sie das doch gleich.« Sie macht einen Schmollmund und zieht die gewünschte Karte aus dem Geldbeutel.

Gut Ding will Weile haben. War das nicht auch schon mal ein Werbeslogan der Deutschen Bahn?

Am nächsten Tag fuhr ich wieder nach Köln, um Söckchen abzuholen, wie ich es ihr versprochen hatte. Es war ein grauer Regentag, ununterbrochen nieselte es vom Himmel herab. Außerdem hatte es deutlich abgekühlt, mindestens zehn Grad im Vergleich zu gestern. Igitt.

Im Bahnhof selbst war es warm, und da alle Geschäfte beleuchtet waren, war es auch nicht so trostlos wie draußen. Irgendwie ist hier immer etwas los, stellte ich fest. Es duftete nach frischen Brötchen aus der Bäckerei und nach den Rosen vom Blumenstand. Die Würstchen brutzelten auf dem Grill eines fliegenden Händlers, an einem anderen Stand wurden Crêpes gemacht. Es war wie eine kleine Stadt in der Stadt, in der rund um die Uhr etwas passierte, und mich überkam ein Gefühl wie am Flughafen – Ankunft und Abfahrt. Wiedersehen und Abschied. Die große weite Welt nur einen Steinwurf entfernt.

Als ich am Bahnsteig ankam, fuhr Söckchens Zug gerade ein. Ich sah, wie sie mir aus dem vorderen Teil der Wagen zuwinkte und dann ausstieg. Noch am Gleis machte sie schnell die Übergabe mit einem Kollegen.

»Du siehst müde aus«, stellte ich fest, als sie zu mir trat.

Sie lachte. »John und ich waren gestern Abend nach dem Abendessen noch am Alexanderplatz. Das ist ein wenig ausgeufert, fürchte ich.«

»Ich versteh nur Bahnhof.«

»Wenn wir Übernachtung haben, so wie gestern, dann gehen wir gemeinsam aus. Wir waren ja um halb neun in Berlin, da kann man schon noch was unternehmen. Und diese Stadt schläft wirklich nie. Du kannst morgens um sieben Döner essen oder nachts um drei ins Kino, alles kein Problem.« Sie grinste vielsagend und hakte sich bei mir ein. »Ich muss noch meinen Trolley in den Spind bringen, dann können wir heim.«

Ich beneidete sie so sehr! Seit einem Jahr beschränkten sich meine Kontakte auf andere Mütter mit Kindern in Felix' Alter. Ich hatte einen Babyschwimmkurs mit ihm besucht, da waren er und ich die Jüngsten. Auf dem Spielplatz traf ich manchmal Mütter in meinem Alter, aber sie hatten meist schon zwei Kinder und ganz andere Interessen als ich. Irgendwie hatte ich das Gefühl, völlig zu vereinsamen. Natürlich war da Marie, mein Söckchen, außerdem frühere Kollegen, zu denen ich Kontakt hielt, und einige Freunde, die immer mal bei mir vorbeischauten – doch sie hatten keine Kinder. Unsere Leben unterschieden sich grundlegend. Über Windeln und Beikost zu reden, fanden weder sie noch ich spannend. Abends weggehen konnte ich zwar, weil Paps jederzeit auf Felix aufpasste, aber am nächsten Morgen musste ich wieder für meinen Sohn da sein. Verkatert und übermüdet war das kein Vergnügen, hatte ich herausgefunden, und unterließ das wilde Feiern deshalb.

»Ich muss einen neuen Job finden«, seufzte ich, als wir aus Köln hinausfuhren. »Ganz dringend. Eine neue Herausforderung, etwas, was mir wieder geistigen Input bringt.«

»Willst du wieder im Hotel anfangen?«, fragte Söckchen.

»Nein, da kann ich nur Vollzeit arbeiten. Und das ist völlig ausgeschlossen, selbst wenn ich eine Betreuung für Felix finden würde.«

»Dein Paps passt doch auf ihn auf.«

»Aber doch nicht rund um die Uhr. Das will ich nicht, und er will das sicher auch nicht.«

»Tagesmutter? Kindertagesstätte?«

»Nach einer Tagesmutter such ich schon, aber wie der Name schon sagt – sie arbeitet tagsüber. Wenn ich Teildienst habe, bin ich morgens und abends weg. Klar, abends könnte Paps Felix übernehmen, doch ich käme erst erschlagen gegen Mitternacht nach Hause, und dann hätte ich nie etwas von Felix. Außerdem will ich nicht mehr im Hotel arbeiten.«

»Okay, verstehe.« Söckchen setzte sich auf und legte die Stirn in Falten. »Kein Hotel mehr.«

»Und keine Gastro, im Restaurant sehen die Arbeitszeiten nicht viel anders aus. Und ich will auch nicht immer nur anderen etwas servieren.«

»Was willst du denn?«

»Weiß nicht. Ich möchte Kontakt zu Kunden haben, zu Menschen. Ich möchte nicht in einem Büro sitzen und immer die gleiche Ablage machen müssen. Ich möchte etwas erleben – keine Abenteuer oder so, aber eben etwas Abwechslung. Und ich möchte Zeit für Felix haben. Wahrscheinlich will ich die eierlegende Wollmilchsau.« Ich seufzte.

Sie schwieg. Dann grinste sie. »Hast du mal überlegt, Zugbegleiterin zu werden? Die Bahn bietet Teilzeitmodelle an. Natürlich nicht von acht bis zwölf, sondern zwei oder drei Tage die Woche. In der Zeit musst du natürlich eine Betreuung für Felix finden. Aber die Bahn hat auch Kitas.« Sie strahlte. Offenbar fand sie ihre Idee hervorragend.

»Hey, das wäre doch klasse!«

»Geht nicht.«

»Wieso?«

»Ich kann doch nicht noch drei Jahre Ausbildung machen, Marie. Ohne Einkommen.«

Jetzt lachte sie. »Du hast eine Ausbildung im Servicebereich gemacht, du bist Hotelfachfrau. Solche Leute sucht die Bahn.«

»Aber drei weitere Jahre lernen?« Ich verdrehte die Augen.

»Blödsinn. Du hast eine Ausbildung und brauchst nur noch eine Umschulung – die dauert nur ein paar Wochen. Sechs oder sieben.«

»Was?«

»Ja, ernsthaft. Quereinsteiger, gerade aus diesen Berufen, werden gesucht. Mach das doch! Das wäre super. Wir könnten sicher das eine oder andere Mal zusammen arbeiten.«

Als wir endlich in München ankommen, haben wir eine Stunde Pause. Dann geht es zurück nach Dortmund, für mich sogar nur bis nach Köln. Sulzmann ist ausgestiegen, in München, wo seine Ehefrau und seine Tochter wohnen. Die ganze Rückfahrt über geht er mir nicht mehr aus dem Kopf. Er ist der Grund, warum ich Mutter bin. War das eine gute, eine richtige Entscheidung? Ja, ja und nochmals ja. Ich habe nie bereut, Felix bekommen zu haben, auch wenn ich ihn allein großziehen muss. Ich würde ihn für nichts auf der Welt wieder hergeben.

Sulzmann ist aber auch der Grund, warum ich bei der Bahn arbeite. Irgendwie. Meistens bin ich gern Zugbegleiterin. Nur manchmal, wenn sich die Passagiere danebenbenehmen und mich für Verspätungen oder Zugausfälle verantwortlich machen, wenn alle aus meinem Bekanntenkreis über die Preiserhöhungen meines Arbeitgebers schimpfen oder wenn ich nicht rechtzeitig nach Hause komme, um mit Felix zu der Geburtstagsfeier seines besten Freundes zu fahren, dann geht mir mein Beruf auch mal ganz schön auf die Nerven.

Aber langweilig, nein, langweilig ist mir nie. Während meiner Fahrten habe ich schon die verrücktesten Geschichten erlebt. Ich habe die Queen kennengelernt und Jesus. Ich habe festgestellt, wie das Bahnfahren Menschen verbindet – selbst wenn sie Anhänger zweier verfeindeter Fußballclubs sind.

Und ich habe dank der Deutschen Bahn den Mann getroffen, der mich Alexander Sulzmann vergessen ließ.

2 Von einer, die auszog, das Reisen zu lernen

Werte Fahrgäste, unser Zug wird bis Koblenz
linksrheinisch umgeleitet. Nicht, dass Sie denken,
der Fluss ist weg. Er ist auf der anderen Seite.

Durch Söckchens Erzählungen und mein Erlebnis am Kölner Hauptbahnhof hatte ich Feuer gefangen und begann zu recherchieren. Ich rief bei der Bahn an, ließ mir Infomaterial kommen und studierte alles sorgsam. Dann, als ich das Gefühl hatte, mich ausreichend informiert und eine Entscheidung getroffen zu haben, erzählte ich Paps von meinen Plänen.

Er fiel aus allen Wolken. »Du willst *was*?«

»Ich will Zugbegleiterin werden. Bei der Deutschen Bahn. Dort kann ich Teilzeit arbeiten, es existieren dazu verschiedene Modelle. Es gibt beispielsweise eine Jahresarbeitszeit, die kann man selbst festlegen. So könnte ich etwa zwanzig Stunden in der Woche arbeiten – das wären, je nach Strecke, zwei oder drei Tage. Die restliche Zeit wäre ich aber komplett zu Hause.«

Ich strahlte ihn an – aber er teilte meine Begeisterung nicht.

»Du willst Schaffnerin werden? Das ist nicht dein Ernst.«

»Warum nicht? Ich wäre unterwegs, hätte Kontakt zu anderen Menschen, würde Verantwortung tragen und bekäme Arbeitszeiten, mit denen ich auch noch am Leben meines Sohnes teilnehmen könnte.« Ich stockte. »Den Job kann ich allerdings nur machen, wenn du mich weiterhin unterstützt und manchmal auf Felix aufpasst.«

Es warf mich ein wenig aus der Bahn, dass Paps so gar nichts sagte, sondern schwieg. Was war nicht in Ordnung mit Schaffnerin? Das war ein ehrenwerter Beruf. Ich hatte ja nicht gesagt, dass ich Stripperin werden wollte oder Tierpräparatorin.

Irgendwann fragte er mich: »Zugbegleiterin? Muss man da keine Ausbildung machen? Marie hat das doch gelernt, drei Jahre waren das.«

Ich nickte. »Zweieinhalb. Sie konnte ihre Ausbildung verkürzen.«

»Und jetzt willst du das auch machen? Noch einmal eine Ausbildung?«

»Nein, das muss ich nicht. Die Bahn sucht Quereinsteiger. Ich habe ja schon eine Ausbildung hinter mir. Servicekräfte aus der Gastronomie nehmen sie besonders gern, weil wir mit Gästen umgehen können und belastbar sind.«

»Dann machst du eine Umschulung?«

»So ähnlich. Zuerst muss ich zu einem Assessment Center. Das wäre in zwei Wochen.« Ich räusperte mich. »Dazu habe ich mich schon angemeldet.«

»Zu einem *was*?« Paps kniff die Augen zusammen. Jetzt dachte er vermutlich wieder an die Pole-Stange.

»Zu einem Einstellungstest. Danach muss man zum Medizinischen Dienst und wird untersucht, ob man überhaupt tauglich ist.«

Er nickte. »Deutsche Gründlichkeit. Im Prinzip gar nicht schlecht.«

»Und dann gibt es eine Schulung, die dauert etwa sechs Wochen. Ich könnte sie in Köln machen, das wäre auch mein Standort, von dem aus ich eingesetzt würde.«

»Kann man auch durchfallen?«

»Ja, kann man.«

Hatte ich aber nicht vor, ehrlich gesagt.

Paps grummelte vor sich hin. »Das kommt alles ein wenig überraschend, Jule. Du magst doch eigentlich gar keine Züge. Während deiner Fahrt zur Berufsschule hast du immer gemeckert, und als ich dir damals die Märklin-

Eisenbahn schenken wollte, hast du mir einen Vogel gezeigt.«

»Jetzt mach aber mal halblang. Das ist doch was ganz anderes! Und außerdem, wäre es dir lieber, ich würde wieder ins Hotel zurückgehen?«

Er schüttelte den Kopf und tätschelte meinen Arm. »Nein. Ich habe ja auch schon überlegt, wie das wohl gehen soll. Hotelfachfrau und Kind – das verträgt sich nicht gut. Und diese blöden Teildienste!« Er seufzte. »Die Deutsche Bahn also. Nun ja, Marie ist ja ganz zufrieden mit ihrem Job. Es ist ein sicheres Unternehmen. Aber hast du dir das gut überlegt?«

Das hatte ich. Und dann ging alles ganz schnell. Ich fand eine Tagesmutter für Felix und fuhr dann nach Köln zum Assessment Center. Hier trennte sich die Spreu vom Weizen, und ich hoffte sehr, dass ich zu Letzterem gehörte.

Mit fast zweihunderttausend Mitarbeitern ist die Deutsche Bahn einer der größten Arbeitgeber in Deutschland. Die meisten Auszubildenden werden nach erfolgreich abgeschlossener Lehre übernommen. Dennoch ist der Bedarf an Quereinsteigern groß, gerade im Servicebereich. Es gibt circa zwölftausend Zugbegleiter bei der Bahn, gut ein Drittel davon arbeitet in Teilzeit.

Das klingt alles ganz wunderbar, doch es gibt natürlich auch schlechte Seiten. An manchen Tagen wird im Schichtbetrieb eine Arbeitszeit von dreizehn Stunden erreicht – inklusive Anfahrt zum Einsatzort. Zudem genießt die Deutsche Bahn einen schlechten Ruf – im Sommer zu heiß, im Winter zu kalt und natürlich immer unpünktlich. Die Presse, die sich regelmäßig über die Bahn lustig macht, verschlechtert das Image zusätzlich. Man braucht Nerven, wenn man bei der Bahn arbeiten will. Aber die braucht man auch in der Gastronomie. Dort gibt es selten einen gründlichen medizinischen Check, das ist bei der Bahn anders. Geprüft wird neben einem Seh-, Hör- und Reflextest unter anderem auch, ob der Bewerber Drogen nimmt – das ist ein absolutes Ausschlusskriterium.

Darüber musste ich mir zum Glück keine Gedanken machen. Auch nicht über mein Gewicht, das war ein Jahr nach der Geburt von Felix wieder absolut in Ordnung, oder ob eine Schwangerschaft zum Zeitpunkt der Bewerbung vorlag. Aber auch hier konnte ich absolut sicher sein, als ich das Nein-Kästchen des Formulars ankreuzte. Seit dem unglücklichen Ende mit Alexander Sulzmann war mir niemand mehr zu nahe gekommen, und im Moment war mein Bedarf an Romantik ohnehin gedeckt.

Dann kam das Bewerbungsgespräch. Zwei Herren und eine Dame in der blauen Bahnuniform, die Männer mit rotem Schlips, die Frau mit rotem Halstuch, saßen an einem Tisch. Vor sich hatten sie einen Stapel Unterlagen, in denen sie geschäftig blätterten. Vor dem Tisch stand ein einsamer Stuhl.

»Bitte setzen Sie sich.«

Ein wenig kam ich mir schon vor wie bei einem Verhör. Zum Glück entdeckte ich keine grelle Schreibtischlampe, die man mir ins Gesicht hätte drehen können.

»Sie sind Hotelfachfrau?«

»Ja.«

»Und Sie wollen bei der Bahn arbeiten? Im Service?«

»Als Zugbegleiterin.«

»Warum?«

Warum denn nicht?, dachte ich, aber das war bestimmt die falsche Antwort.

»Ich mag den Kundenkontakt, bin reisefreudig und möchte noch etwas von der Welt sehen. Allerdings sind das nicht meine Hauptgründe. Mir ist schon klar, dass man zwar durch viele Städte fährt, diese aber deshalb nicht kennenlernt.«

Söckchen hatte mich ordentlich gebrieft und mir eingetrichtert, dass ich mit meiner romantischen »Bahnhöfe sind eine Stätte der Begegnung, des Abschieds und des Wiedersehens«-Antwort nicht punkten würde. Damit würde ich es höchstens in die Marketingabteilung von Rotkäppchen-Sekt schaffen.

Die drei Bahner nickten, die Antwort war wohl richtig gewesen. Aber offensichtlich waren wir noch nicht am Ende angekommen, denn sie schauten mich aufmunternd und neugierig an.

Ah, ich noch mal? Okay. Also, mal nachdenken. Warum wollte ich zur Bahn?

»Ich bin jung und suche eine neue Herausforderung. Ich möchte noch etwas anderes machen, als nur im Hotel zu arbeiten.«

Reichte das? Sie blickten nun wieder in meine Unterlagen. Ob sie da die Antworten auf ihre Fragen fanden?

»Die Deutsche Bahn ist ein sicherer Arbeitgeber mit guten Möglichkeiten«, fuhr ich fort. Oje, das klang ja wie auswendig gelernt …

»Wie stellen Sie sich den Job einer Zugbegleiterin denn vor?«, wollte die Frau wissen.

»Natürlich kontrollieren Zugbegleiter die Fahrscheine, aber das ist nicht das Wichtigste. Sie sind für die Sicherheit der Fahrgäste verantwortlich, dafür, dass der Zug den Bahnhof verlassen kann, und sie helfen den Passagieren. Sie geben Auskunft über Anschlusszüge und weitere Fahrten und sind der Ansprechpartner der Fahrgäste in allen Belangen.«

Der Mann, der links von der Frau saß, sah von seinen Papieren auf.

»Sind Sie eher ein Hammer oder ein Amboss?«

»Äh … wie bitte?«

»Im Service. Sind Sie streng und bestimmt, oder kann man an Ihnen alles ablassen?«

Ach so. Also, das klang beides nicht gerade verlockend.

Wieso hatte er nicht mehr zur Auswahl gestellt? Eine Feile? Eine Säge? Ein Schraubenzieher? Ehrlich gesagt wollte ich nichts davon sein, und ich bewarb mich ja auch nicht bei einem Baumarkt.

»Weder – noch. Ich passe mein Verhalten den jeweiligen Bedingungen an. Wenn es hart auf hart kommt, kann ich auch mal laut werden. Aber das ist bislang erst sehr selten vorgekommen.«

»Können Sie sich auch eine negative Seite des Jobs vorstellen?«

Jetzt musste ich aufpassen, das war eine Fangfrage, auf die mich Söckchen ebenfalls vorbereitet hatte. Hier durfte ich keineswegs naiv antworten: Nein, keine. Das würde ich mir ja nicht einmal selbst glauben.

Stattdessen antwortete ich: »Ich weiß, dass die Schichten mitunter lang sind. Man kann ja nicht plötzlich sagen ›Oh, meine acht Stunden sind um, ich höre jetzt auf‹, wenn der Zug Verspätung hat. Überhaupt sind die Arbeitszeiten unregelmäßig. Der Umgang mit Passagieren kann mitunter anstrengend sein – aber das ist er im Hotel auch. Ich kann gut mit Menschen umgehen, aber natürlich bin auch ich nicht unendlich belastbar.«

»Was machen Sie, wenn ein Fahrgast Sie wieder und wieder nervt, zum Beispiel weil eine massive Verspätung vorliegt, und Sie das Gefühl haben, nicht mehr freundlich bleiben zu können?«

Hm. Ihn auf die Gleise werfen?

»Soweit ich weiß, ist man nicht allein im Zug. Ich würde mir Hilfe von einem Kollegen holen, den Fall abgeben. Ansonsten erst einmal tief durchatmen und freundlich, aber bestimmt bleiben.«

Alle drei nickten und sahen ein wenig wie Wackeldackel aus.

»Wollen Sie Vollzeit arbeiten?«

Hatte ich das nicht angegeben in meiner Bewerbung?

Doch, ganz sicher hatte ich Teilzeit angekreuzt. Fünfzig Prozent oder weniger.

»Nein. Dass die Bahn verschiedene Teilzeitmodelle anbietet, ist für mich als Mutter besonders attraktiv.«

Hatte ich das positiv genug ausgedrückt?

Wieder studierten sie meine Unterlagen. Ihre Blicke schienen nun kritisch zu werden. »Sie haben ein Kind?«

»Ja. Einen Sohn, er ist fast anderthalb.« Ich strahlte stolz.

Die Mundwinkel der Bahnleute sanken nach unten. »Ein Kleinkind? Sind Sie verheiratet?«

Ich schüttelte den Kopf und lächelte. »Wieso? Ist das ein Einstellungskriterium?«

Was war das jetzt? Die moralische Keule?

»Nein, aber ich meine, sind Sie in einer Beziehung?«, hakte der Mann links nach.

»Ist das eine private oder eine berufliche Frage?«, sagte ich noch breiter lächelnd und klimperte mit den Wimpern.

»Was mein Kollege wissen will«, mischte sich die Frau in der Mitte ungeduldig ein, »ist die Betreuung Ihres Sohnes durch den Kindsvater gewährleistet?«

»Nein. Ich bin alleinerziehend.«

»Liebe Frau Zimmermann, ist Ihnen klar, was es bedeutet, als Zugbegleiterin unterwegs zu sein, selbst wenn Sie nur eine Teilzeitstelle haben?« Der Mann, der links saß, beugte sich vor. »Das bedeutet, dass Sie eventuell den Dienst am Montag um vier Uhr früh beginnen müssen, den Tag über fahren und abends eine Übernachtung haben. Am nächsten Tag geht es dann zurück.«

»Das ist mir bewusst. Ich kann lesen und habe mich erkundigt.« Mein Lächeln war tapfer, und ich ließ mir meine Verunsicherung nicht anmerken. »Meine beste Freundin ist Zugchefin bei der Deutschen Bahn, deshalb weiß ich sehr genau, wie die Dienste ablaufen können.«

»Wir bieten zwar gute Kinderbetreuung in unseren Krippen an, aber nicht über Nacht«, sagte nun die Frau, ohne auf meine Aussage einzugehen. »Und erst recht nicht für mehrere Tage.«

»Natürlich nicht«, sagte ich nun leicht irritiert. »Das erwartet doch auch keiner, und das würde ich meinem Sohn auch gar nicht zumuten wollen. Er hat eine zuverlässige Tagesmutter. Außerdem wohne ich mit meinem Vater zusammen in einem Haus. Er wird sich um meinen Felix kümmern, wenn ich unterwegs bin.« Ich schnaufte und versuchte, nicht allzu ungeduldig zu klingen. »Sehen Sie, ich bin ausgebildete Hotelfachfrau. Ich habe sowohl Teil- wie auch Schichtdienste gehabt. Die waren zwar nicht mit einer Übernachtung verbunden, aber vor eins bin ich manchmal nicht zu Hause gewesen. Noch bin ich in der Elternzeit, im Hotel gibt es aber keine Teilzeitstelle für mich. Ich möchte arbeiten. Mein Vater hat sich von Anfang an um sein Enkelkind gekümmert, und er wird es weiterhin tun, wenn ich eine Stelle habe.«

»Und wenn Ihr Vater krank wird?«

»Die Tagesmutter nimmt Felix zur Not auch über Nacht.«

Die drei guckten sich an. Tja. Da bleibt euch die Spucke weg, was? Ich habe ein Kind, keine Behinderung, Herrgott noch mal!

»Normalerweise stellen wir ungern alleinerziehende Mütter ein«, sagte nun der Mann, der rechts saß.

»Äh, Sie wissen schon, dass auch junge Mütter …«, setzte ich an, wurde aber direkt unterbrochen.

»Natürlich haben Sie das Recht, sich krankschreiben zu lassen, wenn Ihr Sohn krank ist, aber wenn das dazu führt, dass Sie Ihre Dienste nicht wahrnehmen können, ist keinem von uns geholfen. Das verstehen Sie doch?«

Ich nickte. Ja, das verstand ich. Ich war ja nicht doof. »Also, nur, damit das klar ist. Mein Vater ist nicht gebrechlich, er ist erst Mitte fünfzig. Er hatte eine Bäckerei und hat sie gewinnbringend verkauft. Nun ist er im Ruhestand und geht seinen Hobbys nach. Und er kümmert sich um seinen

Enkel. All das müsste ich Ihnen gar nicht sagen«, plötzlich klang ich trotzig, »aber ich möchte, dass Sie wissen, dass ich mich erstens gut informiert und mir zweitens viele Gedanken darüber gemacht habe, ob ich überhaupt in dieses Berufsprofil passe.« Jetzt schaffte ich es wieder, zu lächeln. Zumindest schief einigermaßen. »Und ich glaube, das tue ich.«

Da waren sie wieder, die Wackeldackel. Ich schien sie überzeugt zu haben – jedenfalls gaben sie mir nicht das Gefühl, dass ich einpacken konnte. Sie stellten mir noch weitere Fragen, schienen aber insgesamt beruhigt zu sein. Ich durfte schließlich an der nächsten Prüfung teilnehmen, dem psychologischen Eignungstest, der etwa zwei bis drei Stunden dauern sollte.

Wieder wurden wir, meine Mitbewerber und ich, einzeln auf Räume verteilt. Dort wartete ein Mann in der typischen Bahntracht, natürlich auch mit rotem Schlips, der mir einen Platz an einem Tisch anwies. Darauf stand ein Monitor. Zuerst bekam ich Kopfhörer aufgesetzt. Auf dem Bildschirm waren Fotos zu sehen, die ich Zahlen zuordnen musste (drei Eier – Zahl drei, fünf Becher – Zahl fünf), währenddessen lief über den Kopfhörer Musik. Das war ziemlich einfach. Dann wurden Wörter über den Kopfhörer abgespielt, und ich musste die mit »ei« oder »ü« heraushören und die Nummer des Wortes aufschreiben. Eine Computerstimme ohne Modulation leierte herunter: »Wort eins. Tasche. Wort zwei. Tür. Wort drei. Fenster. Wort vier. Eimer …« Das ging bis Wort 30, und da war ich schon ziemlich geschlaucht. Aber natürlich musste unsere Belastungsfähigkeit getestet werden. Und wenn ein Bewerber im Assessment Center verblödete: Pech gehabt.

Im Anschluss wurden mit einem Multiple-Choice-Verfahren meine Rechtschreibkenntnisse überprüft: zwanzig Sätze, bei denen ich erkennen sollte, was falsch war – verschiedene Lösungen waren angegeben. Das war wieder einfach. Dann kamen achtzehn Aufgaben zur Prüfung der mathematischen Kenntnisse wie Dreisatz, Prozentrechnen und so weiter. Easy.

Der Test zum technischen Verständnis forderte mir schon etwas mehr ab, aber ich schlug mich wacker, auch wenn ich ein paar Mal raten musste. Aber ich wollte ja keine Züge reparieren, sagte ich mir.

Ich war immer noch nicht fertig, es kam ein Test zum logischen Denken, dann einer zu meiner Konzentrationsfähigkeit – immer, wenn ein Kreis auf dem Bildschirm auftauchte, sollte ich einen Knopf drücken. Ich kam mir vor wie ein Affe in einem Versuchslabor. Zum Schluss wurde eine Abfolge von Bildern gezeigt, während über den Kopfhörer eine schlecht verständliche Ansage lief. Man musste angeben, ob man die Bilder schon einmal gesehen hatte. Ich begriff den Test nicht und war mir deswegen auch nicht sicher, ob ich ihn bestanden hatte. Das war mir mittlerweile aber auch egal. Mein Hirn hatte die Konsistenz von Johannisbeergelee angenommen, und das Denken fiel mir immer schwerer. Doch irgendwann war ich endlich fertig – im wahrsten Sinn des Wortes.

»Wir melden uns bei Ihnen, melden Sie sich nicht bei uns. Auf Wiedersehen. Einen schönen Abend noch.«

Danke und goodbye, dachte ich enttäuscht. Das klang nicht, als hätte ich bestanden. Müde torkelte ich aus dem Gebäude und schwor mir, die nächsten vier Tage im Bett zu verbringen.

Eine Woche später klingelte das Telefon.

»Maike Schneider von der Deutschen Bahn«, meldete sich eine freundliche Frauenstimme.

»Ha-ha-hallo.« Mehr brachte ich nicht heraus.

»Frau Zimmermann, Sie haben sich bei uns als Zugbegleiterin beworben und vor einer Woche das Assessment Center erfolgreich absolviert. Herzlichen Glückwunsch.«

Es dauerte, bis die Information mein Gehirn erreichte.

Offenbar war ich immer noch nicht ganz erholt von den Tests. Dann aber tröpfelte die Erkenntnis in meinen Geist.

Ich.

Hatte.

Bestanden.

»Wirklich? Sie haben auch nicht die falschen Unterlagen erwischt?«, frage ich zur Sicherheit noch einmal nach.

Frau Schneider lachte, aber es war ein freundliches Lachen. »Ich bin mir ganz sicher. Haben Sie noch Interesse an dem Job?«

»Und wie!« Die Endorphine jagten durch meine Blutbahnen wie ein ICE auf der Hochgeschwindigkeitstrasse.

»Unser nächster Ausbildungsblock beginnt in einem Monat. Wäre es für Sie möglich, daran teilzunehmen?«

»Ja.«

»Dann schicken wir Ihnen die Unterlagen zu. Sie können zwischen der Ausbildungsstätte in Köln oder in Hamburg wählen. Der Block dauert sechs Wochen.«

»Ich weiß! Herzlichen Dank. Oh, dankedankedanke!«

Wieder lachte sie. »Keine Ursache. Wir freuen uns auf Sie!«

In der ersten Woche der Ausbildung standen weitere Tests an, Sprachkenntnisse wurden überprüft, das Allgemeinwissen und solche Sachen.

Dann wurden wir in die Fahrpläne eingewiesen. Darüber hinaus hatten wir Krisenmanagement und Deeskalationstraining auf dem Stundenplan. Im Vordergrund stand jedoch das Tarifwesen. Böse Zungen würden ja sagen: An der Gewichtung der drei Fächer während unserer Weiterbildung kann man sehen, wie die Bahn ihre eigenen Kompetenzen einschätzt: täglich vier Stunden Tarife, zwei Stunden Krisenmanagement, eine Stunde Zugverbindungen. Na ja, man muss eben wissen, wo die eigenen Stärken und Schwächen liegen …

In meinem Kurs waren zwölf weitere Bewerber, zehn Männer und außer mir noch eine weitere Frau. Ich war mit Abstand die Jüngste. Wir verstanden uns alle prima und stellten schnell fest, dass das Lernen der Fahrpläne und Zugverbindungen gar nicht so ohne war. Zwar gab es seit einiger Zeit Mobile Terminals, mit denen man im Zug Fahrkarten kontrollieren und Zugverbindungen recherchieren konnte, dennoch mussten wir natürlich alles auch ohne diese Hilfsmittel beherrschen, denn Technik kann immer mal ausfallen. Weiß die Bahn ja am besten.

»Wie oft täglich fährt ein Zug von Karlsruhe nach Zürich?«, wollte Sonja von mir wissen.

Ich stöhnte auf und schlug mir mit der flachen Hand an die Stirn. »Ich. Krieg. Das. Hier. Nicht. Rein!«

»Ruhig Blut«, sagte Sonja. »Ich hab bei *Wetten, dass ...?* mal einen kleinen Jungen gesehen, der wusste jede Zugverbindung in ganz Deutschland. Jede! Mit Regional- und Nachtzügen. Wenn der das hinkriegt, schaffen wir das doch locker.«

Ich seufzte. »Weißt du zufällig, wie lange der Junge gebraucht hat, um sich das alles zu merken?«

Sonja senkte beschämt den Blick. »Zwei Jahre.«

Ich wusste doch, dass die Geschichte einen Haken hatte. Wir hatten in fünf Wochen Prüfung. Und ich konnte mir nicht mal merken, wie der zweite Bahnhof neben dem Hauptbahnhof in München hieß.

Es half alles nichts. Wir büffelten Tarife, Anschlusszüge und vieles mehr, und fragten uns immer wieder ab. Nachts träumte ich von Wagenstandsanzeigern und Fahrplänen. Tagsüber unterhielt ich mich nur noch in Zahlen. »Von Münster nach Leipzig, Abfahrt 14:10, Ankunft in Hamm 14:37. Kann ich mal bitte den Zucker haben? Weiterfahrt um 14:45, Ankunft Leipzig um 19:18.«

Mit Martin, Anfang dreißig, ehemaliger Student mit viel Kellnererfahrung, und Sonja, Hotelfachfrau genau wie ich, verstand ich mich besonders gut. Wir schlossen uns zu einer Lerngemeinschaft zusammen. Inzwischen hatte ich auch begriffen, wie das mit der Jahresarbeitszeit war. Ich würde ein jährliches Stundenkonto von 1018 Stunden haben, also eigentlich zwanzig Stunden in der Woche. Manchmal klappte das mit den Wochenzeiten aber nicht, weil die Fahrtzeiten nicht passten, dann wurden die Stunden, die man zu viel hatte, dem Konto gutgeschrieben. Oder eben umgekehrt. Im Prinzip funktioniere das wohl ganz gut so, sagte man mir.

Wir lernten, wie man in der Theorie den Zug sichert, wie und wann man einen Zugbereich mit der Meldescheibe fertig meldet, wie wir uns im Notfall zu verhalten haben und wie der Zug evakuiert wird. Wir lernten Fahrkarten ausstellen, kontrollieren und entwerten, wie man Verbindungen raussucht und Anschlusszüge bei Verspätungen findet und das sichere Verhalten im Gleisbereich, und wir mussten einen erweiterten Erste-Hilfe-Kurs absolvieren. In der fünften Woche waren wir nur noch zehn von den ursprünglichen zwölf. Einer war bei den Tests durchgefallen, ein anderer hatte das Handtuch geschmissen. Aber besser jetzt als im Ernstfall.

Und auch Luis flog kurz vor Ende aus der Weiterbildung. Er hielt sich für einen Witzbold, und zugegebenermaßen war er das meistens auch, aber manchmal vergriff er sich wohl ein wenig im Ton. In einer der Szenen, die wir nachstellten, um uns auf den Arbeitsalltag vorzubereiten und zu lernen, was man sagen konnte und was nicht, überspannte er den Bogen eindeutig.

Es ging in dieser Übung um Schwarzfahrer und den Umgang mit ihnen. Luis hatte die Aufgabe, einen Mann zu kontrollieren, den er für einen Schwarzfahrer hielt. Dargestellt wurde dieser von unserem Betreuer – das war übrigens einer der humorlosen Männer, die bei mir im Einstellungsgespräch gesessen hatten. Luis hätte es also besser wissen müssen. Er ging jedenfalls zu dem Mann, baute sich vor ihm auf und sagte dann: »Na, hat der kleine Neger auch eine Fahrkarte, oder ist er ein Schwarzfahrer?«

Wir anderen, die in einigen Metern Entfernung auf Stühlen saßen, hielten kollektiv die Luft an.

Luis schaute zu uns rüber und zwinkerte uns zu, in diesem Moment stand unser Betreuer auf. »Der kleine Neger hat auch seinen Polizeiausweis dabei.« Ich konnte sehen, wie ihm eine Ader auf der Stirn wuchs, als er zischte: »Luis, mitkommen, aber sofort!« Luis verschwand aus dem Programm – da waren's nur noch neun.

Vermutlich war es richtig, dass Luis aus der Weiterbildung flog, denn das nun folgende Deeskalationstraining, das den »normalen« Übungen folgte, verlangte uns alles ab. Hier konnte man sich keine dummen Sprüche mehr erlauben, hier ging es um die Wurst. Es wurden brenzlige Situationen im Zug nachgestellt, und wir mussten zeigen, ob wir damit klarkamen. Es gab bei den Szenarien alles, von betrunkenen, renitenten, streitenden bis hin zu kranken Reisenden. Schlecht gelaunt waren sie alle. Sollte das die durchschnittliche Kundschaft sein, die wir auf den Strecken kennenlernen würden? Gott bewahre. Am Ende des Trainings versicherten wir uns gegenseitig, dass ja nicht jeden Tag solche Sachen passieren würden – hofften wir zumindest. Eines war uns inzwischen klar: Man würde uns wahrscheinlich öfter beschimpfen und für Verspätungen oder andere Dinge verantwortlich machen, als uns lieb war, auch wenn wir gar nichts dafür konnten. Grundsätzlich galt es, höflich und gelassen zu bleiben, die Kunden ernst zu nehmen und Hilfestellungen zu geben – egal, was das Gegenüber von sich gab.

In der letzten Woche ging es dann ans Eingemachte. Raus aus der Theorie und rein in die Praxis! Jeder bekam einen Dienstplan, dann wurden wir einem Zugbegleiter zugeteilt. Einem echten. Keinem unserer Betreuer, die sich als

Gäste oder Kollegen verkleidet hatten und eine Rolle spielten. Jetzt bekamen wir auch unsere Uniformen. Zwei Jacken, zwei Hosen und einen Rock, natürlich das rote Halstuch für die Damen und den roten Schlips für die Herren, das Rollköfferchen für Ausrüstung, Zubehör (Zange, Taschenlampe, Zugmeldescheibe) und Papiere. Und natürlich unser Mobiles Terminal. Plötzlich fühlten wir uns ganz anders, ab jetzt waren wir wirklich Teil der großen Bahnfamilie, und es ging auf große Fahrt. Das war ganz schön aufregend.

Es gab noch eine letzte Prüfung, bevor wir in die raue Wirklichkeit des Schaffneralltags entlassen wurden, und plötzlich waren wir nur noch zu acht. Matthias, einem stillen jungen Mann, hatte das Deeskalationstraining zu denken gegeben. Er glaubte nicht, dass er auf Dauer mit solchen Situationen fertig werden würde. Vielleicht war es für ihn tatsächlich besser, an diesem Punkt auszusteigen.

Ich stieg aber erst einmal ein. Und zwar in Köln auf den Intercity nach Hamburg über Duisburg, Münster und Bremen um kurz nach sieben Uhr morgens. Meine Ausbilderin hieß Stefanie und war ein alter Hase. Sie war schon seit zwanzig Jahren Zugbegleiterin, hatte bei der Bahn ihre Ausbildung gemacht.

»Hast du bequeme Schuhe an?«, fragte sie mich als Erstes, direkt nachdem sie sich vorgestellt hatte.

Ich nickte. »Ich komme aus der Gastronomie.«

»Wunderbar, so anders ist es hier auch nicht, außer, dass wir normalerweise keine Speisen servieren und es ein wenig mehr schaukelt.« Sie grinste. »Folge mir einfach. Wenn du Fragen hast, frag.«

Alles klar, dachte ich. Aber mir fiel keine Frage ein, die ich stellen konnte. Bislang erklärte sich alles von selbst.

»Dieser Zug fährt täglich«, fuhr Stefanie fort. »Morgens ist es hier oft voll, gerade bis Münster fahren viele Pendler mit.«

Sie zeigte mir das Abteil für die Zugbegleiter, wo ich meinen Rollkoffer unterbringen konnte. Auf dieser Fahrt war ich abends wieder zu Hause, also hatte ich keine Übernachtung. Wenn ich eine gehabt hätte, hätte ich meine Habseligkeiten in einer weiteren Tasche mitführen müssen, die allerdings nicht von der Bahn gestellt wurde. Ich hatte mir etwas zu trinken und zu essen eingepackt, das hatte noch in das Köfferchen gepasst. Ich stellte es ab, nahm Zugmeldescheibe, Mobiles Terminal und Zange heraus und folgte Stefanie dann auf den Bahnsteig. Sie kontrollierte, ob in ihrem Bereich alle Fahrgäste eingestiegen und die Türen geschlossen waren, hob dann ihre Zugmeldescheibe. Das war so aufregend! Demnächst würde ich das machen.

Stefanie stieg ein, schloss die Tür, und langsam setzte der Zug sich in Bewegung. »Rainer ist heute unser Zugchef. Er macht die Durchsagen und hat die Hauptkontrolle. Ich stelle dich ihm erst einmal vor.«

In aller Ruhe ging sie wieder zu unserem Dienstabteil. Dort hatte sich in der Zwischenzeit Rainer eingefunden, er studierte den Kommunikator. Das ist ein kleines Gerät, mit dem man die aktuellen Fahrdaten abrufen kann. Es sieht aus wie ein Handy, aber Facebook kann das Teil nicht. Schade. Ich hätte gern gepostet:

Juliane Zimmermann
vor 4 Minuten, Köln Hauptbahnhof
Craaaazyyy!!! Erstes Mal als Zugbegleiterin unterwegs.
Daumen drücken!!! ☺ ☺ ☺

»Vier Minuten Verspätung«, sagte Rainer und nickte mir zu. »Die können wir noch aufholen, wenn alles gut geht. Eine Verbindung in Duisburg ist wackelig. Aber mal sehen, wie es wird.«

Ich war so aufgeregt, ich konnte nur debil nicken und grinsen.

»Gut, dann gehen wir mal kontrollieren.« Stefanie nahm mich mit, und ich marschierte ihr hinterher wie ein Gänseküken. Da ich Uniform trug, fühlte ich mich einerseits geschützt und als Teil des Teams, andererseits auch exponiert. Wir hatten jetzt schon Verspätung – würde uns das Ärger einbringen?

»Guten Tag, Fahrkartenkontrolle. Ist noch jemand zugestiegen?« Stefanie schaute nach links und rechts. Ihr wurden die Fahrkarten gereicht, sie warf meist nur einen kurzen Blick darauf, entwertete sie, nickte freundlich, ging weiter. Manchmal fragte sie nach der Bahncard, wenn der Fahrgast sie nicht direkt zeigte.

Das ist doch alles ganz easy, dachte ich.

»Fährst du die Strecke täglich?«, wollte ich wissen, als wir zum nächsten Wagen gingen.

»Nein. Meine Fahrten wechseln ständig. Daran gewöhnt man sich.«

»Und wann hast du heute Morgen angefangen?«

Sie lachte. »Um fünf. Da bin ich erst einmal nach Essen gefahren, dann wieder zurück nach Köln. Seitdem bin ich auf diesem Zug, bis nach Hamburg. Heute Nachmittag werden wir wieder in Köln sein. Morgen geht es dann nach Würzburg, von dort aus zurück nach Köln. Da bist du doch auch wieder dabei.«

Ich nickte.

Sie dachte nach. »Übermorgen fahre ich nach Basel, mit Übernachtung. Am Abend darauf bin ich endlich wieder zu Hause und habe ein paar Tage frei.«

»Woher weißt du, ob noch jemand zugestiegen ist oder nicht?«

»Das weiß ich nicht, aber im Laufe der Zeit habe ich einen ganz guten Blick dafür entwickelt. Die meisten Fahrgäste zeigen ihre Karten automatisch, wenn ich kontrolliere. Nur wenige lassen sich bitten. Das lernst du alles noch.« Stefanie lächelte. Ich fand, sie war im Umgang mit den Kunden sehr gelassen. Das war bewundernswert, und davon wollte ich mir unbedingt eine Scheibe abschneiden.

Im nächsten Wagen übernahm ich die Fahrkartenkontrolle. Mir schlug das Herz bis zum Hals, aber Stefanie war da, schaute, ob ich alles richtig machte, und beantwortete meine Fragen.

Ich fuhr mit ihr nach Hamburg und wieder zurück, dackelte hinter ihr her und war am Spätnachmittag, als wir wieder in Köln ankamen, von der Lauferei und den neuen Eindrücken so erschöpft, als hätte ich einen Marathon absolviert.

Am nächsten Tag traf ich Stefanie morgens wieder am Bahnhof, diesmal um kurz nach fünf und ab Köln Hauptbahnhof. Ich würde mit ihr mit dem ICE bis nach Würzburg und wieder zurück nach Köln fahren. Was mir sofort auffiel: Um diese frühe Uhrzeit schien ein Großteil der Fahrgäste Pendler zu sein. Die meisten setzten sich hin und schlossen die Augen, einige schliefen sofort ein.

Ich schaute mich erstaunt um. Waren wir hier etwa in Dornröschens Schloss und nicht in einem Zug? Stefanie ließ sich davon nicht verunsichern. Platz für Platz ging sie ab, ließ sich die Fahrausweise zeigen. Einige der Anwesenden reagierten ziemlich unwirsch oder gar nicht, wenn Stefanie sie fröhlich begrüßte: »Guten Morgen, Ihre Fahrkarte bitte!« Die, die keine Reaktion zeigten, stupste sie schon mal an. Wenn sie dann immer noch nicht aufwachten – oder es nicht wollten –, rüttelte Stefanie sie an der Schulter. »Die Fahrkarte bitte!«

»Verdammt!«, schnauzte sie ein Gast an, den sie scheinbar aus süßen Träumen gerissen hatte. Er zog die Monatskarte aus der Tasche und fuchtelte damit vor ihrer Nase herum. »Ich fahre jeden verfluchten Morgen, immer um die gleiche Zeit, mit dem gleichen Zug. Das müssten Sie doch langsam mal wissen!«

»Ich fahre nicht jeden Morgen mit diesem Zug und kenne Sie demzufolge auch nicht.« Stefanie lächelte immer noch freundlich. Sie schaute sich die Monatskarte an, reichte sie wieder dem Fahrgast. »Danke.«

Wir kontrollierten die drei Wagen, die uns zugeteilt waren, und gingen dann zurück. Der Mann war inzwischen wieder eingeschlafen.

»Verpasst der seinen Halt nicht?«, wollte ich von Stefanie wissen.

»In der Regel nicht. Diese Pendler gibt es auf vielen Strecken. Das ist für sie vorgezogener oder nachgeholter Büroschlaf. Echt wahr. Die pennen ein, sobald ihr Hintern das Polster berührt, und fahren dann schlafend die zwanzig oder vierzig Minuten – je nach Strecke. Sie schlafen wirklich fest, aber sie wachen pünktlich wieder auf und steigen fast immer rechtzeitig aus. Muss eine Art Automatismus sein.«

Wir gingen immer wieder durch unsere Wagen. Von Köln über Köln/Bonn Flughafen, Siegburg/Bonn, Montabaur, Limburg Süd bis nach Frankfurt Flughafen lagen zwischen den Stationen teilweise nur zehn Minuten – die brauchte man in etwa, um einen Großraumwagen zu kontrollieren. Also fragten wir immer wieder: »Ist noch jemand zugestiegen?«

Kurz nach Frankfurt Hauptbahnhof entdeckte ich eine Frau, die am Fenster saß und Schnappatmung zu haben schien. Ich wies Stefanie darauf hin.

»Geht es Ihnen nicht gut?«, fragte sie, aber die Frau schüttelte nur den Kopf, schien nicht atmen zu können.

Ich ging im Geiste meine Erste-Hilfe-Instruktionen durch, wusste aber nicht sofort, was zu tun war. Feuerwehr? Notarzt? Helikopter? In der Theorie hatte sich das alles ganz einfach angehört, aber jetzt ging mir die Düse.

Zum Glück blieb Stefanie wieder einmal ganz ruhig. »Ist Ihnen schlecht?«

Die Frau nickte.

»Kommen Sie, ich bringe Sie zur Toilette. Jule, geh in den Speisewagen und besorg ein Glas Wasser, schnell.«

Wo war bloß der Speisewagen? Es dauerte einen Moment, bis ich mich orientiert hatte. Dann sauste ich los.

Ein Mann stellte sich mir in den Weg. »Sind wir noch pünktlich?«, wollte er wissen.

»Ja«, erwiderte ich und drängelte mich an ihm vorbei. »'tschuldigung. Wir haben einen Notfall.«

Das hörte eine Frau zwei Reihen weiter. Sie sprang auf und schrie panisch: »Ist etwas mit dem Zug? Mit den Bremsen? Er ruckelt die ganze Zeit schon so furchtbar!«

»Nein«, sagte ich knapp. »Jemandem geht es nicht gut.« Dann eilte ich weiter zum Speisewagen, ließ mir eine Flasche Wasser und ein Glas geben und hechtete zurück.

Stefanie war mit der Frau noch auf der Toilette. Das heißt, die Frau war drin und Stefanie stand draußen. Sie sah besorgt aus. »Im Wagen 26 ist ein Sechser-Abteil, da sitzt nur einer drin. Bitte ihn, den Platz zu räumen«, wies sie mich an. »Dann bringen wir sie da hin.«

Sie sah auf die Uhr. Ich hatte vorhin auf die Anzeige geschaut und wusste, dass es bis zum nächsten Halt in Aschaffenburg noch eine Weile hin war. Etwa zwanzig Minuten.

Ich ging zu dem Abteil und bat den Mann, seinen Platz zu räumen. »Ein ärztlicher Notfall. Würden Sie bitte …«

»Ich habe den Platz reserviert«, empörte er sich.

Stefanie tauchte hinter mir auf. »Ach, bleiben Sie ruhig sitzen. Das macht nichts«, sagte sie betont fröhlich. »Wir bringen jetzt die Dame hierher. Ihr ist sehr übel.« Sie sah mich an und zwinkerte mir zu. »Hol bitte aus unserem Abteil den Notfallkoffer und die wasserdichten Unterlagen. Ich fürchte, sie wird sich noch einmal erbrechen müssen …«

»Was?«, fragte der Gast und raffte eilig seine Sachen zusammen. »Wo sind noch freie Plätze?«

»Überall«, sagte ich. »Direkt hier vorn im Großraumwagen sogar vier Plätze mit Tisch.«

Stefanie ging wieder zu der kranken Frau, der Fahrgast räumte fluchend, aber eilig das Abteil.

»Geh zum Zugchef«, sagte Stefanie, »und lass einen Arzt aufrufen. Er soll sich in Wagen 26 melden.«

»Einen Arzt?« Natürlich, das hatten wir im Unterricht besprochen. In Notfällen soll man nachfragen, ob ein Arzt an Bord ist, oft ist tatsächlich einer im Zug.

Ich suchte den Zugchef, und er gab die entsprechende Nachricht durch: »Meine Damen und Herren, bedauerlicherweise haben wir einen medizinischen Notfall. Falls ein Arzt an Bord ist, möge er sich bitte in Wagen 10 bei der Zugbegleitung melden. Vielen Dank.«

Inzwischen war ich wieder bei Stefanie und unserem Notfall. Die Frau war blass, aber nicht mehr so apathisch.

»Ich glaube, ich habe meine Tabletten nicht genommen«, klagte sie und schaute uns entschuldigend an. Dann kramte sie in ihrer Handtasche nach einem Blister und schluckte, zusammen mit dem Wasser, das ich besorgt hatte, zwei kleine weiße Tabletten.

Kurze Zeit später tauchte ein Mann bei uns auf. »Ich bin Arzt. Was ist passiert?«

»Was für ein Arzt sind Sie denn?«, fragte die Erkrankte.

»Orthopäde. Aber natürlich habe ich …«

»Orthopäde?«, unterbrach sie ihn. »Ich habe nichts am Rücken. Ist kein Kardiologe da?« Sie sah uns mit großen Augen an.

Das wurde ja immer besser. Nun auch noch Ansprüche stellen?!

»Den können wir gern für Sie zum nächsten Bahnhof bestellen, wenn Sie das wünschen. Das ist Aschaffenburg, dort werden wir in knapp zehn Minuten sein«, sagte Stefanie immer noch freundlich – ich bewunderte sie von Minute zu Minute mehr.

Der Arzt hatte sich über ihren Protest hinweggesetzt, kontrollierte Puls und Blutdruck und gab bald darauf Entwarnung: »Also, einen Herzinfarkt hat sie nicht.«

»Mit dem Herzen habe ich auch keine Probleme«, sagte sie empört. »Nur mit dem Kreislauf. Ich war unterzuckert, das ist alles.«

»Und warum wollten Sie dann einen Kardiologen?«, fragte der Orthopäde überrascht.

»Die sind immer so nett.«

Der Arzt sah sich um, schaute mich wütend an. »Ich dachte, das wäre ein Notfall?«

»Das dachten wir auch«, erwiderte ich, zückte den Block aus meiner Tasche und reichte ihm einen Getränkegutschein. »Danke für Ihre Mühe. Bitte suchen Sie sich etwas aus dem Bordbistro aus, für die Umstände, die wir Ihnen bereitet haben.«

Er nahm den Zettel entgegen, strafte die Patientin mit einem eisigen Blick ab und ging.

Stefanie grinste. »Situation perfekt gelöst! Du kannst das.«

Was? Nein, nein, nein, ganz im Gegenteil! Meine Einweisung hatte mich eher davon überzeugt, dass ich das alles noch nicht konnte. Ich würde vermutlich niemals so cool und gelassen wie Stefanie werden – und nächste Woche ging es auch schon los mit meinen ersten Dienstfahrten. Allein.

3 Wiedersehen macht Freude

*Bitte achten Sie auf Ihr Gepäck, lassen Sie nichts
im Zug zurück. Auch keine Ehemänner.*

Mehr als zweihundertfünfzigtausend Gegenstände gehen jährlich in Zügen und auf Bahnhöfen verloren. Das ist kaum zu glauben, oder? Falls Ihre Brille, Ihr Schirm oder Ihr Koffer einmal dazugehören, sollten Sie das der Bahn unbedingt mitteilen. Auf Basis Ihrer Verlustanzeige wird bis zu vier Wochen ab dem von Ihnen angegebenen Verlusttag nachgeforscht. Manchmal werden die Sachen natürlich auch gestohlen – das ist besonders bitter. Deshalb sollte man auf den Bahnsteigen und auch im Zug immer ein Auge auf sein Gepäck haben.

Ich war seit ein paar Monaten Zugbegleiterin und mochte meinen Job. Er war anders, als ich ihn mir zuerst vorgestellt hatte – oft hektischer und viel weniger romantisch. Von der Landschaft bekam ich häufig kaum etwas mit, und nur selten waren unsere Aufenthalte lang genug, um sich eine Stadt anzusehen. Ich kannte inzwischen aber fast alle Bahnhöfe in Deutschland, das war ja auch etwas. Nicht, dass ich mit meinem Wissen außerhalb von *Wetten, dass …?* hätte glänzen können. Aber ich war glücklicher als im Hotel und konnte in Teilzeit arbeiten, wie ich es mir erträumt hatte, und das war mehr wert als Wettkönig bei Gottschalk oder Lanz zu werden.

An einem Tag im Mai fuhr ich von Berlin-Ostbahnhof nach Mannheim. In Göttingen stieg ein älteres Ehepaar zu. Der Zug war überfüllt, es gab viel Gedränge. Der Mann hielt die Zugfahrkarten in der Hand, zog seinen Koffer hinter sich her. Sie hatten eine Reservierung und ließen sich erleichtert nieder, als sie endlich die Plätze an dem Vierertisch gefunden hatten. Auch seine Frau war glücklich und sehr aufgeregt.

»Wir fliegen nach Australien«, erzählte sie den Mitreisenden. »Das erste Mal, dass ich so weit fliege.«

»Unsere Tochter heiratet dort. Es ist alles so wahnsinnig aufregend für uns«, fügte er hinzu.

»Nach Australien kann man aber nicht nonstop fliegen?«, fragte eine Dame, die ihnen gegenübersaß.

»Nein, wir fliegen über Bangkok.«

Und schon entwickelte sich ein angeregtes Gespräch.

Ich bekam es nur am Rande mit. Es war sehr voll, fast alle Plätze waren belegt und die meisten auch reserviert.

»Das ist mein Platz«, sagte ein Mann empört und wies auf einen Fensterplatz. Dort saß allerdings schon seit Berlin eine junge Geschäftsfrau. »Ich habe reserviert. Sehen Sie, Platz 61. Das ist genau dieser Platz, auf dem Sie sitzen!«

»Ich habe auch reserviert«, gab sie bissig zurück.

»Ich habe dafür bezahlt und werde nicht bis nach Stuttgart stehen. Diese blöde Deutsche Bahn, noch nicht einmal Platzreservierungen funktionieren!«

»Zeigen Sie mal«, mischte ich mich ein und ließ mir von ihm die Fahrkarte geben. Es stimmte, er hatte Platz 61 reserviert, von Göttingen bis nach Stuttgart. Aber ihm war das passiert, was fast allen mal passierte – und am häufigsten den Meckerern.

»Sie sind im falschen Wagen«, sagte ich freundlich und konnte mir nur schwer meine Schadenfreude verkneifen. »Wir sind hier im Wagen 3, und Sie haben für Wagen 4 reserviert. Sie müssen noch ein wenig weitergehen. Und bitte in diese Richtung«, ich wies hinter mich, »sonst werden Sie in Wagen 2 auch nur einen besetzten Platz 61 finden.«

Er starrte erst mich, dann sein Ticket an. »Das ist ja die Höhe! Laut Wagenstandsanzeiger bin ich richtig eingestiegen. Was kann ich denn dafür, dass der Lokführer nicht ordentlich anhält, so wie vorgeschrieben?« Dann stapfte er wütend davon.

»Was für ein ungehobelter Klotz«, sagte die ältere Dame, die nach Australien reisen wollte, als ich ihre Tickets kontrollierte. »Er hätte sich wenigstens entschuldigen können.«

»Es lohnt sich nicht, sich darüber aufzuregen«, sagte ich entspannt. Lange Zeit hatte ich befürchtet, niemals so gelassen wie meine Einweiserin Stefanie zu werden, doch schon nach wenigen Wochen hatte mich fast nichts mehr aus der Bahn werfen können. Im wortwörtlichen Sinn.

»Wir kommen doch pünktlich an?«, fragte mich der Mann der älteren Dame. »Wir haben extra einen frühen Zug genommen, damit es nicht so knapp wird.«

»Bisher haben wir keine Verspätung«, beruhigte ich ihn. »Wann geht denn Ihr Flug?«

»Gib mir doch mal die Tasche, Iris«, sagte er. »Da sind die Unterlagen drin.«

»Du hast die Tasche mit den Papieren«, meinte sie. »Da waren doch auch die Zugfahrkarten dabei.«

»Nein, Liebling. Die Fahrkarten habe ich vorher schon herausgenommen, auf dem Bahnsteig. Dann habe ich sie dir gegeben. Aber wo ist die Tasche mit den Flugtickets?«

Hektisch suchten die beiden nach dem Gepäckstück. Ich half ihnen dabei, doch die Tasche fand sich nicht.

»Da waren doch diese beiden jungen Männer, die uns mit dem Gepäck geholfen haben«, sagte der Mann da. »Sind die nicht auch hier im Abteil?« Er schaute sich suchend um.

Mir schwante nichts Gutes. Es kommt immer wieder vor, dass Menschen anderen, gerade Älteren, beim Einsteigen helfen, um ihnen dann das Gepäck zu klauen, vor allem wenn es sehr voll ist und gedrängelt wird. Oft gehen sie mit hinein in den Wagen, durchqueren ihn und steigen hinten wieder aus. So sparen sie sich sogar das Zugticket und gehen kein Risiko ein, geschnappt zu werden. Perfide!

Zusammen mit dem Mann ging ich durch die Reihen, aber weder die Tasche noch die beiden Männer fanden sich. Das Paar war ganz verzweifelt – die gesamten Reiseunterlagen, ihr Geld, die Flugtickets und die Ausweise waren weg. Gestohlen.

Ich sah mich nach einem Polizisten um, oft ist einer an Bord. Polizisten in Uniform fahren kostenlos mit, sind dann allerdings auch im Einsatz, falls es Probleme gibt. Auch diesmal fand ich einen Schutzpolizisten. Aber was sollte er tun? Wir verständigten die Bahnhofspolizei in Göttingen, sie hielt nach der Tasche Ausschau. Vielleicht würden sich wenigstens die Reiseunterlagen, Flugtickets und Ausweise finden – das Geld war ganz sicher weg.

Mir tat das Paar leid, die beiden waren vollkommen aufgelöst. So hatten sie sich den Tag, der sie zu ihrer Tochter bringen sollte, nicht vorgestellt.

»Was sollen wir denn jetzt tun? Die Tickets könnten wir notfalls neu ausdrucken lassen oder neu kaufen, aber ohne unsere Pässe sind wir verloren!« Der Frau standen die Tränen in den Augen. Ein großes Abenteuer hatte es werden sollen, und nun scheiterten sie, noch bevor sie den Flughafen erreichten.

Da tippte mir jemand von hinten auf die Schulter. »Entschuldigen Sie?« Vor mir stand ein junger Mann mit weit aufgerissenen Augen. »Auf der Toilette steht eine braune Handtasche. Ich habe sie nicht angerührt … Man weiß heutzutage ja nie … Aber ich wollte nur sagen, sie steht da, und offenbar vermisst sie niemand.«

Die Frau, die eben noch kurz davor gewesen war, in Tränen auszubrechen, merkte auf: »Eine braune Tasche, sagen Sie?«

»Los, das sehen wir uns an«, sagte ich.

»Ich komm mit«, rief ihr Mann.

»Nichts da! Du bleibst hier und passt auf unser Gepäck auf. So was passiert uns nicht noch einmal. Am Ende finden wir die Tickets wieder und fliegen ohne Unterhosen nach Australien!«

Hastig eilten wir zu der Toilette, vor der die Freundin des jungen Mannes, der mir Bescheid gegeben hatte, auf uns gewartet hatte.

Vorsichtig öffnete ich die Tür. Was, wenn es nicht die Handtasche von dem Globetrotter-Pärchen war? Wenn sie absichtlich dort hingestellt worden war? Einen Bombenalarm hatte ich zwar in der Ausbildung theoretisch behandelt, aber in der Praxis war das ja doch immer etwas anderes. Und wenn es wirklich ein Alarm wäre, würden die beiden Herrschaften, das wusste ich, das Flugzeug nach Bangkok ganz sicher nicht mehr erreichen.

»Das ist sie!«, quietschte es da hinter mir. »Unsere Tasche. Das ist sie!«

»Sind Sie sich ganz sicher?«

»Aber natürlich! Ja, ja, das ist unsere Tasche. Da unten ist ein Kaffeefleck, sehen Sie? Der ist von Hans, Rügen '96.«

Ich warf meine Bedenken über Bord und betrat die kleine Toilettenkabine, die Frau folgte mir auf dem Fuß – was auf dem beengten Raum durchaus wörtlich zu verstehen war. Schnell sichteten wir den Inhalt der Tasche und stellten zu unserer größten Freude fest, dass nur der Geldbeutel, der darin gewesen war, fehlte. Die Tickets nach Australien und auch die Pässe waren noch da.

Die Frau fiel mir um den Hals, und jetzt kullerten wirklich die Tränen.

»Aber Sie haben doch jetzt gar kein Geld«, sagte ich. »Wie wollen Sie denn am Flughafen und in Bangkok durchkommen ohne einen roten Heller?«

Da zog sie einen Brustbeutel unter ihrer Bluse hervor. »Halten Sie mich für altmodisch, aber ich verreise nach wie vor mit Travellerschecks. Eine Kreditkarte besitze ich nicht, das ist mir nicht geheuer. Und die Schecks habe ich hier, die trage ich immer am Körper. Ich brauche nur den Reisepass und meine Unterschrift, und schon bekomme ich überall auf der Welt Bargeld.«

Mein Blick fiel auf die Tasche. »Wie viel war denn im Geldbeutel?«

Sie lächelte wissend. »Ach, das waren nur ein paar Euro. Wissen Sie, wir wollten unser Reisebudget erst in Australien abheben, das ist günstiger, als es hier umzutauschen. Mal abgesehen davon: Es ist mir vollkommen egal, wie viel noch im Geldbeutel war – wir haben die Tickets und die Pässe, das heißt, wir können fliegen! Kein Geld der Welt ist es wert, dass ich die Hochzeit meiner einzigen Tochter verpasse!«

Was die Leute so in der Bahn verlieren, das passt schon gut in ein Kabinett der Kuriositäten. Regenschirme gehören da eher zum Standard, und von denen hat die Bahn mittlerweile so viele, dass sie vermutlich ganz Aachen (angeblich die regenreichste Stadt Deutschlands) ein ganzes Jahr mit Schirmen versorgen könnte.

Auch mir ist während meiner Zeit bei der Bahn das ein oder andere verloren gegangen. Das Fehlen mancher Gegenstände fiel mir zum Teil erst Wochen später auf – oder gar nicht. Und dass ich mir fast jeden Tag bei Arbeitsantritt einen neuen Kugelschreiber in die Gürteltasche schnallen muss, ist irgendwie auch klar. Aber ich vermisste noch etwas anderes – etwas, das man mir nicht zurückgeben oder ersetzen konnte. Am Anfang meiner Zeit bei der Bahn hatte ich gedacht, es wäre romantisch, ständig am Bahnhof zu sein, all die Liebenden, sich voneinander Verabschiedenden, einander Begrüßenden zu sehen, von Globetrottern und Weltenbummlern, Handlungsreisenden und Ausflüglern umgeben zu sein. Doch irgendwann, so stellte ich fest, stand man am Gleis und sah die knutschenden Pärchen nicht mehr, nicht mehr die Tränen des Abschieds und der Wiedersehensfreude. Man beobachtete das Be- und Entladen der Waggons, sprach kurz mit dem Lokführer, gab Auskunft und sorgte dafür, dass niemand dem anderen im Weg stand.

»Du hast deine Unschuld verloren«, sagte Söckchen, als ich ihr von meiner Beobachtung erzählte. »Das ist nicht schlimm, das geht uns allen so. In jedem Beruf. Und das ist auch gut so, denn nur mit etwas mehr Weitsicht und Pragmatismus schafft man es, diesen Job und andere weiterzuführen, selbst wenn am Himmel mal nicht die Sonne scheint.«

Das stimmte. Zwar sah ich nicht mehr mit verzücktem Gesichtsausdruck den jungen Paaren hinterher, die einander jauchzend in die Arme fielen, aber mit der Zeit nahm ich vieles bei meiner Arbeit gelassener und konnte auch in besonderen, gefährlichen oder merkwürdigen Situationen souveräner reagieren.

Zum Beispiel bei einer Fahrt im EC nach Basel. Schon an der Tür fragte mich ein älterer Mann, ob ich ihn zu seinem Platz bringen könnte, da er fast blind sei. Natürlich machte ich das, er hatte zum Glück reserviert, denn es war mal wieder voll.

Nur langsam kam ich bei meinem ersten Kontrolldurchgang voran, unser Zug hatte Verspätung, und wir würden wahrscheinlich den einen oder anderen Anschlusszug verpassen. Ein ICE vor uns war wegen eines Lokschadens im Bahnhof von Freiburg liegen geblieben. Viele der Fahrgäste waren auf unseren Zug umgestiegen und stinksauer. Ich konnte sie verstehen, keine Frage, aber ändern konnte ich es auch nicht. Ich persönlich war für den Lokschaden auch nicht verantwortlich, selbst wenn das so mancher zu denken schien, der mich an diesem Nachmittag anschnauzte, wenn ich ihn um seine Fahrkarte bat. Aber ich blieb ruhig und versuchte freundlich zu sein, auch wenn das nicht immer einfach war.

Um es mir in einer solchen Situation etwas leichter zu machen, stelle ich mir immer vor, dass über dem Kopf desjenigen, der mich blöd anmacht oder sich seinen Frust von der Seele meckert, eine Sprechblase erscheint, in der Totenköpfe, Ausrufezeichen, kleine Bomben und viele kleine Blitze stehen – wie im Comic. Das finde ich meist so witzig, dass das Gemaule an mir abperlt wie ein Wassertropfen an einer Lotusblüte. Ein anderer Trick, von dem mir eine Kollegin erzählt hat: Man stellt sich einfach vor, wie der Meckerer am Morgen von seinem Chef, seiner Frau, seinem Freund und so weiter nach allen Regeln der Kunst zusammengestaucht und dabei ganz klein mit Hut wurde. Das hilft sehr oft, die Beleidigungen nicht persönlich und die Wut der Kunden nicht allzu ernst zu nehmen.

An diesem Nachmittag im Zug nach Basel bediente ich mich beiderlei Techniken und blieb ruhig, egal wie oft ich angeblafft wurde. Nach und nach suchte ich für jeden Anschlussmöglichkeiten heraus, beantwortete Fragen, half bei der Platzsuche, und je länger wir fuhren, desto weniger wurde gemeckert. Na also!

Schließlich kam ich wieder zu dem älteren halbblinden Mann. »Entschuldigen Sie«, sagte er so leise, dass ich mich zu ihm hinunterbeugen musste. »Ich brauche Ihre Hilfe. Ich sehe ja fast nichts. Könnten Sie mich zur Toilette begleiten und später wieder zurück zu meinem Platz?«

»Natürlich, gar kein Problem.«

Ich brachte ihn zum WC, er schloss die Tür hinter sich, dann ging ich zurück und kontrollierte weiter die Fahrkarten und versuchte zu helfen, so gut ich es konnte.

Nach einer Weile, ich schaute immer wieder zur Toilette, aber der Mann war noch nicht wieder aufgetaucht, ging ich hin und klopfte. Was konnte ihm passiert sein? Verlaufen haben konnte er sich ja nicht.

Er antwortete erst nicht, also klopfte ich wieder. »Hallo? Hier ist die Zugbegleiterin. Ist alles in Ordnung?«

Die Tür öffnete sich, und der Mann stand kreidebleich und ganz aufgelöst vor mir. Mit einer Hand hielt er sich das rechte Auge zu. »Mein Glasauge«, sagte er panisch, »mir ist mein Glasauge herausgefallen, und ich kann es nicht finden.«

Sein *Glasauge*? Du lieber Himmel … Es würde doch nicht in der Kloschüssel gelandet sein? Ich verdrängte diesen Gedanken.

»Sie müssen mir helfen!«

»Wie sieht es denn aus?«, wollte ich wissen.

Er blinzelte mit dem linken Auge, vor dem rechten hatte er zum Glück immer noch seine Hand, und zuckte mit den Schultern. »Das weiß ich nicht so genau – rechts bin ich ja blind und links sehe ich auch fast nichts, nur verschwommene Umrisse.«

Der EC legte sich in diesem Moment in die Kurve, und im Augenwinkel sah ich etwas über den Boden rutschen. Das konnte nur das Glasauge sein. Ich drückte mich an dem Mann vorbei in den Toilettenraum, kniete mich hin und suchte in der Ecke, in die das Auge gerollt sein musste. Dort war es auch – leider ziemlich dreckig.

Vorsichtig hob ich es hoch. »Ich habe es«, jubelte ich, nur um direkt danach zu sagen: »Das ist ja gar nicht rund!«

»Nein«, sagte der Mann. »Das ist keine Kugel, wie sich die meisten Leute vermutlich vorstellen, sondern eine richtige kleine Prothese.«

Ich bestaunte das Ding in meiner Hand. Es sah aus wie eine flache Schale mit unterschiedlichen Ausbuchtungen, auf deren Vorderseite eine Iris aufgemalt war.

»Ich hatte noch nie ein Glasauge in der Hand«, sagte ich überrascht.

»Sind Sie sicher, dass es meines ist?«, fragte mich der Mann.

Ich hob erstaunt den Kopf. »Es ist kaum anzunehmen, dass es hier eine Sammlung von Glasaugen gibt.« Zum Glück konnte er nicht sehen, dass ich grinste – ich wollte nicht, dass er dachte, ich würde mich über ihn lustig machen. »Es ist aber ziemlich dreckig. Soll ich es abwaschen?«

»Das wäre zauberhaft.«

»Kann ich irgendetwas kaputt machen?«

»Nein, wenn Sie es mit klarem Wasser abspülen, eigentlich nicht. Bitte keine Seife oder so etwas nehmen. Das hat mal jemand gemacht, als mir so etwas Ähnliches passiert ist. Allerdings war das eine antiseptische Seife, da stand extra drauf ›Augenkontakt vermeiden‹. Nun ja, das Auge hatte ich zwar nicht mehr, aber gebrannt hat das trotzdem.«

Mich schüttelte allein der Gedanke.

»Wenn Sie fertig sind, geben Sie es mir. Ich werde es dann mit einer speziellen Lösung desinfizieren und wieder einsetzen.«

»Schaffen Sie das allein?«

»Doch, das geht schon«, sagte er.

Ich wartete vor der Tür. Es dauerte wieder eine Weile, doch endlich ging die Tür auf, und der Mann lächelte mich an. Dann kniff er das linke Auge zusammen und zeigte auf das rechte. »Passt das so?«, wollte er wissen.

»Es passt. Wenn man es nicht weiß, sieht man gar nicht, dass es nicht echt ist.«

Ich führte ihn zurück zu seinem Platz und später, in Basel, auch wieder bis auf den Bahnsteig.

»Finden Sie sich denn zurecht?«, fragte ich besorgt.

Doch da kam schon eine junge Frau auf ihn zu. »Hallo, Onkel Peter. Da bist du ja endlich! Wir haben schon gewartet, der Zug hatte ja einiges an Verspätung. Blöde Bahn.«

»Nun, nun, Anja«, sagte er. »Dafür können die von der Bahn doch auch nichts. Technische Defekte kann es immer geben. Und die Zugbegleiterin war ausgesprochen freundlich.« Er winkte mir zu – zumindest in die Richtung, in der er mich vermutete. Da stand allerdings inzwischen jemand anders, der sichtlich irritiert war und den Gruß nicht erwiderte.

Fundstücke aus der Bahn, deren Besitzer nicht ermittelt werden können, landen irgendwann im zentralen Fundbüro in Wuppertal. Dort werden Koffer, Handys, Regenschirme, Fahrräder und andere Dinge gelagert, wie ich bereits in meiner Ausbildung gelernt habe. Bei etwa sechzig Prozent der Dinge werden die Eigentümer ermittelt, die restlichen vierzig werden in regelmäßigen Abständen versteigert. Tatsächlich ist in Wuppertal auch schon ein Glasauge gelandet – der Eigentümer konnte nicht gefunden werden. Und in Berlin hat einmal jemand einen Einbauherd in der S-Bahn »verloren« – auch dieser landete dann bei einer der Versteigerungen.

Die Bahn gibt sich Mühe, die verlorenen und vergessenen Dinge dem Eigentümer zuzuordnen. Dafür müssen Taschen und Koffer natürlich geöffnet werden, falls sich kein Anhänger mit Name und Adresse daran befindet. Auch Handys, die übrigens besonders gern vergessen oder verloren werden, untersucht man, um den rechtmäßigen Besitzer zu finden.

Gut ist es natürlich, wenn der vergessliche Bahngast eine Verlustanzeige bei der Bahn aufgegeben hat, dann kann man die Dinge schneller zuordnen. Achtundzwanzig Tage hat der Eigentümer Zeit, die Fundsachen abzuholen oder sie sich zuschicken zu lassen. Zu den Fundsachen, um die sich die Bahn kümmert, gehören auch Dinge aus den Schließfächern in den Bahnhöfen. Für zweiundsiebzig Stunden kann ein Schließfach angemietet werden, danach muss entweder nachgelöst werden, oder der Inhalt wird ausgeräumt.

In Wuppertal sind in etwa fünfzehntausend Koffer ständig auf Lager, deren Besitzer noch nicht oder nicht mehr gefunden werden. Die Koffer und andere Fundstücke oder Gegenstände, die nicht abgeholt werden, kommen in die Versteigerung. Reisegepäck wird immer »blind« ersteigert. Man bietet auf einen Koffer, ohne zu wissen, was darin ist.

Wie aufregend! Vorher hat der Sicherheitsdienst die Taschen natürlich auf illegale Dinge wie Waffen oder Drogen untersucht – ansonsten könnte das eine böse Überraschung geben. Auch Lebensmittel werden entfernt, denn wer will schon eine Tasche voll verschimmelter Wurst ersteigern? Spannend ist das Ersteigern von Gepäck trotzdem – man weiß ja nicht, auf was man bietet. Jedes Mal ist der Andrang bei den Versteigerungen groß. Die Termine dazu veröffentlicht die Deutsche Bahn auf ihren Internetseiten. Ich habe schon ein paar Mal bei so einer Versteigerung zugesehen und mich köstlich amüsiert – auch wenn ich zugeben muss, dass mich der Inhalt des Koffers, den ich selbst einmal ersteigert habe, mehr als enttäuschte: ein paar Herrenklamotten in gedeckten Farben, ein Necessaire mit angelaufener Nagelschere, ein Kamm mit teilweise ausgebrochenen Zinken sowie ein Paar Badelatschen, die auch schon mal bessere Zeiten gesehen hatten. Das Spannendste, was ich fand, waren die Schmuddelheftchen, die der Besitzer des Koffers ganz tief unter den Kleidern vergraben hatte – aber die trafen noch viel weniger meinen Geschmack als der Rest der Sachen.

Leider gelangen viele Fundstücke nur unvollständig ins Fundbüro. Portemonnaies werden zum Beispiel selten mit Geld abgegeben. Auch teurere elektrische Geräte wie Laptops oder Smartphones landen kaum in Wuppertal, die Rucksäcke oder Taschen, in denen sie aufbewahrt wurden, aber schon. Doch es gibt zum Glück auch ehrliche Finder.

Einer davon war ein Flaschensammler, der regelmäßig im IC auf der Strecke Düsseldorf-Dortmund unterwegs war. Da ich bei meiner Bewerbung angegeben hatte, im Fernverkehr arbeiten zu wollen, war ich auf ICEs, ICs und ECs ausgebildet worden, nicht im Regionalverkehr, wo es in der Regel ruhiger zugeht. Doch selbst die Intercitys kommen mir im Vergleich zu den Hochgeschwindigkeitszügen immer wie aus einer anderen Zeit vor – hier ist man viel gemütlicher unterwegs, es gibt nicht überall Steckdosen an den Sitzplätzen, also auch keine Geschäftsleute, die auf ihre Laptops einhacken, und einige Züge kommen wirklich noch aus den Siebzigern, was man ihnen manchmal auch ansieht. Insgesamt sind in ICs immer sehr viel mehr entspannte Reisende unterwegs als auf den schnelleren Verbindungen.

Ich war noch gar nicht lange als Zugbegleiterin tätig, da begegnete ich dem Flaschensammler zum ersten Mal. Er, ein älterer Mann, stieg in Düsseldorf zu und trug eine große blaue Ikea-Tasche mit sich, die aber leer zu sein schien. Er zeigte mir eine Streckenzeitkarte von Düsseldorf nach Dortmund, die für einen Monat galt.

»Haben Sie einen Platz reserviert?«, fragte ich, denn am Nachmittag war der Zug doch recht voll.

»Aber natürlich nicht«, sagte er und lächelte freundlich.

Obwohl seine Kleidung heruntergekommen aussah, machte er keinen ungepflegten Eindruck. Langsam ging er vor mir durch das Abteil und schaute in die Abfalleimer an den Tischen. Der Zug war erst vor einer Stunde losgefahren, deshalb war alles noch sauber und kaum Müll vorhanden. Was mag er wohl suchen?, fragte ich mich verwirrt. Doch dann zog er eine Wasserflasche aus einem der Mülleimer und steckte sie in die Ikea-Tasche. In Dortmund, vier Haltestellen weiter, stieg er wieder aus.

Als ich eine Woche später dieselbe Strecke in die andere Richtung fuhr, stieg er in Dortmund zu und fuhr mit bis nach Düsseldorf. Wieder ging er durch den Zug und sammelte die zurückgelassenen Pfandflaschen ein. Bevor er ausstieg, kam er zu mir, reichte mir einen Rucksack und ein Handy. »Das lag dort hinten im Abteil«, sagte er freundlich und nickte mir zu.

Im Rucksack befand sich neben einigem Krimskrams, einer Wasserflasche und einem Schreibblock ein Portemonnaie mit Geld und Papieren – er hatte die Sachen nicht angerührt. Nicht mal die leere Pfandflasche.

4 Teatime mit Jesus

Liebe Fahrgäste, schön, dass Sie alle da sind.
Wir werden in Kürze mit einer Verspätung
von neunzig Minuten losfahren. Entspannen
Sie sich! Es wird ein langer Abend.

Verrückte Reisende haben wir immer mal wieder. Manchmal sind sie liebenswürdig, manchmal ein wenig aggressiv. Meistens sind sie einfach nur ein bisschen anders.

So traf ich im Zug einmal eine Frau, die unbedingt in die erste Klasse wollte. Sie behauptete, die Königin von England zu sein. Das Ticket habe ihr erster Hofbeamter, erklärte sie mir in waschechtem Berlinerisch, der sei unterwegs aber leider verloren gegangen. Er werde sich später selbstverständlich bei der Bahn melden und die Fahrkarten vorweisen.

Die Queen? Aber sicher. Und in Indien wohnten Indianer.

»Dann muss ich eine Fahrpreisnacherhebung ausstellen. Sie können sich das Geld wiederholen, wenn Sie das Ticket vorlegen«, erklärte ich und verzog keine Miene.

»Ick habe doch keen Jeld bei mir, wa«, sagte sie und zwinkerte mir zu, »ick bin doch die Königin. Kweeen offf Ingland.«

»Können Sie sich ausweisen?« Ich verkniff mir das Grinsen.

»Na, det is ja 'ne Frage.« Sie stemmte die Hände in die Hüften und verzog das Gesicht. »Ick bin die Königin von Ingland. Dat siehsse doch wohl, wa?«

Ich seufzte. »Ihren Ausweis bitte.«

»Ick hab doch keen Ausweis als Queen.«

»Was machen wir denn jetzt? Entweder Sie zeigen mir

Ihren Ausweis mit einer Adresse in Deutschland, und ich kann eine Fahrpreisnacherhebung ausstellen, oder wir haben ein Problem. Dann muss ich die Polizei informieren, damit diese Ihre Personalien aufnimmt.«

Darüber dachte sie eine Weile nach. Dann zog sie schließlich ein Portemonnaie aus der Handtasche. »Ick bin inkognito unterwejs«, flüsterte sie mir zu. »Nich verraten, wa? Bin gar nich die Kweeen, bin die Königin von Holland.« Sie sah sich um, nickte dann. »Watt kostet det?«

»Wo wollen Sie denn hin?«

Sie nannte mir ihr Fahrziel und löste ohne weiteren Protest einen Fahrschein, allerdings war ihr die erste Klasse dann doch zu teuer.

Später traf ich sie im Bistro, wo sie Sekt süppelte und mir wieder zuzwinkerte. »Ich verrate niemandem, wer Sie sind«, versprach ich ihr grinsend, und sie nickte mir mit britischem Understatement zu.

Mit königlichem Besuch wusste ich nun also umzugehen – aber es kam noch besser. An einem Abend einige Wochen später waren wir unterwegs nach Berlin, der Zug kam aus München. Ich hatte die erste Klasse zu kontrollieren und ging durch die Wagen. Die erste Klasse hatte meist zwei Wagen, die dann ein Zugbegleiter betreute. In der zweiten Klasse konnte es schon mal sein, dass ich drei bis vier Wagen kontrollieren musste. Es befand sich kein Steward auf dem Zug, deshalb war ich froh, dass nicht viel los war.

In Bamberg stiegen einige Personen zu, und ich machte den nächsten Kontrollgang. »Möchten Sie eine Zeitung? Etwas aus dem Bistro?«, fragte ich und notierte die Bestellungen.

Im letzten Nischenabteil des Erste-Klasse-Wagens stand ein Mann mit langen ungepflegten Haaren, einem karierten Hemd, Khakihosen und Sandalen mit dem Rücken zum Gang. Er schaute aus dem Fenster. Da das Wetter kühl und regnerisch war, wunderte ich mich über seinen Aufzug, er musste doch frieren. Außerdem sah er nicht so aus, als gehörte er in die erste Klasse.

»Möchten Sie eine Zeitung? Etwas aus dem Bistro?«

Er reagierte nicht. Na, um den Spezialisten würde ich mich später kümmern. Ich holte die bestellten Getränke und fing dann an, die Fahrkarten zu kontrollieren.

Schließlich kam ich wieder zum letzten Abteil. Der Mann mit den langen Haaren wandte mir mit geschlossenen Augen das Gesicht zu. Allerdings saß er nun im Schneidersitz auf dem Tisch. Unbekleidet.

Ich blieb an der Glastür stehen, schluckte. Schluckte wieder, fassungslos. Dann öffnete ich die Tür. »Ihren Fahrausweis, bitte.«

Der Mann reagierte nicht.

»Ihren Fahrausweis!« Im Abteil roch es nach Schweiß und anderen unappetitlichen Dingen, ich musste die Luft anhalten. Auf einem der Sitze sah ich ein Kleiderbündel. »Ihre Fahrkarte, bitte!«, insistierte ich.

Endlich öffnete er die Augen. »Ich bin Jesus«, sagte er.

Okay, dachte ich. Er ist ein Spinner, aber eine Fahrkarte wird er ja wohl haben.

»Ihr Ticket?«, fragte ich wieder.

»Ich bin Jesus. Ich brauche kein Ticket.«

»Mir ist es egal, wer Sie sind. Ich kontrolliere die Fahrausweise und würde Ihren gern sehen.«

»Ich bin doch Jesus«, wiederholte er. »Ich bin Gottes Sohn, ich brauche keinen Fahrausweis.«

»In der Deutschen Bahn schon, so leid es mir tut«, sagte ich.

»Du willst von Jesus Geld haben?« Er schüttelte den Kopf. »Ich habe die Liebe zu euch Menschen gebracht.«

Jetzt ganz cool bleiben. Und bloß nicht auf Diskussionen einlassen, die bringen nämlich immer nur dasselbe: nichts.

»Das mag ja sein. Ich aber bringe Fahrausweise zu den Menschen. Wenn Sie keinen haben, können Sie bei mir einen nachlösen.«

Sein Blick wurde stechend. »Ich bin Jesus! Ich bin der Sohn Gottes. Ich bin die Dreifaltigkeit. Ich brauche keine Fahrkarte.«

Dreifaltig? Der Typ war eher *ein*fältig.

»Ich fasse das mal zusammen. Sie haben keinen Fahrschein, und Sie weigern sich, einen nachzulösen«, sagte ich, nur um sicherzugehen.

»Ich bin Jesus«, sagte er nur, als ob das alles erklären würde.

Jesus stinkt, dachte ich, trat zurück in den Gang und schloss die Tür hinter mir. Dann rief ich Kai, den Zugchef, an. »Ich habe hier in der ersten Klasse Jesus auf einem Tisch sitzen. Er hat es nicht so mit Klamotten, und einen Fahrschein besitzt er auch nicht.«

»*Was?*«, fragte Kai.

»Du hast das schon richtig verstanden. In der Ersten sitzt so ein Spinner nackt auf einem Tisch und hält sich für Jesus. Deshalb muss er auch nicht bezahlen, meint er.«

»Jesus. Nackt. In der ersten Klasse?« Kai prustete in den Hörer.

»Schön, dass du das witzig findest, aber was mache ich jetzt mit ihm?«

»Warte«, sagte Kai. »Unser nächster Halt ist Saalfeld. Aber schon in wenigen Minuten. Bis dahin ist dort keine Polizei.«

»Und jetzt?«

»Bis wohin will er denn fahren?«

»Ich habe keinen blassen Schimmer«, seufzte ich. »Und ich werde ihn auch nicht mehr fragen. Er sagt eh immer nur dasselbe. ›Ich bin Jesus.‹ So ein Knallkopp.«

»Also, wenn Saalfeld zu knapp wird, dann bestelle ich die Polizei nach Jena Paradies.«

»Das passt ja wunderbar! Jesus steigt im Paradies aus.«
Ich lachte.

Von Saalfeld bis nach Jena Paradies fuhren wir etwa
dreißig Minuten. Es war schon fast neun, und plötzlich
wurde es draußen dunkel, sehr dunkel. Ein Gewitter zog
auf. Ich ging immer noch durch die Wagen, Jesus störte ich
bei seiner Meditation nicht mehr. Durch die Glasscheiben
der Türen konnte ich ihn sehen, aber zu genau wollte ich
ehrlich gesagt gar nicht hinschauen. Als ›göttlich‹ konnte
ich seinen Körper jedenfalls nicht beschreiben, und den
Geruch, den er verströmte, erst recht nicht. Allerdings
machte ich mir doch ein wenig Sorgen um ihn, denn es
war kühl geworden, und er saß so ganz nackig da auf dem
Tisch, deshalb drehte ich die Heizung höher. Wie würde er
mit Schnupfnase und Reizhusten seine Botschaft unter die
Menschen bringen?

Wir näherten uns endlich dem Bahnhof. Dort war es
dunkel – kein Licht, nichts.

»Bitte Achtung«, sagte Kai durch die Lautsprecher. »Im
Paradies ist es dunkel, da hat der Blitz eingeschlagen!«

Das wurde ja immer besser … Wenn jetzt auch noch
eine Sintflut vom Himmel käme, mich würde es nicht wundern.

Die Polizei stand schon auf dem Bahnsteig. Ich nahm
die Beamten in Empfang, führte sie zu dem Abteil und ließ
sie dann ihre Arbeit tun. Der vermeintliche Jesus wollte
zwar nicht aussteigen, aber er musste im dunklen Paradies
raus. Und als er dann halbnackt auf der Plattform stand
und sich mühsam den Pullover über den Kopf zog, sah er
noch viel weniger wie der Sohn Gottes, sondern einfach
wie ein ganz normaler Freak aus.

Die meisten Verrückten haben wir in der Zeit des Karne-
vals oder zum Oktoberfest in den Zügen. Wobei diese Art
des Durchdrehens nur temporär und deswegen irgendwie

erträglich ist – gerade für eine rheinische Frohnatur, wie ich es bin.

Einmal, zu Karneval, tauchte ein junger Mann auf, der ein recht auffälliges Tattoo am Hals hatte – eine Spinne. Er wankte am Freitagmorgen nach Altweiberfastnacht in den IC in Richtung München, ließ sich auf einen Platz fallen und schlief augenblicklich ein. Ich hatte Mühe, ihn zu wecken. Er schaute sich verwirrt um, erkannte schließlich, dass er in einem Zug saß. Der Restalkohol schien die Blutmenge in seinem Körper zu übersteigen. Wie viele Gehirnzellen er sich wohl in dieser Nacht weggeschossen hatte? Na, nicht mein Problem.

»Faaaaaaaahrkaaaaaaaaate?«, lallte er und lächelte mich glücklich an. »Oder Bützchen?«

»Nichts da«, sagte ich streng. »Die Fahrkarte.«

»Iss in meina Jacke.« Er sah an sich herab und lachte dann. Eine Jacke hatte er nicht an, aber ein Hasenkostüm aus Plüsch. Jedenfalls den unteren Teil und die Mütze mit den langen Ohren, die war nämlich noch auf seinem Kopf. Sein Rumpf wurde von einem formschönen Unterhemd in Rippoptik bedeckt. Am Hals trug er dieses Spinnentattoo, das so gar nicht zu seiner Verkleidung passte. Ich mag keine Spinnen, und schon gar nicht handtellergroße, auch wenn sie nur aus Tinte sind.

»Wo iss'n meine Jacke?«, fragte er verblüfft und schaute sich um.

»Offensichtlich haben Sie die irgendwo liegen lassen«, sagte ich. »Können Sie sich ausweisen?«

Natürlich konnte er das nicht. Ich war mir noch nicht mal sicher, ob er seinen Namen wusste. Aber es war der allererste Zug an diesem Tag, und es war Karneval, also drückte ich ein Auge zu. In Bonn, am nächsten Halt, geleitete ich den jungen Mann zur Tür und bis auf den Bahnsteig, wo ihn die Bahnhofsmission, die ich informiert hatte, schon in Empfang nahm.

Eine Woche später hatte ich samstags eine Fahrt von Dortmund nach Frankfurt. Mir fiel ein junger Mann auf, der in Köln zugestiegen war und ziemlich verpennt aus der Wäsche guckte. An seinem Hals saß eine große Spinne. Er trug zwar kein Hasenkostüm, aber das Tattoo war unverkennbar. Diesmal hatte er auch eine Jacke an. Er zückte seine Brieftasche und reichte mir ein Schülerticket.

»Das gilt nicht auf diesem Zug«, sagte ich.

Ich muss schon sagen: Es ist verwunderlich, was sich die Leute so denken. Nur, weil sie ein Studenten- oder Monatsticket haben, weil sie die Bahncard 25 oder eine Dauerkarte im Freibad besitzen, meinen sie, dass sie jede x-beliebige Strecke durch Deutschland ohne Aufpreis fahren können. Es passiert mir mindestens fünfmal am Tag, dass ich Passagiere darüber aufklären muss, dass sie diese Kategorie von Zügen, nämlich die des Fernverkehrs, mit ihrem Ticket nicht benutzen dürfen. Und bei mindestens der Hälfte der Leute weiß ich, dass sie es eigentlich auch selbst wissen, es aber einfach mal drauf ankommen lassen wollen.

»Sie dürfen mit Ihrem Ticket nur mit dem Regionalverkehr fahren.«

»Aba«, er lallte, »isch faaah doch jeden Mittwoch mitm Zuch zur Berufsschule von Köln nach Koblenz. Da gilled doch auch!«

Wieso war der Typ eigentlich schon wieder betrunken? Oder immer noch? Karneval jedenfalls war seit ein paar Tagen vorbei.

»Regionalzug. Kein Intercity und kein ICE.«

Geld hatte er nicht dabei, aber immerhin einen Personalausweis. Ich notierte seine Personalien, schrieb ihm eine Fahrpreisnacherhebung und schob ihn beim nächsten Halt in Koblenz, wo er ohnehin hinwollte, auf den Bahnsteig. Obwohl er voll wie eine Haubitze war, würde er den Weg nach Hause diesmal sicher allein finden und brauchte keine Betreuung.

Als ich ihn das dritte Mal im IC erwischte, wurde ich ungehalten. Wieder nahm ich seine Personalien auf, aber der junge Kerl machte Theater.

»Ich fahre immer mit dem Zug. Immer!«

»Mit dem Regionalzug. Sie können gern eine Beschwerde einlegen, aber ich werde Ihnen ein erhöhtes Beförderungsentgelt in Rechnung stellen.«

»So eine Schweinerei! Sie wollen nur armen Socken das Geld aus der Tasche ziehen. Scheiß Bahn!«

»Na, wenn es so scheiße ist«, sagte ich süffisant lächelnd, »können Sie ja auch aussteigen.«

»Ich will nach Koblenz, und ich werde sicher nicht vorher aussteigen!«, tobte er.

»Kein Problem, aber dann müssen Sie zahlen.«

»Einen Scheiß werde ich!«, brüllte er.

»Gibt es hier ein Problem?« Plötzlich stand ein Schutzpolizist neben mir. Ich glaubte, ihn schon des Öfteren auf dieser Strecke gesehen zu haben, jedenfalls wirkte er vertraut. Das mochte an der Uniform liegen. Er nickte mir zu.

»Der junge Mann ist wohl aus Versehen in den falschen Zug gestiegen«, sagte ich und zwinkerte dem Polizisten zu.

Der grinste zurück. »Ist das so?«

Plötzlich war Spiderman klein, auch ohne Hut und Hasenohren. »Muss mich wohl vertan haben«, nuschelte er.

Dieses Mal brauchte ich ihn nicht zur Tür zu begleiten – als der Zug am nächsten Halt anhielt, sprang er als einer der Ersten auf den Bahnsteig und verschwand.

»Sie fahren öfter diese Strecke, nicht wahr?«, fragte ich den Polizisten.

»Ich arbeite am Frankfurter Flughafen, wohne aber in Köln.« Er lächelte.

Hmm, nett sieht er aus, dachte ich. Aber seine Nougataugen schauen traurig. Und überhaupt: Männer waren zu diesem Zeitpunkt für mich noch überhaupt kein Thema. Meine Erlebnisse mit Alexander vor drei Jahren waren so abschreckend gewesen, dass ich seitdem wie eine Nonne lebte. Da ich ein Kind hatte, war nächtelanges Partymachen ohnehin tabu, und weil ich Schicht arbeitete, wollte ich die Zeit, die ich zu Hause war, ganz exklusiv mit Felix verbringen. Daher waren mir Männer jeglicher Art in den vergangenen Jahren am Allerwertesten vorbeigegangen – und ich hatte nicht vor, das in nächster Zeit zu ändern.

Dennoch, ein bisschen Small Talk tat nicht weh, und deswegen ließ ich mich auf ein Gespräch mit dem Polizisten ein. Er hieß Hannes, erfuhr ich, und fuhr gern mit der Bahn. Er liebte es, die Leute zu beobachten – und, na ja, dass er in Uniform kostenlos fahren durfte und von Köln bis zum Frankfurter Flughafen mit der richtigen Verbindung gerade mal eine Stunde brauchte, tat sicher auch das Seine dazu, dass er regelmäßig im Intercity oder im ICE war. Wir redeten über verrückte Leute, Spinner und den Kölner Karneval, zwischendurch ging ich herum und kontrollierte die Zugestiegenen, und ruckzuck waren wir am Flughafen. Hannes winkte kurz, als er ausstieg.

Auf der Rückfahrt nach Köln an diesem Tag hatte ich ihn schon wieder fast vergessen.

Manche Fahrgäste sind wirklich seltsam. Einmal kontrollierte ich eine Frau in der ersten Klasse, es war brechend voll. Sie wollte das Ticket nachlösen – kein Problem. Ich druckte es aus und wartete darauf, dass sie mir das Geld gab. Sie schaute sich um, und als sie sah, dass uns niemand beobachtete, stellte sie sich hin, öffnete ihren Hosenknopf, schob die Hand unter den Saum und holte einen Fünfhunderteuro-Schein aus ihrer Unterhose.

Ich starrte sie an, mir fehlten die Worte.

»Na«, sagte sie und grinste breit, »da klaut's keiner!«

Ich nahm den Geldschein mit spitzen Fingern entgegen und ließ ihr das Wechselgeld in die geöffnete Hand fallen.

Söckchen war auf der Fahrt meine Zugchefin. Ganz verdattert erzählte ich ihr von dem Zwischenfall, als ich ins Dienstabteil kam. Sie fing an zu lachen und konnte sich kaum noch halten, aber ich wusste immer noch nicht, ob ich es witzig finden sollte. Später lachte auch ich darüber. Und manches Mal, wenn ein Fahrgast aufgeregt in seiner Tasche wühlt und sagt, dass er sein Geld nicht finden kann, bin ich versucht, ihn zu fragen, ob er schon in seinem Schlüpfer nachgeschaut habe.

5 Von kleinen Wesen und großen Überraschungen

Liebe Fahrgäste, auf den Schienen vor uns befinden sich Schafe, die uns noch eine Weile an der Weiterfahrt hindern werden. Oder ist zufällig ein Schäfer an Bord?

Plötzlich quietschten die Bremsen, der Zug blieb auf offener Strecke stehen. Söckchen, die heute die Zugchefin war, und ich konnten uns gerade noch so festhalten, hörten aber Gepäckstücke umfallen und Menschen aufschreien.

Eine Notbremsung!

Ich war heute ausnahmsweise privat unterwegs, und zwar mit Felix, um ein verlängertes Wochenende an der See zu verbringen. Da Zugbegleitern acht Freifahrten für Familienangehörige im Jahr zustehen, war mein inzwischen fünfjähriger Sohn bahnerfahren. Wir fuhren in den Kurzurlaub, aber Söckchen musste arbeiten. Ich war mit ihr in Richtung Bistro gegangen, um etwas zu trinken zu holen, und plötzlich war der Zug unsanft zum Stehen gekommen.

»Was zum Teufel ...?«, fluchte sie.

»Achtung Zugpersonal«, kam die Durchsage vom Lokführer. »Schaltschrankanzeigen beachten!«

Notbremsen befinden sich in jedem Wagen eines Zuges, bei Abteilwagen in jedem Abteil des Wagens. Anhand der Displayanzeige in den Schaltschränken können die Zugbegleiter feststellen, wo der Nothalt ausgelöst wurde.

Söckchen eilte zur Stirnseite des Wagens und schaute im Schaltschrank nach, aber keine Lampe leuchtete – also hatte niemand in diesem Wagen die Notbremse gezogen. Vielleicht im nachfolgenden? Wir hasteten zum nächsten Schaltschrank, und tatsächlich, hier leuchtete ein Lämpchen rot auf. Nun mussten wir in diesem Wagen nachschauen, wer wo und warum die Notbremse gezogen hatte.

»Nimm du die vier Abteile, ich schau im Großraum nach«, rief mir Söckchen zu.

Ich machte mich zügig auf den Weg, öffnete die Tür des ersten Abteils. Ein älteres Ehepaar schaute mich mit großen Augen an, er hatte sich wohl einen Becher Kaffee übergeleert, denn sein Hemd war verkleckert, und seine Frau tupfte ihm gerade mit einem Taschentuch den Hemdkragen trocken.

»Was ist denn los?«, fragte er mich über seine Glasbausteinbrille hinweg.

»Haben Sie die Notbremse gezogen?«

Beide schüttelten den Kopf. Synchron.

Ich blieb ihnen eine Antwort schuldig und lief zum nächsten Abteil. Eine junge Familie, Mutter, Vater und zwei Kleinkinder, ein Baby im Tragekorb. In diesem Abteil sah ich auf den ersten Blick, dass die Notbremse nicht gezogen worden war.

Also weiter. Im dritten Abteil saßen zwei Anzugträger und eine Frau im Kostüm, außerdem ein Student mit Dreadlocks, der es sich im Schneidersitz auf seinem Sitz bequem gemacht hatte.

»Was soll das?«, fuhr mich die Frau an. »Wir müssen unseren Anschlusszug in Dortmund erreichen!«

Ich war in Zivil, sie konnte nicht wissen, dass ich vom Fach war – und trotzdem behandelte sie mich wie Personal. Bemerkenswert.

»Hat einer von Ihnen die Notbremse betätigt?«

»Natürlich nicht!«, zischte die Frau.

Der Student sah von seinem dicken Buch auf und schüttelte den Kopf. »Nein, ehrlich nicht.«

Ich trat wieder auf den Flur, wo mir bereits Söckchen entgegenlief.

»Im Großraum war es niemand.«

»In den Abteilen hier auch nicht. Dann bleibt eigentlich nur noch …«

Unser Abteil. Das, in dem mein Sohn und ich saßen.

Ich riss die Tür auf. Felix saß verdattert auf seinem Platz. Die Wasserflasche war umgefallen, sein Rucksack hing schief aus der Kofferablage und – die Notbremse war gezogen.

»Warum halten wir?«, fragte er.

»Weil du an diesem Griff gezogen hast«, rief ich. »Warum hast du das denn gemacht?«

Erschrocken sah er mich an. »Ich … ich bin auf den Sitz geklettert und habe mich dort oben festgehalten.« Er zeigte auf die Kofferablage und auf die Notbremse.

»Du hast bitte was?« Ich schüttelte den Kopf. Söckchen trat ebenfalls ein. »Es war Felix, er hat sich auf den Sitz gestellt!«

Immerhin hatte sich mein Sohn die Schuhe ausgezogen, bevor er auf die Polster geklettert war. So viel Zeit musste sein.

»Ach«, sagte Söckchen erleichtert, »lieber so als ein echter Notfall.« Sie strubbelte Felix durch die Haare, dann nahm sie den Vierkantschlüssel, den wir während der Dienstzeit immer in unserer Tasche haben, und stellte die Notbremse wieder zurück. Anschließend teilte sie dem Lokführer über das Telefon mit, dass eine Notbremsung aus Versehen vorlag.

Ich konnte Felix nicht böse sein, immerhin war am Ende des Tages ich an allem schuld. Ich war davon ausgegangen, dass er alt genug war, um für ein paar Minuten allein im Abteil zu bleiben – ein Fehler, wie ich nun feststellte. Nur, weil ein Kind bahnerfahren und vernünftig war, hieß das noch lange nicht, dass man es allein lassen konnte.

Kurze Zeit später fuhr der Zug weiter. Wir hatten Verspätung, und diesmal war nicht die Bahn schuld – sondern mein Sohn. Söckchen und die Kollegen machten einen Kontrollgang durch die Wagen. Zum Glück war nicht viel passiert, bis auf ein paar umgekippte Getränke.

Diese Art der Notbremsung kommt hin und wieder vor – tatsächlich aus Versehen, weil jemand sich festhalten will und die Notbremse für einen Griff hält. Wir stellen dann einfach die Bremsen zurück, und die Fahrt geht weiter. Das wird nicht als Vergehen geahndet. Manchmal aber wird die Notbremse auch vorsätzlich gezogen – die nicht erforderliche Betätigung einer Notbremse ist in Deutschland eine Straftat, und auch die entstehenden Kosten, zum Beispiel durch Verspätungen, Körperverletzungen, Sachbeschädigungen und so weiter, können dem Verursacher in Rechnung gestellt werden. Zum Glück, schmunzelte ich, war in unserem Fall nichts passiert, sah man von dem dreckigen Hemd des älteren Mannes einmal ab. Der aber war ganz nachsichtig, als ich mit Felix zum Entschuldigen bei ihm vorbeiging, und schenkte meinem kleinen Notbremser sogar ein Karamellbonbon.

Bei ihrem nächsten Rundgang kam Söckchen wieder zu uns. Da nicht viel los war, hatte sie Zeit, um ein wenig mit uns zu quatschen.

»Vorhin habe ich gedacht, ich dreh durch«, sagte sie und verdrehte die Augen. »Eine Familie mit fünf Kindern. Nichts gegen Kinder«, sie zwinkerte Felix zu, »aber die haben den Großraumwagen so richtig getestet. Sie sind über Bänke und Stühle, einer ist in die Kofferablage gestiegen, der Älteste ist mit seinem Skateboard durch den Gang gefahren – die Hölle in der Bahn! Bei solchen Fahrten müsste es Schmerzensgeld für uns geben, echt wahr.«

Ich lachte. »Was hast du gemacht?«

»Ich habe versucht, für Ruhe zu sorgen, es ist mir aber kaum gelungen. Erst als ich angedroht habe, dem Kind das Skateboard wegzunehmen, wurden die Eltern aktiv – jedoch gegen mich. Ich hätte dazu nicht das Recht, Kinder dürften sich in der Bahn frei bewegen.« Sie stöhnte auf. »Grässlich! Da lobe ich mir deinen Sohn.«

»Der aus Versehen die Bremse betätigt?« Ich lachte wieder. »Wow, du musst ja echt genervt sein. Sind sie wenigstens bald ausgestiegen?«

»Ja, zum Glück, ich wäre sonst geplatzt.«

Das hieß etwas, denn Söckchen war die Ruhe in Person.

Als Felix jünger war, habe ich immer das Kleinkinderabteil gebucht. Das gibt es auf fast allen ICEs und vielen ECs und ICs. In dem Abteil gibt es ausreichend Platz, einen Tisch zum Malen oder Spielen. Dort können sich die Kleinen freier bewegen und stören die Mitreisenden nicht. Zudem befindet sich in der Nähe oder im Abteil eine Wickelmöglichkeit. Steckdosen für den Flaschenwärmer sind vorhanden und mit Kindersicherungen ausgestattet – fehlen eigentlich nur noch die bunten Plastikbälle und Rutschen, und schon wäre es ein perfekter Nachmittag im Kinderparadies.

Grundsätzlich finde ich es viel entspannender, mit Kindern Zug zu fahren, als das Auto zu nehmen. Sie können zum Beispiel aufstehen, um aufs Klo zu gehen. Bestimmt kennt das jeder: Sobald eine Reise losgeht, kommt der berühmte Ausruf: »Ich muss mal!«, selbst wenn man gerade erst aus der Hofeinfahrt fährt. Außerdem brauchen die Kinder nicht stundenlang angeschnallt in ihren Sitzen zu verharren. Trotzdem gibt es immer wieder Situationen, da wird eine Bahnfahrt mit einem Kind zu einer wahren Nervenprobe – für alle Beteiligten.

Neulich fiel durch einen Triebwagenschaden ein Zug von Süden nach Norden aus, der eigentlich eine Stunde vor uns hätte fahren sollen. Wir wurden darüber informiert, dass es wahrscheinlich einige Reisende gebe, die in Mannheim bei uns zusteigen würden, denn wir fuhren dieselbe Strecke. Leider war es schon ziemlich voll bei uns, denn es war Freitagnachmittag, und da konnte man die Reisenden in den Zügen stapeln. Trotzdem drängten sich auf dem Bahnsteig die Leute, als wir einfuhren, und einige quetschten sich tatsächlich noch zu uns hinein. Darunter war auch eine junge Mutter mit Kinderwagen und Kleinkind. Plätze gab es natürlich nicht mehr, und so füllten sich zunehmend die Gänge. Die junge Frau stand eingequetscht zwischen lauter wichtig aussehenden Geschäftsmännern, die nach Frankfurt wollten.

»Gibt es nicht irgendwo noch einen Platz?«, fragte sie mich flehentlich.

Ich schüttelte den Kopf. Selbst wenn der Zug nur regulär besetzt gewesen wäre, Sitzplätze gab es vor dem Wochenende wegen der vielen Fahrgäste oft nur mit Reservierung.

Da fing das Kleine an zu weinen. Die Stimmung, die ohnehin schon im Keller war, sank unter den Gefrierpunkt, und ich vernahm ärgerliches Grummeln und genervtes Augenverdrehen der ach so wichtigen Alphatiere.

Wie gut konnte ich mich in die junge Frau hineinversetzen! Es gibt nichts Schlimmeres, als mit einem schreienden Kind inmitten von wildfremden Menschen zu stehen und sich nicht wegbewegen zu können. Furchtbar.

»Ich schau mich um, und wenn ich einen Platz finde, melde ich mich«, versprach ich ihr.

Sie nahm das Kind hoch und schaukelte es im Arm, doch es ließ sich nicht wirklich beruhigen. Die Anzugträger schnauften beleidigt auf, dass man sie nach einer anstrengenden Sechzigstundenwoche nun auch noch mit einem plärrenden Kleinkind belästigte.

Ich fand leider keinen freien Platz für sie. Als ich mich wieder durch den Wagen drückte, die Leute standen so eng beieinander, dass ich kaum durchkam, weinte das Baby immer noch. Überall verdrehten die Leute die Augen oder murrten leise. Ich kämpfte mich durch das Gedränge, sah den fragenden Blick der jungen Mutter, die sich mit ihrem Kinderwagen schon ganz in die Ecke gestellt hatte und immer noch versuchte, das Baby zu beruhigen.

Ich schüttelte den Kopf. »Es tut mir leid …«

Sie seufzte. Alle Umstehenden ebenfalls.

Der Mann, der direkt neben der Frau und ihrem Kind stand, hatte die Stirn krausgezogen und seinen Schlüsselbund hervorgeholt. Offensichtlich ganz gedankenverloren ließ er ihn um den Zeigefinger kreisen. Das machte Felix auch gern, und ich hasste es, denn wenn der Schlüsselbund so richtig Fahrt aufgenommen hatte, flog er schon mal mit Speed durch die Gegend. In dieser drückenden Enge wäre das eine kleine Katastrophe gewesen und hätte sicher für einen Aufstand gesorgt – na ja, soweit sich jemand vom Fleck bewegen konnte.

Ich wollte den Mann schon darauf hinweisen, als das Baby plötzlich aufhörte zu weinen. Mit seinen großen Kulleraugen starrte es auf den sirrenden und funkelnden Schlüssel. Dann gluckste es plötzlich – und lächelte.

Im ersten Moment schien keiner die Veränderung zu bemerken, doch dann entspannten sich die Gesichter um uns herum. Der Anzugträger blickte erstaunt auf und begriff dann, dass sein Schlüssel dem Kleinen Vergnügen bereitete. Obwohl ich es nicht erwartet hatte, schien das Kindchenschema selbst bei diesem Karrierehengst zu greifen – denn nun ließ er den Schlüsselbund mit Absicht klimpern und erzielte damit die gewünschte Wirkung. Das Baby gluckste, er grinste.

»Endlich hat es zu plärren aufgehört«, sagte jemand verärgert.

Der Schüsselbesitzer schaute auf, die Stirn legte sich wieder in Falten. »Sie haben wohl keine Kinder, oder? Oder haben Sie einfach nur vergessen, dass Sie auch mal klein waren?«, ranzte er den anderen an.

Er bekam Zustimmung. Die Männer in Schwarz und Grau, die vor zwei Minuten noch so genervt getan hatten, schüttelten die Köpfe über so viel Ignoranz. Manchmal reicht eben so ein Satz, der leider viel zu wenig gesagt wird, um die Leute zum Nachdenken zu bringen und die Stimmung zu verändern.

Als ich nach einiger Zeit wieder in den Wagen kam, hatte der Mann mit dem Schlüssel sein Jackett ausgezogen und das Baby auf dem Arm. Er machte Unfug mit ihm, und das Kleine lachte und spielte mit dem Schlüsselbund. Dass es dem Mann außerdem das Hemd vollsabberte, schien keinen Beteiligten ernsthaft zu stören. Die Stimmung war gelöst, und alle erfreuten sich an dem Bild. Auch die Mutter war erleichtert.

In Frankfurt leerte sich der Zug, und endlich fand sie auch einen Sitzplatz. »Von einer Horrorfahrt ist es nun zu einem schönen Erlebnis geworden«, sagte sie leise. Ihr Baby schlief inzwischen friedlich auf ihrem Arm. Es hatte sich müde gespielt.

Natürlich gibt es auch nervige Kinder, solche die übermäßig laut sind oder das Abteil als Spielplatz missbrauchen. Es ist eine Gratwanderung, ob man eingreifen soll oder nicht, finde ich immer. Man mischt sich ja auch außerhalb des Zuges nicht in die Erziehung anderer Eltern ein. Na ja, meistens jedenfalls. Man sollte sich außerdem vor Augen halten, dass die Kinder sich nur bewegen und niemanden ärgern wollen – aber Fahrradfahren im Zug geht auch nicht. Nicht mal mit Stützrädern.

Seit ein paar Jahren bietet die Deutsche Bahn freitags und sonntags auf einigen Strecken begleitetes Reisen für Kinder zwischen sechs und zwölf Jahren an. Damit trägt die Bahn dem Umstand Rechnung, dass es immer mehr Scheidungs- oder Trennungskinder gibt, deren Eltern nicht in derselben Stadt wohnen. Oder dass nur die Kinder ihre Großeltern besuchen gehen, während die Eltern zu Hause bleiben. Kids on tour nennt sich das. Ausgebildete Betreuer der Bahnhofsmission nehmen die kleinen Passagiere in Empfang und begleiten sie bis zu ihrem Ziel. Bis zu fünf Kinder können auf einer Fahrt pro Person betreut werden – die Bahn stellt einen Koffer mit Büchern, Spielen und anderen Kleinigkeiten zur Verfügung, die Gruppe hat ein eigenes Abteil für sich.

Auch ich könnte Felix so auf die Reise schicken, doch leider hat sein Vater nie Interesse an seinem Sohn gezeigt. Er zahlt den Unterhalt pünktlich, aber er schreibt nie, er meldet sich nie, nicht an Weihnachten, nicht an Geburtstagen. Obwohl ich mit dem Typen nichts mehr zu tun haben will, finde ich das für Felix doch sehr traurig. Hin und wieder fragt er nach seinem Vater, und mir fällt es schwer, eine passende Antwort zu finden. Was sagt man zu seinem Kind? Dein Vater wollte dich nie und will dich immer noch nicht? Der, der dich gezeugt hat, ist ein Scheusal, weswegen du froh sein kannst, dass er sich nicht meldet? Zum Glück haben wir Paps, der sich begeistert um seinen Enkel kümmert.

Einen weiteren fürsorglichen Opa traf ich auf der Schnellstrecke von Köln nach München. Der ältere Mann brachte eine junge Frau mit Kleinkind, Buggy und Gepäck in den Zug. Sie brauchten eine Weile, bis sie den richtigen Wagen und die reservierten Plätze gefunden hatten. Er half ihr das Gepäck zu verstauen, ging dann zurück zum Einstieg, wo die Türen gerade zugegangen waren. Der Zug setzte sich langsam in Bewegung.

»Halt!«, rief der Mann. »Ich will doch gar nicht mitfahren.« Unsicher schaute er sich um.

Die junge Frau sah mich entsetzt an. Für einen Moment überlegte ich, ob er ihr Vater oder ihr Mann war, entschied mich dann dafür, dass er ihr Vater sein musste. Ein lieber Opa, der seine Tochter und den Enkel sicher in den Zug hatte bringen wollen. Und leider zu spät reagiert hatte, aussteigen konnte er nun nicht mehr.

»Ich … ich wollte doch nur meine Tochter zum Platz bringen«, stammelte er entsetzt. »Ich habe gar keinen Fahrschein …« Er schnappte nach Luft und starrte mich mit großen Augen an. »Aber ich bezahle. Das geht doch? Oder bekomme ich jetzt eine Anzeige?« Er wurde geradezu richtig panisch.

»Immer mit der Ruhe.« Ich lächelte.

»Ich … ich will doch nicht schwarzfahren«, stotterte er.

»Ich weiß, dass Sie das nicht wollen. Jetzt setzen wir uns erst einmal hin, und dann sehen wir weiter.« Vorsichtig nahm ich ihn am Arm und brachte ihn und die Tochter, die eigentlich nur mit zum Ausgang gekommen war, um sich von ihm zu verabschieden, zu ihrem Platz.

Er ließ sich neben seiner Tochter schnaufend in den Sitz plumpsen. »Was wird denn jetzt?«, fragte er mit immer noch zitternder Stimme.

»Dies ist der Express. Er fährt durch bis Frankfurt Flughafen. Es gibt vorher keinen Halt. Das tut mir leid. Wir sind etwa fünfzig Minuten unterwegs. Erst dann können Sie aussteigen und zurückfahren.«

Er zückte sein Portemonnaie und seufzte. »Was schulde ich Ihnen?«

»Nichts. Sie sind schon gestraft genug, dass Sie den Ausstieg verpasst haben und die Strecke wieder zurückfahren müssen. Ob Sie die Rückfahrt zahlen müssen oder nicht, kommt auf den Kollegen an. Vielleicht ist er Ihnen ja auch wohlgesonnen.«

»Sie sind ein Engel«, sagte er sichtlich gerührt. »Dankeschön.«

»Ich habe auch so einen Paps, der mich und meinen Sohn in den Zug begleitet hätte«, sagte ich grinsend. »Es ist schön, dass es solche Menschen heute noch gibt. Aber beim nächsten Mal geben Sie dem Zugbegleiter einfach kurz Bescheid, und der wird Ihnen dann sagen, wann Sie aussteigen müssen, oder Ihrer Tochter dabei helfen, ihren Platz zu finden.«

An diesem Abend ging ich glücklich nach Hause, die Begegnung mit dem netten Mann hatte mein Herz erwärmt. In der letzten Zeit hatte ich solche Begegnungen nicht besonders oft gehabt. Viele Fahrgäste waren mürrisch und schimpften auf die Bahn. Ihren Ärger über Verspätungen oder Zugausfälle ließen sie an mir aus. Und so wunderbar mein kleiner Sohn auch war, als alleinerziehende Mutter war das Leben nicht besonders einfach.

Hatte ich einen Fehler gemacht, als ich Zugbegleiterin hatte werden wollen? Andere in meiner Situation hätten sich vielleicht keinen Job mehr gesucht, wären arbeitslos geblieben, hätten von der Stütze gelebt. Aber das wäre für mich vollkommen unvorstellbar gewesen. Ich brauchte eine Aufgabe, eine Bestimmung im Leben, etwas, mit dem ich meine Tage füllen konnte. Ich musste oft an den Wochenenden arbeiten. Feiern ging ich so gut wie nie, denn abends lange wegzubleiben, konnte ich mir mit einem Kind abschminken, das pünktlich um halb sieben vor meinem Bett stand, mich pikste und Frühstück verlangte. Es gab niemanden, der sagte: »Dreh dich noch mal um und schlaf weiter, ich mach das schon.« Alle Entscheidungen für mein und Felix' Leben musste ich allein treffen, auch wenn mein Paps für mich da war und ich alles mit ihm besprechen konnte, letztendlich lag die Verantwortung immer bei mir.

Dennoch: Hätte ich tauschen wollen? Niemals. Ich wollte in keinem anderen Beruf arbeiten. Das Reisen war abwechslungsreich, der Kontakt mit Menschen befriedigte mich. Und immer wieder hatte ich schöne Erlebnisse – manchmal sogar nicht mit Menschen, sondern ihren vierbeinigen Begleitern.

Tiere, man kann es sich denken, stellen für den modernen Verkehr ein Problem dar. Ob Vögel in der Flugzeugturbine, Pferde auf der Autobahn oder Hunde, die unvorhersehbar und spontan den Weg eines Fahrradfahrers kreuzen – wo es muht und mäht und miaut, ist immer Vorsicht geboten. Das gilt auch im Bahnverkehr. Immer wieder kommt es vor, dass Tiere ausbrechen und auf den Gleisen für Notbremsungen oder Unfälle sorgen, die sogar strafrechtlich verfolgt werden, wenn dem Tierhalter nachzuweisen ist, dass er seine Aufsichtspflicht vernachlässigt hat.

Tiere bis zu der Größe einer Hauskatze oder eines kleinen Hundes dürfen in der Bahn kostenlos mitgenommen werden. Natürlich auch Kleintiere wie Meerschweinchen oder Kaninchen, wenn sie in einer Box transportiert werden. Manchmal müssen die Tiere aber gar nicht erst bis in den Zug gelangen, um für Ärger oder skurrile Szenen zu sorgen. Wie an jenem Donnerstag im März während der Buchmesse in Leipzig. In dieser Zeit sind Züge in die Stadt immer rappelvoll. Trotzdem mag ich diese Fahrten, weil die lese- und bücherbegeisterten Zuggäste voller Vorfreude sind. So auch auf dieser Fahrt.

Bei einem Halt in Braunschweig stieg ich aus dem Zug. Auch eine junge Frau verließ den Wagen, trat auf den Bahnsteig und ging zügig zur Treppe. Ich sah hinter ihr einen jungen Mann auf Inlinern mit einem Schäferhund an der Leine herfahren, der wild winkte und rief: »Simone! Simone! Wir sind hier.«

Sie drehte sich um, blieb stehen und lächelte. Der Hund hatte sie nun wohl auch erkannt und rannte los.

»Halt, Niki!«, brüllte der Mann. »Anhalten!«

Doch Niki hörte leider gar nicht auf ihn, nahm sogar noch Tempo auf. Kurz bevor er die junge Frau erreichte, hob diese die Hand, und der Hund setzte sich sofort hin. Ich war sehr beeindruckt. Ohne ein Wort zu sagen! Das hätte ich bei so manchem Zuggast auch gern gekonnt.

Leider schaffte es der Kerl nicht mehr zu bremsen. Er ließ die Leine los, sauste an seiner Freundin und dem Hund vorbei auf die Treppe zu und fiel mit großem Gepolter die Stufen hinab nach unten. Ich hörte sein lautes Fluchen.

Die Frau bückte sich und nahm die Leine. »Braver Hund«, sagte sie und ging nun langsam zur Treppe. »Alles klar bei dir?«

»Alles okay, mir geht es gut!«, rief der Skater von unten hoch.

Kopfschüttelnd stieg ich zurück in den Zug, ging durch die Reihen und kontrollierte die Fahrscheine. Eine junge Frau lächelte mich an und zeigte mir ihr Onlineticket. Plötzlich sah ich eine Bewegung auf ihrer Schulter – zwei schwarze Knopfaugen schauten mich an, und Schnurrhaare zitterten nervös. Im ersten Moment war ich irritiert, aber dann begriff ich, dass es eine zahme Ratte war, die auf der Schulter der jungen Frau saß.

»Sam darf doch umsonst mitfahren?«, fragte sie und grinste.

»Natürlich. Aber eigentlich muss er in einer Box transportiert werden. Haut er Ihnen nicht ab?«

»Nein, der ist immer bei mir, auch in der Uni. Wir sind quasi symbiotisch.«

Na dann, dachte ich und ging weiter. Man musste ja nicht päpstlicher sein als der Papst.

Mir kam ein Mann entgegen, der einen größeren Hund an der Leine führte. Ich hatte ihn vorhin schon kontrolliert, er hatte für den Hund ordnungsgemäß ein Ticket zum halben Fahrpreis gelöst. Wir gingen aneinander vorbei – und dann nahm das Drama seinen Lauf. Auf einmal bellte der Hund wie verrückt, der Mann konnte ihn kaum zurückhalten.

»Waldi, aus!«, brüllte er.

Die junge Frau kreischte.

Ich drehte mich um, der Mann zog seinen Hund fluchend weiter, doch die junge Frau hörte nicht auf zu schreien. »Sam«, rief sie. »Sam, wo bist du? Verdammt, er ist wegen des Köters abgehauen. Sam!«

»Wohin ist Sam denn?«, wollte ich wissen.

»Weiß ich nicht«, sagte sie. »Das ging alles so schnell. Ich habe gedacht, der blöde Hund beißt mich tot.« Ihr liefen die Tränen über die Wangen. Wir suchten unter ihrem Sitz und auch unter denen vor und hinter ihr.

»Was suchen Sie denn?«, fragte uns eine Reisende, die bisher eifrig gestrickt hatte.

Die junge Frau richtete sich auf. »Sam. Meine Ratte.«

»Eine *was*? Eine Ratte? Hier im Zug?« Die ältere Dame riss entsetzt die Augen auf.

»Er ist ganz zahm.« Gebückt ging die junge Frau weiter, schaute unter allen Sitzen.

Die Dame stand auf und raffte eilig ihre Sachen zusammen. »Sie können doch nicht einfach eine Ratte hier herumlaufen lassen!«, sagte sie – allerdings in meine Richtung. »Ich werde mich beschweren.«

Na super. Genau das, was ich jetzt brauchen konnte. Da hatte ich einmal nicht das Fräulein Rottenmeier raushängen lassen, und schon gab es Ärger … Zwei oder drei weitere Leute verließen den Wagen, sie waren offensichtlich nicht amüsiert.

»Was machen wir denn nun?«, jammerte die junge Frau. »Sam? Wo bist du, Sam! Komm zu Mama.«

Doch die Ratte ließ sich nicht blicken oder wusste nicht, wer Mama war.

»Wo kann er denn nur sein?«

Ich zuckte mit den Achseln. »Überall vermutlich – hinter den Blenden, in der Lüftung, unter irgendeinem der Sitze. Ich weiß es nicht. Ist er schon mal weggelaufen?«

»Noch nie.« Jetzt weinte sie wirklich. »Wir müssen ihn wiederfinden. Sie müssen den Zug anhalten und den Wagen absperren.«

»Das geht nicht«, sagte ich entschieden.

»Aber ich muss ihn finden!«

Eigentlich hatte sie am nächsten Halt aussteigen wollen, aber nun blieb sie im Zug und suchte Sam. Ich konnte ihr nicht länger helfen, denn ich musste die zugestiegenen Fahrgäste kontrollieren.

»Wird der Zug jetzt geräumt?«, wollte die Strickmamsell wissen, die nun einen Wagen weiter saß und sich immer ganz weit in den Gang hineinbeugte, um ja nichts zu verpassen. »Müssen wir umsteigen?«

»Warum?«, fragte ich verwirrt.

»Na, weil die Ratte hier irgendwo rumläuft! Das ist doch gefährlich und unhygienisch. Sie müssen Kammerjäger einsetzen.«

Ach herrje, dachte ich nur, Kammerjäger für eine kleine zahme Ratte, das war doch etwas übertrieben. Das Vieh war ja nicht gefährlicher als ein landläufiges Meerschweinchen. Für das würde man auch keine Großwildjagd anberaumen.

Aber die Dame zeterte weiter. »Ratten können Krankheiten übertragen. Und was, wenn sie jemanden beißt?«

»Soweit ich weiß«, seufzte ich, »ist die Pest in Deutschland ausgerottet. Und außerdem wird das arme Tier wahrscheinlich viel mehr Angst vor uns haben. Ganz sicher hat sie sich irgendwo versteckt.«

»Ich werde mich bei der Bahnleitung beschweren! Ist es überhaupt erlaubt, Tiere im Zug mitzunehmen?«

»Ja, das ist es.« Mehr sagte ich nicht dazu. Sollte sie sich doch beschweren. Bitte schön! Nur das Mädchen tat mir leid. Sie fuhr mit uns bis zur Endstation in Leipzig und wieder zurück – aber Sam tauchte nicht mehr auf.

»Am liebsten«, sagte sie zum Abschied unter Tränen, »würde ich diesen blöden Hundehalter anzeigen. Der hat seinen Köter ja nicht im Griff!«

Und du deine Ratte auch nicht, dachte ich, sagte es aber nicht.

Man muss nicht für jedes Tier, das mitfährt, ein Ticket lösen. Alle Kleintiere fahren in einer speziellen Tiertransportbox kostenlos mit. Hunde auch, wenn sie eine bestimmte Größe nicht überschreiten. Wie groß kleine Hunde sind, ist allerdings Definitionssache. Aber ein Hund, der einem bis zum Knie geht, ist nicht klein. Für mich zumindest nicht.

So einen traf ich, als ich einmal nach Hamburg unterwegs war. In Dortmund stieg eine Frau ein, die gerade einem Casting entstiegen sein musste. »Deutschland sucht die Superblondine« oder so. Zehn Zentimeter hohe High Heels (wie konnte die darin bloß laufen?), gebleichte Locken, viel Make-up, wie aus der Werbung, ein enges Kostümchen – und der obligatorische Handtaschenhund. Wirklich, sie hatte einen Hund in der Größe eines Nagers in der Handtasche. Das arme Tier hatte kein Fell, so sah es zumindest aus, aber Augen, so groß wie Untertassen.

Mir tun diese überzüchteten Geschöpfe immer leid, und wer so etwas schön findet, hat nicht alle Latten am Zaun, wenn Sie mich fragen. Sorry, wenn ich damit jemandem auf den Schlips trete, aber zitternde Nackthunde im Miniaturformat mit rosafarbenen Spangen im Haar und lackierten Krallen – das ist doch nicht normal! Das hat sich die Natur doch so nicht gedacht. Aber die Modellpuppe schien die haarlose Fußhupe wirklich zu lieben. Der Hund wurde geküsst, bekam Wasser aus einem besonderen Trinkgefäß und so viele Leckerlis, dass ich mich wunderte, was in das kleine Körperchen alles hineinpasste.

Beim nächsten Halt stieg ein Mann mit seinem Hund ein, einem kniehohen Mischling, etwa so groß wie ein Retriever. Herrchen setzte sich auf der anderen Seite des Gangs in eine Vierersitzgruppe und schaute immer wieder zu der Handtaschenhundebesitzerin.

Ich stand an der Tür und beobachtete ihn. Sein kritischer und abfälliger Blick zur Handtasche war mir nicht entgangen. Ich konnte das ja zum Teil verstehen – wer wollte schon einen Hund, der aussah wie eine rasierte Wanderratte? –, aber andererseits war doch auch so ein Hund ein Tier. Wenn auch, zugegeben, ein sehr kleines.

»Die Fahrkarten bitte.« Der Spruch kam mir routinemäßig über die Lippen, obwohl ich schlecht geschlafen hatte.

»Einmal bis nach Hamburg, bitte«, säuselte die Blondine und tätschelte ihre Ratte in der Handtasche.

Ich zückte mein Mobiles Terminal, las ihre Kreditkarte ein und druckte Beleg und Ticket aus. »Bitte schön!« Dann wandte ich mich um zu dem Typen auf der anderen Seite des Ganges. »Wie heißt er denn?«, fragte ich und zeigte auf den Hund, der zu seinen Füßen saß und aufgeregt hechelte.

»Bruno. Wieso?« Der Mann sah mich missmutig an. Er gab mir seine Fahrkarte. Einzelfahrt nach Hamburg.

»Sie haben für Bruno keine Fahrkarte gelöst.«

»Was?«

»Ihr Hund«, wiederholte ich ruhig. »Sie haben für ihn keine Fahrkarte gelöst.«

»Hunde fahren umsonst mit.« Der Mann runzelte ärgerlich die Stirn.

»Kleine Hunde fahren umsonst mit. Große Hunde, so wie Ihrer, zahlen den halben Fahrpreis.«

»Was? Das ist ja unverschämt.« Er schaute zu Barbie und ihrem Taschenfiffi. »Hat sie auch für den Hund bezahlt?«

»Nein, der ist ja klein und passt in eine Tasche, der muss nicht zahlen.«

»Wieso muss der nicht zahlen, aber Bruno?«, wurde der Mann lauter.

Weil der Fiffi gar kein richtiger Hund, sondern eine Ratte ist, dachte ich – sagte es aber nicht.

»Wenn ein Hund in eine Tasche passt, die man auf den Schoß nehmen kann, muss man nicht für ihn bezahlen«, erklärte ich stattdessen noch mal.

»Bruno passt auch auf meinen Schoß. Hopp, Bruno!«, sagte der Mann.

Tatsächlich sprang Bruno auf Herrchens Knie. Von Herrchen war jetzt nicht mehr viel zu sehen. Das Grinsen konnte ich mir dennoch nicht verkneifen.

»Bruno passt nicht in eine Tasche, deshalb muss er bezahlen.«

»Natürlich passt Bruno auch in eine Tasche«, sagte der Mann und stand auf, nachdem er den Hund wieder auf den Boden gesetzt hatte. Bruno ließ alles klaglos mit sich machen. Der Mann öffnete seinen Koffer und zog eine blaue Ikea-Tasche hervor. Er hielt sie Bruno hin, und tatsächlich stieg Bruno hinein. »Sehen Sie? Bruno passt in eine Tasche.«

»Das mag alles sein, aber für Hunde ab einer bestimmten Größe muss ich einen Fahrpreis erheben. Und Bruno hat diese Größe.«

»Aber Sie sagten doch, dass Hunde, die in eine Tasche passen, nicht zahlen müssen!«

Meine Güte. Was für eine Nervensäge!

»Aber damit ist doch eine Tasche in Handtaschengröße gemeint. Das ist eine ungefähre Größenangabe. Es geht nicht um das Verpacken des Hundes an sich«, sagte ich.

Wäre ja noch schöner. Verpackte Hunde fuhren kostenlos mit, unverpackte zum halben Preis?!

»Diese Dame dürfte ihren Hund auch ohne Tasche mitnehmen und müsste nicht bezahlen«, seufzte ich und zeigte auf die Modellpuppe.

»Das ist diskriminierend«, meinte der Mann. »Wer legt denn fest, ob ein Hund klein oder groß ist? Bruno ist gar nicht so groß, es gibt viel größere Hunde.«

So langsam reichte es mir. »Die Bahn hat festgelegt, dass Hunde ab einer Größe bis zum Knie Beförderungsentgelt zahlen müssen. Zahlen Sie jetzt für Ihren Hund oder muss ich den Zugchef holen?«

Er grummelte, zückte aber dann sein Portemonnaie und zahlte. Gerade noch rechtzeitig, bevor mir der Geduldsfaden riss und ich ihn in eine dieser Tiertransportboxen stopfte.

6 Ein Licht am Ende des Tunnels

Es brauchen keine Ärzte mehr in Wagen 3
zu kommen. Es sind inzwischen genug hier.

Wir standen im Bahnhof von Ulm. Der Zug auf dem anderen Gleis war mit Flatterband abgesperrt, Polizei und Rettungsdienste waren vor Ort. Es herrschte Hektik – ein Personenunfall. Immer wieder wurde durchgesagt, dass Bahnsteig 8 gesperrt sei und die Züge vom gegenüberliegenden Gleis 9 abfuhren.

»Darf man in den Zug einsteigen?«, fragte mich ein Mann und zeigte auf den abgesperrten Bahnsteig.

»Nein«, erklärte ich. »Der Zug fährt nicht weiter, es gab einen Unfall. Das ist der Ersatzzug, hier können Sie einsteigen.«

»Aber auf meinem Ticket steht, dass mein Zug von Gleis 8 abfährt. Darf ich gleich dort einsteigen?«

»Der Zug auf Gleis 8 fährt heute nirgendwo mehr hin«, erklärte ich ruhig. »Sie müssen hier einsteigen.« Ich wies auf die geöffnete Tür.

»Das ist dann aber doch nicht der Zug, den ich nehmen muss.«

»Doch heute schon. Dies ist der Ersatzzug.«

»Ich muss aber nach München.«

»Dieser Zug hier auf Gleis 9 fährt nach München, Sie können jetzt einsteigen.«

»Aber mein Zug fährt doch von Gleis 8.«

»Heute nicht.«

Lieber Gott, lass Hirn vom Himmel fallen!

»Wo muss ich denn jetzt hin?«

»In diesen Zug. Wir fahren gleich los und bis nach München. Ich verspreche es Ihnen.«

Endlich stieg er ein.

Dann kam eine Frau mit Rollkoffer auf mich zu. Wieder wurde durchgesagt: »Bahnsteig 8 ist gesperrt. Der IC nach München fährt heute ab Gleis 9.«

Sie wartete bis zum Ende der Ansage und fragte mich dann: »Wann darf man denn drüben einsteigen? Dauert das noch lange?«

Auch auf einer Fahrt mit dem IC von Hamburg nach Frankfurt am Main hatten wir eine Begegnung auf den Gleisen, auf die ich lieber verzichtet hätte. Es regnete und war nebelig-duster, einer dieser Tage, an denen es auch mittags um zwölf nicht richtig hell wird. Kurz nach dem Dortmunder Bahnhof, der Zug nahm gerade Geschwindigkeit auf, ruckelte es. Nicht lange und auch nicht besorgniserregend. Das wird wohl ein Ast gewesen sein, dachte ich.

Söckchen war nach langer Zeit mal wieder meine Zugchefin. Auch sie hatte das Rütteln gemerkt und rief bei Lukas, unserem Lokomotivführer, durch, doch der hatte nichts auf den Gleisen gesehen.

Als wir in Bochum im Bahnhof einfuhren, sahen wir entsetzte Gesichter am Bahnsteig. Ich begriff, dass kein Ast auf den Gleisen gelegen hatte, sondern etwas anderes.

»Ein Tier«, sagte Söckchen leise. »Lass es bitte ein Tier gewesen sein.« Sie stieg aus und ging mit dem Triebführer nach vorn.

Es war kein Tier.

Viel, so sagte sie mir später, sei nicht mehr zu sehen gewesen – nur ein paar Haare. Und sehr viel Blut. Aber so genau wollte ich das eigentlich gar nicht wissen.

Nun begann der Wahnsinn, der jedes Mal abläuft, wenn es zu einem Personenunfall kommt – die Polizei wurde gerufen, die Feuerwehr, die Staatsanwaltschaft, die Rettungssanitäter und das Notfallmanagement der Bahn natürlich auch. Wir standen am Gleis und konnten nicht weiterfahren. Was für ein Mist, dies war für heute unsere letzte Fahrt, und eigentlich wären wir pünktlich zu Hause gewesen. Felix hatte mit dem Kindergarten seinen Martinszug, und ich hatte ihm versprochen, dass ich dabei sein würde.

Ich rief meinen Vater an und erzählte ihm von der Verspätung. Er war nicht begeistert. Mein Dienstplan hatte ihm schon das ein oder andere Mal einen Strich durch die Rechnung gemacht. Und auch heute war er sauer. Normalerweise hatten wir einen Babysitter für Felix, wenn ich länger arbeiten musste und er etwas vorhatte. Abends mochte ich Felix, inzwischen sechs, noch nicht allein zu Hause lassen. Mal für eine halbe Stunde oder so ging das, aber heute konnte ich nicht absehen, wann wir weiterfahren würden. So kurzfristig würden wir den Babysitter nicht erreichen, also würde Paps zu Hause bleiben müssen. Ich merkte ihm an, dass seine Laune auf den Nullpunkt sank.

»Tut mir leid«, seufzte ich. »Ich habe auch nicht gewollt, dass sich auf meiner letzten Tour jemand vor den Zug schmeißt.«

»Ist schon gut«, grummelte Paps und legte auf.

»Ärger zu Hause?«, fragte mich der freundliche Flaschensammler mit der Ikea-Tasche, der in Dortmund eingestiegen war. Wieder trug er einen alten Anzug, der bestimmt irgendwann einmal teuer gewesen war, denn er war zwar alt, aber nicht schäbig. Er setzte sich neben mich, eine gefüllte Tasche zu Füßen, die andere stellte er vorsichtig auf den Sitz gegenüber.

»Ich komme zu spät«, sagte ich leise. »Das ist meine letzte Fahrt für heute, und normalerweise wäre ich um halb sechs zu Hause gewesen. Um sechs beginnt der Martinszug der Schule meines Sohnes.«

»Sie haben Kinder?«, fragte er überrascht. »Sie sehen zu jung dafür aus.«

Ich überlegte, ob ich mich dafür bedanken sollte, war mir aber nicht ganz sicher. Meistens vermied ich es, mein Alter im Zusammenhang mit Felix anzugeben. »Einen Sohn. Er ist fast sieben.«

»Und der Vater? Kann er sich nicht kümmern?«

Autsch. Der zweite wunde Punkt. Ich schüttelte den Kopf.

Der alte Mann seufzte. »Das tut mir leid für Sie und Ihren Sohn. Kann er jetzt nicht mitgehen auf den Martinszug?«

»Doch, mein Vater wird mit ihm hingehen. Aber ich wäre gern dabei gewesen«, erwiderte ich traurig.

»Das kann ich gut verstehen.« Er sprach fehlerfreies Deutsch mit einem ganz leichten Akzent. Ich war mir allerdings nicht ganz sicher, welchen. Irgendetwas Osteuropäisches, vermutete ich. Polnisch oder Russisch, aber genau wusste ich es nicht.

Ich musste einmal durch meine Wagen gehen, die Leute waren natürlich unruhig. »Wie lange wird das dauern?«, wurde ich gefragt.

»Das kann ich Ihnen leider nicht sagen. Wahrscheinlich noch eine Weile.«

Einige wollten aussteigen und einen anderen Zug nehmen. Bei manchen hob ich die Zugbindung auf, suchte nach Alternativzügen. Andere saßen resigniert auf ihren Plätzen. Die wenigsten waren wirklich ungehalten und meckerten mich an.

Nur einer, der konnte es nicht lassen. Das war so ein junger Kerl in schicken Klamotten, der wohl meinte, er sei der Einzige in diesem Zug, dem die Unterbrechung der Fahrt ungelegen komme. »So eine verdammte Scheiße! Das ist ja mal wieder typisch. Und auf einen Ersatzzug können wir vermutlich warten, bis wir schwarz werden!«

Ich atmete einmal tief durch, dann knöpfte ich mir den Typen vor. Meine Laune war eh schon im Keller. »Jetzt machen Sie aber mal halblang! Da kann doch die Bahn nichts dafür, wenn sich einer das Leben nimmt. Ich bin auch von der Verzögerung betroffen, nur damit Sie es wissen, ich verpasse heute Abend einen wichtigen Termin. Sie können mir glauben, dass keiner von uns Spaß an so einer Situation hat!«

Der Typ starrte mich fassungslos an, und für einen Moment dachte ich schon, ich wäre zu weit gegangen. Dann jedoch senkte er den Blick und sagte leise: »Entschuldigung. Ich habe mich im Ton vergriffen, es tut mir leid.«

»Schon okay.« Ich setzte mich wieder zu dem alten Mann.

Er lächelte mir zu. »Sie haben keinen leichten Job.«

»Ach, zum Glück habe ich so etwas noch nicht oft erlebt. Verspätungen gibt es, klar, aber auch dafür kann ich ja nichts. Ich mag meine Arbeit.«

»Das merkt man, Sie sind immer so freundlich, meist mit einem Lächeln auf den Lippen.«

»Sie fahren diese Strecke regelmäßig«, sagte ich. Es war keine Frage, ich wusste es ja.

»Ja, täglich mehrmals.« Er lächelte. »Ein Zubrot.«

»Durch Pfandflaschen? Lohnt sich das?«

Er zuckte mit den Schultern. »Viele kaufen sich am Bahnhof oder im Zug etwas, trinken es aus, wollen die leere Flasche aber nicht mehr mitschleppen. Reich wird man damit nicht, aber manchmal habe ich Einnahmen von hundert Euro am Tag. Ich fahre von Düsseldorf nach Dortmund und wieder zurück, immer nur mit dem IC. Immer hin und her. Habe ja eine Streckenzeitkarte. Da kommt einiges zusammen. Am meisten lohnt es sich, wenn die Borussia spielt. Dann sammele ich auch in der U-Bahn. Das sind immer meine besten Tage.«

»Warum machen Sie das?«, fragte ich nun, neugierig geworden. »Wegen des Geldes?«

Er lächelte. »Ach, wissen Sie, ich habe damit angefangen, weil wir Geld brauchten, ja. Das ist schon eine Weile her. Aber das interessiert Sie sicherlich gar nicht wirklich.«

»Oh doch.«

»Ich war Professor für Deutsch in Rostow am Don. Das scheint nun schon eine Ewigkeit her zu sein, fast ein ganzes Leben, dabei sind es nur ein paar Jahre. Meine Frau war Übersetzerin – auch für Deutsch. Sie hatte eine Zeit lang hier in Deutschland gelebt, aber im Herzen war sie Russin, deshalb kam sie zurück. Mein Glück«, sagte er leise und lächelte traurig, »sonst hätte ich sie nie kennengelernt.«

Ich spürte, dass eine tragische Geschichte hinter seinen schlichten Worten steckte, etwas, was mir eine Gänsehaut machte.

»Wissen Sie, meine Olga war eine ganz wunderbare Frau – und so schön, die schönste Frau der Welt.«

Zu meiner Überraschung holte er kein Foto aus der Brieftasche, damit hatte ich fest gerechnet.

Er seufzte leise. »Wir haben eine Tochter, Olgas Ebenbild. Sie ist Konzertpianistin.«

»Da sind Sie sicherlich sehr stolz.«

»Ja, das bin ich.« Er nickte. »Julia ist sehr begabt und erfolgreich. Sie hat sogar eine Weile am Konservatorium in Rostow unterrichtet. Dann hat sie ein Engagement in Stuttgart bekommen und ist nach Deutschland gezogen. Die Sprache konnte sie ja, wir haben sie zweisprachig erzogen.«

»Deshalb sind Sie auch nach Deutschland gekommen?«, fragte ich.

Er schüttelte den Kopf. »Nein. Auch wenn es erst schwer war, Julia so weit weg zu wissen. Sie lebt nun schon seit fünfzehn Jahren hier, hat geheiratet.« Er stockt. »Wir sind vor acht Jahren hierhergekommen, weil meine Olga krank wurde.« Er schaute mich an, und die Tränen standen in seinen Augen. »Krebs.«

»Das tut mir leid. Aber es gibt doch inzwischen gute Behandlungsmöglichkeiten.«

»In Russland nicht. Hier sind sie besser. Deshalb hat Julia darauf bestanden, dass wir herkommen. Das war nicht leicht.« Er nahm ein Taschentuch hervor – Stoff, gebügelt – und schnäuzte sich die Nase. »Erst hat die Behandlung angeschlagen, und wir hatten viel Hoffnung. Ich habe eine Stelle gefunden, als Lehrer für Aussiedler. Doch das Geld reichte nicht. Damals habe ich mit dem Flaschensammeln angefangen. Bin immer ganz früh los – aber das hat sich nicht so gelohnt. Abends war es besser.« Er schwieg einen Moment, bevor er fortfuhr. »Olga hat es nicht geschafft. Zwei Jahre hat es ihr gebracht, zwei intensive Jahre für uns. Ich war morgens an der Schule, nachmittags bei ihr, dann in der Bahn, Flaschensammeln. Und jetzt kann ich nicht mehr zu ihr, nur an ihr Grab. Deshalb sammele ich einfach weiter. Das Geld ist nicht meine Motivation, obwohl ich nicht viel an Rente bekomme. Ich muss unterwegs sein. Und es gibt immer etwas zu sehen.«

Er klang traurig, aber nicht verzweifelt, fand ich.

»Wollen Sie denn nicht zurück nach Russland?«, wollte ich dennoch wissen.

»Meine Olga ist hier, und irgendwann will ich neben ihr liegen. Auch Julia und ihre Kinder sind hier. Deutschland ist nicht meine Heimat, aber nun mein Zuhause. Was soll ich noch in Russland?«

Ich konnte ihn verstehen, den netten Professor, der Pfandflaschen sammelte. Seltsam, was man manchmal so erlebte. Wie schade, dass er niemanden hatte. Er schien nicht verzweifelt, aber doch ein wenig einsam, und ich fragte mich, ob er in seinem Leben noch einmal das Glück empfinden würde, geliebt zu werden.

Inzwischen hatte sich der Zug wieder in Bewegung gesetzt. Vielleicht schaffte ich es, wenigstens zum Martinsfeuer am Kindergarten zu sein. Aber erst mal ging es nach Hause. Ich schaute mich nach Söckchen um, als wir endlich in Köln ankamen. Sie sah bleich aus, ihr ging es nicht gut.

Ich war nicht außen am Zug gewesen, hatte die Überreste nicht gesehen – aber sie schien immer noch unter dem Anblick zu leiden.

»Soll ich dich mitnehmen?«, fragte ich.

»Nein. Ich gehe mit Lukas noch etwas trinken. Er ist völlig fertig, hat gar nichts gesehen. Eigentlich muss man sagen, Glück gehabt, aber es nimmt ihn trotzdem mit.«

»Das glaube ich.« Ich drückte Söckchen. »Wenn du reden willst, ruf an.«

Darüber zu reden ist ein Problem. Wirklich. Früher haben die betroffenen Zugführer es gar nicht getan, und keiner wollte hören, was sie zu sagen hatten. Wie es sich anfühlt, eine fremde Person sterben zu sehen.

Das Schrecklichste ist, so weiß ich von Triebführern, der Aufprall. Man spürt den Widerstand unter den Füßen, egal, wie viel Tonnen Stahl dazwischenliegen. Man kann die Augen schließen, wenn man schnell genug reagiert, laut schreien oder singen, die Hupe bis zum Anschlag ziehen, damit man den Aufprall weder sieht noch hört, aber die Füße hochnehmen, damit man es nicht auch noch spürt, schafft man meist nicht. Wenn man jemanden ungewollt überfährt, geht es wortwörtlich durch Mark und Bein, selbst der Sitz des Lokführers vibriert. Dieses Erlebnis vergisst man nicht. Der nächste Ast, das nächste Ruckeln bescheren einem sofort einen Schweißausbruch.

Man muss darüber reden, sich austauschen, sich auskotzen. Alles loswerden, was einen belastet. Gut, dass Söckchen und Lukas das tun wollen. Vielleicht, so denke ich, können sie sich gegenseitig helfen. Vielleicht können sie sich sogar trösten … Eigentlich ist es ein wenig pietätlos, aber ich hoffe, dass sie sich ein wenig näherkommen werden. Söckchen war lange mit Gregor zusammen, eigentlich schon seit der Schulzeit, doch vor einigen Monaten zogen sie einen Schlussstrich. Sie hatten sich auseinandergelebt und in aller Freundschaft getrennt.

Söckchen ist, ich muss es ehrlich sagen, ein fürchterlicher Single. Sie ist schrecklich unzufrieden allein, weiß nichts mit sich anzufangen und beginnt schon nach der kurzen Zeit allein, Macken zu entwickeln, die sie vorher nicht hatte. Lukas ist Triebführer bei der Bahn – also Lokomotivführer. Sein Name im Zusammenhang mit seinem Beruf hat schon so manches Lächeln hervorgezaubert. Er würde, finde ich, wunderbar zu Söckchen passen. Hoffentlich merken die beiden es von selbst. Ansonsten werde ich wohl ein wenig nachhelfen müssen. Auch wenn ich zugeben muss, dass ein Schienensuizid vielleicht nicht gerade Gesprächsthema Nummer eins für das erste Date ist …

Falls ich irgendwann mal wieder ein Rendezvous haben sollte – was derzeit so unerreichbar für mich ist wie ein Ausflug auf den Mars –, hätte ich eine Menge Geschichten über meine Arbeit zu erzählen. Und auch über Selbstmorde auf den Gleisen, wenn mein Auserwählter morbide ist.

In Hamm konnte ich einen Passagier einmal davon abhalten, sich vor den Zug zu werfen, und das kam so: Eigentlich gilt seit 2007 Rauchverbot in allen Zügen, aber nicht alle halten sich daran. Oft dringt Zigarettenqualm aus den WCs. Wann man den Übeltäter erwischt, kostet es. Das geht von 5 Euro – dafür bekommt man eine Packung Zigaretten – bis zu 35 Euro, wenn der Raucher auch noch Ärger macht.

Hamm nennen wir den größten Aschenbecher der Bahnstrecke. Manche Fahrgäste nutzen auch die kurzen Stopps, um wenigstens ein paar Mal an ihrem Glimmstängel ziehen zu können – die gelb markierten Raucherzonen sind ihnen dabei jedoch vollkommen egal. Warum aber ausgerechnet Hamm? Dort trennt sich der ICE von Berlin – ein Teil fährt nach Dortmund, Bochum, Essen, Duisburg und Düsseldorf. Der andere Teil über Hagen, Wuppertal und Köln nach Bonn. In Hamm wird der Zug in der Ge-

genrichtung auch wieder zusammengefügt. Das hat einen mehrminütigen Aufenthalt zur Folge – die perfekte Raucherpause also.

Wir hatten gerade Aufenthalt in Hamm, und ich arbeitete im hinteren Teil des Zuges. Der vordere wurde losgekoppelt und setzte seine Fahrt fort. Ich würde den Dienst im hinteren Teil weiterführen, hatte aber noch etwas Pause und wartete am Gleis.

Plötzlich bemerkte ich einen älteren Mann, der langsam am Zug entlangtorkelte. Dabei sprach er mit sich selbst.

»Kann ich Ihnen helfen?«, fragte ich.

»Fährt dieser Zug gleich los?«, wollte er wissen. Mir schlug eine infernalisch stinkende Fahne entgegen, die mich fast aus den Latschen kippen ließ.

»In wenigen Minuten«, bestätigte ich mit angehaltenem Atem.

»Gut.« Er nickte zufrieden und schlurfte weiter.

Ich schaute ihm hinterher, wie er nach vorn wankte, sich den Triebwagen genau anschaute. Dann, flink wie ein Wiesel, hüpfte er ins Gleisbett. Ich eilte hinterher, aber unser Triebführer hatte den Mann auch schon entdeckt.

Der hatte sich direkt vor dem Zug auf die Gleise gesetzt und die Hände gefaltet.

»Hallo? Was machen Sie da?«, fragte unser Lokführer, der genauso entgeistert war wie ich.

Doch der Mann antwortete nicht.

»Sie da! Hallo? Stehen Sie auf, wir wollen gleich losfahren.«

»Ja!« Endlich öffnete er die Augen und sah uns an. »Deshalb bin ich ja hier.«

»Aber«, sagte der Lokführer ungläubig, »ich kann doch nicht fahren, solange Sie dort sitzen!«

»Doch, machen Sie ruhig. Und wenn es geht, schnell.«

»Das geht doch nicht. Nun seien Sie vernünftig und kommen Sie wieder rauf!«

»Ich will sterben. Das habe ich mir gut überlegt. Also machen Sie schon«, sagte der Mann energisch.

»Das darf ich nicht, selbst wenn ich wollte«, erklärte ihm der Lokführer.

Ich hatte in der Zwischenzeit die Polizei angerufen und ihnen den Vorfall gemeldet. Da Hamm keine Bahnhofspolizei hatte, würde es eine Weile dauern, bis die Beamten hier wären.

Einer der Kettenraucher, der vorhin eiligst aus dem Zug gesprungen war und mich noch gefragt hatte, ob wir wirklich ein paar Minuten Aufenthalt hätten, kam zu mir. »Warum fahren wir denn nicht ab?«

»Wir haben ein kleines Problem. Auf dem Gleis sitzt jemand und will partout nicht aufstehen.«

»Das heißt, wir werden uns mit der Abfahrt verspäten?«

»Vermutlich ein wenig. Wir versuchen gerade, das Problem zu lösen.«

»Ach«, murrte er im Weggehen, »fahrt doch einfach drüber!«

Entsetzt drehte ich mich nach ihm um, doch er lief seelenruhig neben dem Zug her und steckte sich die nächste Zigarette an.

Die Bahnpolizei traf eine Viertelstunde später ein. »Das ist«, sagte einer der Beamten, »der Herr Trillinger mal wieder.«

»Sie kennen ihn?«

»Ja, er ist von Zeit zu Zeit, je nach Alkoholpegel, lebensmüde. Dann versucht er, sich umzubringen. Bisher ist es ihm noch nicht geglückt. Sieht man ja. Einmal ist er sogar fast bis zum Schluss gekommen und von einer Brücke gesprungen. Zum Glück fuhr unten gerade ein Frachtschiff mit Rindenmulch an Bord durch, und er ist weich gelandet.«

»So, Herr Trillinger«, sagte der andere Polizist, »nun stehen Sie mal schön wieder auf. Ich helfe Ihnen auch hoch.«

»Nein. Ich will sterben! Sterben will ich«, lallte der Alte und stimmte eine Art Totenklage an.

»Nix da, heute wird nicht gestorben.« Der eine Polizist kletterte in das Gleisbett.

»Steeeerben will iiiich!«, jodelte Herr Trillinger.

»So wie der singt, wäre Drüberfahren vielleicht doch eine Option«, flüsterte unser Lokführer und zwinkerte mir zu.

Es dauerte noch eine Weile, doch schließlich hatten die Polizisten den Kerl wieder auf den Bahnsteig bugsiert und führten ihn ab. Endlich konnten wir weiterfahren, und das ohne Personenunfall. Wobei ein gerade anfahrender Zug gar nicht die Wucht hat, um einen Menschen wirklich … Aber das wollen wir hier nicht vertiefen.

Personenunfall oder Unfall mit Personenschaden – das klingt harmlos, ist es aber leider nicht. Meist steckt ein Bahnsuizid dahinter. Eines der schrecklichsten Erlebnisse, die ein Triebführer haben kann. Selbst wenn er den Selbstmörder frühzeitig sieht, kann er außer einer Schnellbremsung kaum etwas machen. Ein Zug kann nicht ausweichen und hat einen langen Bremsweg. Durchschnittlich erlebt jeder Lokführer drei Schienensuizide in seiner Laufbahn. Das sind aber nur Durchschnittszahlen. Einige Kollegen haben Glück und werden davon verschont, andere erleben so etwas häufiger.

Von der Bahn erfasst zu werden ist ein fast sicherer Tod. Doch es gibt auch immer wieder Fälle, in denen ein Selbstmörder schwer verletzt überlebt, zum Beispiel wenn er sich im Bahnhof vor einen Zug schmeißt, der schon stark abgebremst hat, oder nur im Gleisbett statt auf den Schienen aufkommt. Wie man es dreht und wendet: Diese Art der Selbsttötung ist grausam, egal ob man es »schafft« oder nicht. Am meisten vielleicht für den Lokführer. Im Grunde wird er genauso zum Opfer wie der Tote selbst. Denn außer zu bremsen, kann er nichts tun. Er kann sich der Situation nicht entziehen, wenn er Glück hat und schnell reagiert, schafft er es gerade noch, die Augen zu schließen, um das Unglück nicht zu sehen. Doch ich weiß von Kollegen, die das nicht geschafft haben – sie sahen in die Augen des Selbstmörders. Ein Anblick, den kaum einer jemals vergessen kann.

Es gibt Triebführer, die dadurch ein Trauma erleiden, die berufsunfähig werden – manche nur für einige Zeit, einige für immer. Etwa dreißig Triebführer mussten allein im Jahr 2012 wegen posttraumatischer Belastungsstörung den Dienst quittieren. Inzwischen gibt es seelsorgerische und psychotherapeutische Betreuung für die Betroffenen. Das war nicht immer so, doch da die Zahl der Bahnsuizide immer weiter ansteigt, wurde die Belastung der Triebführer erkannt, und es wurden entsprechende Stellen eingerichtet.

Aber nicht nur die Lokführer sind Opfer der Suizide, sondern auch die Zugchefs, die Zugbegleiter und die Fahrgäste. Bahnsuizid heißt Freitod – aber eigentlich ist es eine Art Selbstmordattentat an denjenigen, die es miterleben müssen. Natürlich ist mir klar, dass Selbstmörder psychisch erkrankte Menschen sind, die keinen anderen Ausweg mehr sehen. Aber neunhundert Schienenfreitode im Jahr? Das sind fast zweieinhalb pro Tag, und jeder dieser Suizide zieht ellenlange Verspätungen nach sich. Die Kunden in den Zügen und in den Bahnhöfen schimpfen dann über die verpassten Anschlüsse, über die Deutsche Bahn – aber die ist gar nicht schuld. Vielleicht führen Sie sich das mal vor Augen. Es könnte ein Leben beendet worden sein und das vieler anderer verändert, wenn beim nächsten Mal ein Zug mit einer Stunde Verspätung in den Bahnhof einfährt.

7 Verkuppelt

Eine gute Nachricht für das küssende Paar auf dem Bahnsteig: Die Abfahrt verzögert sich noch um einige Minuten. Wir anderen genießen so lange die Show.

Ich habe nur manche Fahrten zusammen mit Söckchen, aber dann ist es immer lustig. Einmal waren wir an einem Samstag im letzten Zug nach Hamburg und kamen erst nach ein Uhr nachts dort an. Im Hotel tranken wir noch einen schnellen Absacker und krochen dann in die Betten, denn unser Wecker klingelte sehr früh am nächsten Morgen. Wir standen noch vor der Morgendämmerung auf und fuhren zum Fischmarkt an den Landungsbrücken. Die Händler priesen schon ihre Ware an, und wir ließen uns in der Menge der Nachtschwärmer und Frühaufsteher treiben. Es war ein unglaublicher Anblick, als die aufgehende Sonne den Hafen in blaues Licht tauchte.

Söckchen hatte sich bei mir eingehakt und drückte nun meinen Arm. »Das ist einer der ganz besonderen Augenblicke im Leben, findest du nicht?«, fragte sie mich.

Allerdings. Wir aßen in der Fischhalle ein Krabbenbrötchen, nahmen dann eines der ersten Boote und machten eine Hafenrundfahrt. Die Speicherstadt mit ihrem Backsteincharme hatte es mir schon bei meiner ersten Tour im Hamburger Hafen angetan, aber noch mehr imponierten mir die riesigen Containerschiffe weiter draußen. Was dort wohl alles von hier aus auf die Reise ging oder da ankam? Der Hafen weckt dieselben Sehnsüchte wie ein Flughafen oder ein Bahnhof, fand ich.

Manchmal kommen wir um sechs oder um sieben abends irgendwo an und haben eine Übernachtung – dann geht es morgens oft mit dem ersten Zug schon wieder los. Richtig Zeit für Stadtbesichtigungen oder Ausflüge hat man selten. Hin und wieder gehe ich noch kurz in die Stadt, laufe durch die Einkaufsstraßen – in Hamburg, Berlin, Frankfurt und München kenne ich mich schon ganz gut aus, doch einen Koffer habe ich nirgends.

An manchen Abenden geht man abends auch noch mit Kollegen weg – auf ein, zwei Bierchen oder ein Glas Wein. Das ist meistens sehr lustig, wenn wir dann so zusammensitzen und uns Geschichten erzählen. Natürlich gibt es auch ernste Gespräche, denn unser Beruf ist nicht immer witzig. Der Job als Zugbegleiterin gefällt mir nach wie vor sehr, aber an manchen Tagen ist er eine wahre Herausforderung. Meine Illusionen, dass es romantisch sei, die Menschen im Zug zu begleiten oder am Bahnhof zu sehen, habe ich längst aufgegeben.

Dabei ist das Bahnfahren an sich gar keine so unromantische Angelegenheit. Auf der Strecke Essen–Münster und zurück fuhr oft eine ältere Dame mit. Sie war mir aufgefallen, weil sie ausgesprochen höflich und freundlich war, immer ein Lächeln und einen netten Spruch auf den Lippen hatte. Eines Tages hatten wir einen außerfahrplanmäßigen Halt, da ein Zug vor uns ein Triebwerkproblem hatte. Es war ausnahmsweise nicht voll, und so kamen wir ins Gespräch.

»Ist etwas mit dem Zug?«, fragte sie mich.

»Mit unserem nicht, aber der vor uns hat technische Probleme. Wir müssen warten, bis die Strecke wieder frei ist, wir können ja nicht einfach so vorbeifahren. Es gibt ja keine Überholspur bei der Bahn.«

»Das stimmt allerdings«, sagte sie lachend.

»Haben Sie es eilig? Müssen Sie einen Anschlusszug erreichen?«

»Nein, ich fahre nur bis Münster. Dort wohnt mein

Neffe Christian, mein einziger Verwandter. Ich besuche ihn und seine Frau gern und helfe mit. Wissen Sie, sie haben Drillinge.«

»Drillinge? Das ist sicher eine Herausforderung.« Ich dachte daran, wie chaotisch das Leben mit nur einem Kind manchmal war, aber mit dreien? Das konnte ich mir nicht vorstellen.

»Inzwischen sind sie schon sechs. Ganz herzige Kinder. Aber natürlich ist es anstrengend, und deshalb fahre ich hin, solange ich das noch kann.«

Ich erzählte ihr ein wenig von Felix, dass mein Vater mir auch immer half und wie dankbar ich deshalb war. Irgendwann fuhren wir weiter, aber das Gespräch mit ihr blieb mir im Kopf hängen. Wie wichtig doch eine gut funktionierende Familie ist, dachte ich. Außerdem mochte ich sie, die nette Drillingstante – wie schade, dass sie niemanden mehr gefunden hatte, seit sie sich nach zwanzig Jahren Ehe von ihrem Mann getrennt hatte.

Elvira, so hieß die Drillingstante, traf ich regelmäßig auf dem Weg nach Köln und musste jedes Mal an meinen Paps denken. Wäre sie nicht die Richtige für ihn? Eine resolute Dame in den Fünfzigern, kultiviert, humorvoll und reiselustig. Aber bevor ich auch nur daran denken konnte, meinen Plan in die Tat umzusetzen, ereignete sich etwas, woran ich selbst nicht mehr geglaubt hatte.

Mein Vater war seit Jahren im Kegelklub »Die wilde 13«, und vor einem halben Jahr hatten sie ein neues Mitglied aufgenommen – Hilde. Schon als er mir das erste Mal von ihr erzählt hatte, war ihm an der Nasenspitze anzusehen gewesen, dass es bei ihm gefunkt hatte. So süß! Das allein jedoch musste nichts heißen, denn mein Vater war in Liebesdingen eher die Axt im Haus. Deswegen ging ich auch nicht davon aus, dass sich aus der Schwärmerei für Hilde etwas ergeben würde.

Tat es dann aber doch. Keine Ahnung, wie sie ihn rumgekriegt hat. Vielleicht hat sie ihm einfach einen Kegel über den Hinterkopf gezogen, und als er aufwachte, sagte sie: »Und du gehörst jetzt zu mir.« Es war ein wenig schwierig für mich, am Anfang, denn Paps hatte seit dem Tod meiner Mutter nie eine Freundin gehabt. Dennoch freute ich mich sehr für ihn. Hilde war eine ganz Patente, und wir verstanden uns gut. Sie sagte immer: »Dein Vater ist wie alle Neune!« Damit hatte sie recht. Und nur, weil ich seit Jahren niemanden an mich ranließ, hieß das ja noch lange nicht, dass die ganze Familie Zimmermann im Zölibat leben musste.

Da Felix inzwischen in der Schule war und auch mal allein bleiben oder bei Freunden übernachten konnte, brauchten wir Paps nicht mehr so oft. Er und Hilde genossen die Zeit zu zweit. Hilde hatte einen kleinen Wohnwagen, und so fuhren sie oft spontan für ein paar Tage weg. Ein seltsames Gefühl, wenn Eltern plötzlich flügge werden, fand ich.

Wieder musste ich an die Drillingstante denken. Es konnte nicht angehen, dass so eine sympathische und herzensgute Frau ihren Lebensabend allein verbringen musste. Genau wie der flaschensammelnde Professor. Oder Söckchen. Oder ich. Ob es vielleicht doch an meinem Job lag, dass ich noch immer Single war? Oder am Bahnfahren? War das am Ende vielleicht nicht sexy genug?

Dass das mit der Liebe – trotz aller Bahnromantik – manchmal schwierig ist, bemerkte ich auch bei einigen Reisenden, die ich während meiner Schichten traf. Auf einer Fahrt saß ein lässiger Typ in einem rosa Hemd im Großraumabteil und sprach lautstark in sein iPhone. »Brauchen wir noch was von Rewe?«, rief er, und zwar so laut, dass ich überlegte, ob er vielleicht auch mich meinte. Brauchte ich noch etwas von Rewe? Garantiert.

»Okay. Milch und Tomatensoße«, brüllte er wieder.

Milch ist immer gut, dachte ich. Macht müde Männer munter.

»Was? Wieso Kondome? Sag mal, bist du eigentlich zu blöd, die Pille zu nehmen?«, fragte er nun so laut, dass bestimmt auch alle im Nachbarwagen mithören konnten. »Echt«, fuhr er fort, »wie doof kann man sein?«

Ich schluckte. Okay, das war nicht das gewöhnliche »Was-soll-ich-einkaufen«-Gespräch.

»Mensch, stress nicht!«, rief der Typ. »Ist ja nicht meine Schuld, dass du so blond bist.« Immer noch brüllte er.

Vielleicht war seine Freundin ja hörbehindert? Was für ein blöder Affe, dachte ich.

»Natürlich denk ich dran, ich bin ja nicht so wie du. … Im Leben nicht! Kinder mit dir wäre mein Alptraum.«

Ein Sulzmanntyp. Ich überlegte, ob ich ihn irgendwie vor die Tür setzen konnte, aber blöd zu seiner Freundin zu sein war leider kein Grund.

»Also, Milch und Tomatensoße?«, fragte er noch mal. Und dann, etwas leiser: »Ich liebe dich auch, Schatzi.«

Ich musste mir auf die Lippen beißen, um nicht laut loszulachen.

Wie »romantisch« so eine Bahnfahrt im schlimmsten Fall sein kann, erlebte ich einmal in einer Regionalbahn nach Köln, in der ich als ganz normaler Fahrgast saß. Auf der anderen Seite des Ganges saß ein junger Mann, vielleicht Mitte zwanzig, er sah aber ziemlich verbraucht aus. Er trug einen Blaumann, die Haare kurz geschoren, im Nacken und auf den Armen war er tätowiert. In seiner Nase steckte ein Ring, in den Ohren Tunnels. Er leerte während der etwa fünfzehnminütigen Fahrt zwei Bierdosen und holte kurz vor Köln die dritte aus einer Plastiktüte, die zwischen seinen Füßen stand.

Ihm gegenüber saß eine Frau, jünger als er. Sie sah nicht viel besser aus. Die Blondierung war rausgewachsen, die

Haare ungepflegt. Auch sie war tätowiert und gepierct, trug außerdem einen geblümten Minirock und zerrissene Strumpfhosen. Sie nippte hin und wieder an ihrer Bierdose.

»Du bist mein Engel«, lallte er ihr zu. »Ich liebeliebeliebe dich. Ohne dich ist mein Leben nichts mehr wert! Ich würde sterben. Aber meine Liebe zu dir würde den Tod überdauern.«

Da sage mal einer, dass die Romantik tot ist, dachte ich grinsend.

Aber das Lachen verging mir schnell, denn mit den Liebesschwüren ging es die ganze Zeit weiter. Er versprach ihr seine Liebe, wie sehr er sie vergöttere, dass alle anderen Schlampen seien, sie sei aber die perfekte Frau, eine Göttin.

Die Göttin im geblümten Minirock sagte nichts. Hin und wieder schaute sie nach draußen, dann gähnte sie laut, kratzte sich am Kopf. Vielleicht war sie ja schwerhörig. Oder verstand kein Deutsch?

»Nur Gott«, sagte der junge Mann zwischen zwei Bierrülpsern pathetisch, »nur Gott könnte uns trennen!«

Der Allmächtige im Interregio, dachte ich. Nette Vorstellung.

Kurz vor Köln stand sie auf. »Ich muss mir ein neues Monatsticket kaufen. Montag ist schon der Erste.« Das war das Einzige, was sie überhaupt sagte. Offenbar war sie weder taub noch fremdländisch.

Manche Wege des Herrn, meinte ich, sind schon unergründlich. Aber gut, dass sie wenigstens nicht schwarzfuhr.

Hannes, den Polizisten von der Frankfurter Flughafenwache, traf ich dann und wann im Zug. So wie heute. Er war auf dem Weg zur Arbeit. »Hast du Zeit für einen Kaffee? Ich hatte noch keinen heute früh und würde dir einen ausgeben.«

Ach, wie nett. Hannes mochte ich gern. Immer wieder begegneten wir uns, wenn er zum Flughafen oder nach der Schicht nach Hause fuhr. Meistens fanden wir ein paar Minuten, um miteinander zu reden. Wenn wir beide Feierabend hatten, tranken wir auch schon mal ein Gläschen zusammen – meistens im Bahnbistro, einmal aber auch in einer Bahnhofskneipe in Köln. Es war ein freundschaftlicher Kontakt, obwohl ich manchmal einen Partner an meiner Seite vermisste. Aber was Männer anging, war ich immer noch sehr vorsichtig und skeptisch. Eigentlich ärgerte ich mich deshalb über mich selbst. Vor allem, weil Hannes sehr gut aussah, wie ich fand.

Ich lachte. »Gern. Das Bistro liegt zwei Wagen vor uns, meine Richtung. Entweder gehst du schon vor und bestellst den Kaffee, oder du begleitest mich, während ich die Fahrscheine kontrolliere.«

»Ich begleite dich.«

Ich schaute mich um. Der Zug war recht leer. »Ich denke, wir werden nicht lange brauchen.«

In der nächsten Reihe saß ein Pärchen, das ganz verliebt schien. Sie waren auf dem Weg in den Urlaub, verriet sie mir mit einem Lächeln, das vor Glückseligkeit fast schon triefte. In die Dominikanische Republik wollten sie fliegen. Ich freute mich mit ihnen, kontrollierte ihre und die Fahrscheine der anderen Passagiere, aber es gab keine Probleme, und Verspätung hatten wir auch nicht. Den Ferien in der Karibik stand also nichts im Wege.

Als Hannes und ich das Bistro erreichten, tauchte plötzlich der junge Mann vor uns auf. »Ich habe da mal eine Frage«, sagte er und schaute sich um, als würde er verfolgt.

Hoppla, dachte ich, was ist denn nun los? Will er sich etwa vor dem Urlaub drücken?

»Womit kann ich dienen?«

Wenn er jetzt nach der schnellsten Möglichkeit zurück nach Hause fragte, würde ich den Glauben an die wahre Liebe endgültig verlieren. Zum Glück wusste der junge

Mann nicht, welche Verantwortung er gerade trug und welche Bedeutung seine Antwort für mich hatte.

»Diese Leuchtschrift auf den Anzeigetafeln, können Sie die programmieren?«

Leuchtschrift? Anzeigetafeln? Im ersten Moment wusste ich nicht, was er meinte.

»Sie wissen schon – dort, wo draufsteht, in welchem Zug wir fahren, wie schnell er ist, der nächste Halt und immer wieder Werbung für die Bahn.« Er schaute mich mit großen Augen an.

Endlich fiel bei mir der Groschen. »Ach so, die digitale Anzeige am Ausstieg! Was ist denn damit?«

»Sind das Textbausteine, oder können Sie die auch anders programmieren?«

Mir war immer noch nicht klar, was er von mir wollte. »Textbausteine?«

Er seufzte. »Können Sie das so umschreiben, dass dort ›Hallo Schatz‹ steht?«

Ja, Mensch. Sag das doch gleich.

»Ich kann das nicht, aber unsere Zugchefin.«

»Meinen Sie, sie würde das machen?«, fragte mich der junge Mann und hielt die Luft an, als würde von meiner Antwort sein Leben abhängen.

»Das kommt darauf an. Was gibt es denn so Wichtiges?« Inzwischen war ich ziemlich neugierig geworden. Diese ganze Geheimniskrämerei … Ich warf einen Blick über die Schulter, auch Hannes war gespannt wie ein Flitzebogen.

»Ich möchte Sandra heiraten«, sagte der junge Mann da. »Ich will sie fragen, ob sie meine Frau wird, mithilfe dieser Anzeige.«

Süß, dachte ich. Aber auch gefährlich. Was, wenn sie Nein sagte? Und das kurz vor dem Urlaub? Zwei Wochen am Strand mit schief hängendem Haussegen? Äh …

»Haben Sie sich das gut überlegt?«

Er schien meine Skepsis herauszuhören und lächelte. »Sie wird nicht ablehnen, da bin ich mir sicher.«

»Na gut. Ich bringe Sie zu unserer Zugchefin, die kann das tatsächlich machen.«

Hannes sah mich an. Er grinste. »Na, Amor? Ob das klappt?«

»Natürlich wird es das! Stellst du etwa meine Fähigkeiten als Botschafterin der Liebe infrage?«

Er hob abwehrend die Hände, und ich brachte den hoffentlich zukünftigen Ehemann zu Brigitta, die heute die Zugchefin war. Sie freute sich über den Auftrag – so was kam nicht alle Tage vor. Und da im Zug fast nichts los war und sie das Umprogrammieren des Textes keine Mühe kostete, sagte sie zu und ließ sich von dem jungen Mann diktieren, was er auf der Anzeige stehen haben wollte. Wir beschlossen, dass es am besten war, wenn der Text zu einer bestimmten Uhrzeit erscheinen sollte. Nicht direkt vor dem nächsten Halt, das hätte die anderen Fahrgäste, die schon am Ausstieg warteten, vielleicht nervös gemacht oder verwirrt, außerdem würde ein Heiratsantrag bei der Einfahrt des Zuges in den Bahnhof das Aus- und Einsteigen behindern. Also mussten wir noch während der Fahrt die Anzeige ändern. Der junge Mann entschied, in einer Viertelstunde seine Freundin unter einem Vorwand zur Tür zu locken. Dort würde sie die geänderte Anzeige dann sehen und hoffentlich Ja sagen.

»Geben Sie unbedingt Wagennummer und Sitzplatz mit an«, empfahl ich, bevor ich mich wieder auf den Weg zu Hannes machte, der im Bistro auf mich gewartet hatte. »Nicht, dass es hier noch eine Sandra im Zug gibt, die dann Ansprüche auf Sie erhebt. Viel Glück!«

»Hat es geklappt?«, fragte er mich, als ich zurückkam. »Kann die Zugchefin helfen?«

»Ja«, sagte ich lachend. »Das gibt in ein paar Minuten eine riesige Überraschung, denke ich.«

»Komm«, sagte er. »Das sehen wir uns an! Das ist besser als ›Nur die Liebe zählt‹. Ich möchte ihre Reaktion sehen.«

»Und der Kaffee?« Im Eifer des Gefechts hatte ich ganz vergessen, dass Hannes und ich eigentlich zum Kaffee verabredet gewesen waren.

»Den können wir immer noch trinken!«

Wir postierten uns neben der Tür und taten so, als würden wir uns unterhalten. Dabei bekamen Hannes und ich kein Gespräch zustande, so aufgeregt waren wir – beinahe so, als würden wir einen heimlichen Heiratsantrag planen.

»Das ist total abgefahren«, flüsterte Hannes mir zu und musste sich, ich konnte es sehen, große Mühe geben, nicht über beide Ohren zu grinsen.

Mein Herz schlug wild, als er mir näherkam. Wie lang dauerte es noch? Wann würde es endlich losgehen?

In diesem Moment kam der junge Mann mit seiner Freundin an der Hand den Gang entlang. Er schaute angespannt auf die Tafel mit der Schrift, auf der stand: *Ankunft Frankfurt Flughafen/Fernbahnhof um ca. 09:10 Uhr.*

»Was ist denn los?«, wollte die Freundin wissen. »Du bist so nervös!«

»Ich habe Sorge, dass wir zu spät ankommen und das mit dem Einchecken stressig wird«, flunkerte er und zog sie einfach weiter. »Sie haben schon ganz lange nicht mehr angezeigt, ob wir noch planmäßig sind.«

»Angezeigt? Wo?«

»Da auf der Tafel neben dem Ausgang.« Er blieb stehen.

In diesem Moment änderte sich die Anzeige. Da stand nun: *Liebe Sandra auf Platz 61 im Wagen 23 – möchtest du mich heiraten? Ich liebe dich! Dirk.*

Sie starrte auf die Schrift, sah ihren Freund an, schaute dann wieder auf die Tafel. »Oh … oh …«, stotterte sie dann. »Wirklich?«

Er nickte. »Du bist die Liebe meines Lebens. Mit dir

möchte ich alt und grau und klapprig werden. Möchtest du das auch?«

»Natürlich will ich!« Dann fiel sie ihm um den Hals und küsste ihn wild und leidenschaftlich.

Ich drückte Hannes' Arm, und sah ihn an – das ist soooo schön, dachte ich. Die Fahrgäste, die den Heiratsantrag mitbekommen hatten, lachten und applaudierten, und die beiden frisch Verlobten lachten glücklich. Plötzlich herrschte eine ganz fröhliche Feierstimmung im Abteil.

Doch Hannes schien das nicht mehr zu gefallen. Er schaute zu Boden und war seltsam ruhig. »Können wir zurück ins Bistro gehen?«, fragte er, und irgendwie klang er missmutig.

Ich schaute auf die Uhr. »Ein Kaffee lohnt sich nicht mehr, wir sind in zehn Minuten in Frankfurt. Aber ich komme trotzdem mit.« Ich folgte ihm.

Hannes lehnte sich an den Stehtisch, starrte auf die vorbeirauschende Landschaft.

»Oh«, schwärmte ich. »Das war romantisch!«

»Der Heiratsantrag?«

»Ja. Das fand ich richtig toll. Und die beiden scheinen so verliebt zu sein.« Mein Herz klopfte immer noch vor Aufregung. Wie oft durfte man in seinem Job schon den Liebesbotschafter spielen? Und wer weiß, wenn es solche wunderbaren Geschichten der Liebe bei der Bahn gab, vielleicht bekam ich dann ja auch irgendwann mein Happy End?

»Was macht eigentlich Felix?«, fragte Hannes plötzlich.

Themenwechsel, okay. Ich erzählte ihm, wie gut mein Sohn in der Schule zurechtkam und dass wir gerade den Urlaub planten.

»Hast du mal was von seinem Vater gehört?«, wollte Hannes wissen. Ich hatte ihm natürlich erzählt, wie ich zu meinem Sohn gekommen war und dass es keinen Vater gab.

»Nein.«

Hannes schwieg. Wir näherten uns dem Bahnhof am

Frankfurter Flughafen. »Das tut mir leid«, sagte er schließlich.

»Halb so wild.« Ich lächelte. »Für mich ist das so viel besser, aber Felix fragt immer wieder nach ihm und leidet offenbar darunter, keinen Vater zu haben. Vielleicht muss ich das Thema noch mal angehen und versuchen, wenigstens einen minimalen Kontakt zu erreichen.« Wir fuhren in den Bahnhof ein. »Ich muss los.« Schnell eilte ich in den Gang. Ausstieg in Fahrtrichtung rechts. Wir hielten, ich öffnete die Türen, ging auf den Bahnsteig.

Hannes stieg aus. »Vielleicht sieht man sich ja mal wieder?«

»Ganz bestimmt«, sagte ich lächelnd.

Auch das künftige Brautpaar verließ den Zug. »Herzlichen Dank.« Die zukünftige Braut sah noch glücklicher aus als zu Beginn der Fahrt. Wahnsinn, dass das anatomisch möglich war, so breit zu grinsen. »Das war ganz großartig!«

»Ich habe doch gar nichts gemacht. Das war unsere Zugchefin.«

»Doch«, sagte Dirk. »Wenn Sie nicht so nett wären, hätte ich mich vielleicht gar nicht getraut, danach zu fragen.«

»Das war eine wirklich schöne Idee. Ich wünsche Ihnen viel Glück für Ihr gemeinsames Leben und einen schönen Urlaub.« Ich schaute den Bahnsteig hoch und runter. Alle Fahrgäste schienen aus-, die Wartenden eingestiegen zu sein. Meine Kollegen hoben ihre Zugmeldescheibe, wir konnten weiter. Auch ich gab das Signal.

Plötzlich stand Hannes noch einmal vor mir. »Ich bin gar nicht so unromantisch«, keuchte er atemlos. »Auch wenn das vorhin so aussah.«

Doch da ertönte der Pfiff. Die Tür schloss sich vor meiner Nase, und der Zug rollte los. Ich konnte Hannes nur noch winken.

Seit dem Heiratsantrag über die Anzeigetafel hatte sich irgendetwas verändert – bei mir oder in meiner Wahrnehmung. Um mich herum schien es plötzlich nur noch Pärchen zu geben. Paps und Hilde waren kaum noch auszuhalten vor Glückseligkeit, seit sie ihre kleine Wohnung verkauft und zu uns ins Haus gezogen war. Söckchen erzählte mir aufgeregt, dass sie Lukas nach einer durchzechten Nacht in Berlin einfach geküsst habe – und sie seitdem kaum eine Minute ohneeinander verbrachten. Na ja, soweit das im Schichtsystem eben möglich war. Und selbst mein geliebter Felix hatte mit seinen sieben Jahren eine Freundin, na ja, zumindest gab es da ein Mädchen, mit dem er freiwillig seine Pausenbrote teilte. Wenn das nicht Liebe war.

Der Frühling kam, die Hormone schlugen aus, alles liebte sich – und ich war immer noch allein. Mit Hannes war es nach wie vor unverbindlich, ich besaß ja noch nicht mal seine Telefonnummer. Bei der Arbeit hatte ich ansonsten keinen Mann getroffen, der mir schöne Augen gemacht hatte. Nein, das stimmte so nicht, diese Typen gab es schon. Aber die blinzelten vor allem dann, wenn sie ihr Monatsticket zu Hause vergessen oder nicht genug Bargeld dabeihatten, um eine Fahrkarte zu lösen.

Und selbst wenn es mal einen gab, der mich optisch ansprach – ich machte deswegen noch lange nicht den ersten Schritt, dafür war ich viel zu sehr aus der Übung. Kurz darauf stieg das Objekt meines Interesses dann aus dem Zug aus und verschwand auf Nimmerwiedersehen aus meinem Leben. Nicht gerade die optimale Basis für die Suche nach dem Partner fürs Leben. Wenn ich nur wenige Augenblicke zwischen Essen und Duisburg Zeit hatte, um jemanden für mich zu begeistern, würde ich mir die Sache mit der Liebe wohl abschminken können.

Natürlich geschieht es manchmal, dass man Fahrgäste im Zug wiedersieht. Fährt man eine Strecke zum Beispiel besonders häufig oder ist oft im Pendler- oder Wochenendverkehr unterwegs, erinnert man sich an Gesichter, und manchmal ergibt sich eben auch ein Gespräch, so wie mit Hannes, der Drillingstante oder dem flaschensammelnden Professor. Aber das sind wirklich die Ausnahmen. Wenn auch ganz besonders nette.

Einmal war ich wieder unterwegs von Köln nach Münster. Wie es der Zufall so wollte, waren sowohl die Drillingstante Elvira als auch der Professor an Bord. Ich tauschte ein paar Worte mit ihm, fragte nach seiner Tochter und den Enkeln. In Dortmund stieg er aus.

»Kennen Sie den näher?«, fragte mich die Drillingstante skeptisch, als ich kurze Zeit später an ihr vorbeikam.

»Ja, das ist so ein netter Mann.«

»Er sammelt Flaschen!« Sie sah mich mit großen Augen an.

»Das stimmt.« Und dann erzählte ich ihr, dass er es zuerst gemacht hatte, um die Rechnungen für seine Frau bezahlen zu können, es jetzt aber eher zu seinem Zeitvertreib geworden war – einer Aufgabe, die er hatte und die zufällig auch noch Geld einbrachte. »Er war Professor für Deutsch.«

»Und nun ist er Alkoholiker und obdachlos?«, fragte Elvira erstaunt.

»Er ist weder Alkoholiker noch ohne Wohnung«, sagte ich lächelnd. »Ich denke, er kleidet sich so schlicht, weil ja oft noch Reste in den Flaschen sind und er sich seine Sachen nicht beschmutzen will.«

»Meinen Sie?« Elvira schien immer noch argwöhnisch.

»Er ist allein, wissen Sie. Nach Russland will er nicht mehr zurück, nach Stuttgart, wo seine Tochter lebt, ebenfalls nicht. Er möchte ja in der Nähe vom Grab seiner Frau sein. Ich finde es gut, dass er sich eine Aufgabe gesucht hat und seine Tage nicht mit Nichtstun vergeudet. Er könnte auch Sozialhilfe beantragen. Stattdessen sorgt er für sich und seinen Unterhalt, auch wenn die Tätigkeit, der er nachgeht, von anderen belächelt, ja sogar verspottet wird.«

»Ja, da haben Sie sicher recht«, sagte sie nachdenklich.

Ein paar Wochen später traf ich Elvira wieder. An diesem Nachmittag stieg sie wie immer in Essen ein, beladen mit allerlei Kartons, Tüten und Taschen. »Die Jungs haben Geburtstag«, sagte sie und strahlte mich an. »Gleich wird gefeiert!«

Auch der Professor war an diesem Bahnhof zugestiegen, und mir fiel auf, dass Elvira ihm dieses Mal freundlich zulächelte, anstatt ihn, wie zuletzt, missmutig zu mustern. Er erwiderte ihr Lächeln mit einem scheuen Niederschlagen der Augen, dann senkte er den Kopf und schlich davon.

»Ein armer Mann«, seufzte Elvira. »Wissen Sie, ich habe ja immerhin meine Familie in Reichweite. Er scheint sehr allein zu sein.«

»Das ist er sicher auch«, sagte ich. »Holt ihr Neffe Sie wieder am Bahnhof in Münster ab?« Das war bislang immer so gewesen. Es war immer ein großes Hallo, wenn das junge Paar und die Drillinge auf dem Bahnsteig standen und Tante Elviras Ankunft entgegenfieberten.

»Nein, dieses Mal schon in Dortmund. Dort arbeitet mein Neffe, und weil er es wegen dem Feierabendverkehr vermutlich nicht pünktlich bis nach Münster schaffen würde und seine Frau zu Hause die Rasselbande hütet, steige ich ausnahmsweise früher aus.«

Als wir in Dortmund ankamen, half ich Elvira beim Aussteigen. Ihr Neffe war so schlau gewesen, einen Kofferwagen zu organisieren – offenbar hatte er geahnt, was seine Tante alles mitbringen würde. Ich wünschte ihr ein schönes Wochenende, verabschiedete mich von ihr und hob die Zugmeldescheibe zum Zeichen, dass wir abfahrbereit waren. Dann stieg ich wieder in den Zug.

In dem Moment, als sich die Türen schlossen, kam mir

der Professor entgegengeeilt. »Sie hat ihre Handtasche vergessen«, keuchte er und hob einen braunen Lederbeutel hoch. »Ich habe es gesehen, war aber nicht schnell genug. Was machen wir denn nun?«

Ich nahm die Handtasche entgegen. »Sicher, dass es ihre ist?«

»Ja.« Der Professor blickte auf den Boden. »Ich habe sie an ihr gesehen, als sie in den Zug eingestiegen ist.«

Wir hatten den Bahnhof von Dortmund schon verlassen, anhalten konnten wir nicht mehr. Ich brachte die Tasche in unser Dienstabteil und öffnete sie. Im Geldbeutel fand ich einen Ausweis, auf dem mir Elvira Meier freundlich entgegenlächelte.

In diesem Moment kam der Zugchef ins Dienstabteil geeilt. »Ich hatte gerade einen Anruf von der DB Information aus Dortmund, eine Dame hat wohl ihre Handtasche im Zug vergessen.«

»Stimmt, Frau Meier. Die Handtasche ist hier.« Ich hob die Tasche hoch.

»Sollen wir sie zurück nach Dortmund schicken?«

Ich dachte nach. Elvira und ihr Neffe würden garantiert zu spät zum Geburtstag der Drillinge kommen, wenn sie auf die Ankunft der Handtasche warten würden, selbst wenn wir sie mit dem nächsten Zug zurückschickten. Andererseits befanden sich alle Wertsachen darin.

»Können wir das nicht auch unbürokratisch lösen?«

Der Zugchef guckte irritiert, also holte ich aus.

»Unser Halt in Münster ist nicht lang genug, um die Tasche bei der DB Information abzugeben. Ich müsste sie mit nach Köln nehmen und dort abgeben, und dann dauert es das halbe Wochenende, bis Frau Meier die Tasche wiederhat.«

»Ich könnte sie ihr geben«, sagte da eine Stimme aus dem Hintergrund.

Der Zugchef und ich sahen uns verblüfft um. Hinter uns

stand der Professor, den ich über der ganzen Diskussion mit meinem Kollegen vollkommen vergessen hatte.

»Ich muss in Münster sowieso aussteigen«, sagte der Professor leise, »mein Ticket gilt ja eigentlich nur bis Dortmund.« Schon zog er die Geldbörse aus der Hosentasche. »Natürlich zahle ich die Fahrkarte. Aber in dem ganzen Tohuwabohu mit der Handtasche habe ich glatt vergessen, dass ich eigentlich in Dortmund rausmuss.« Er sah sehr zerknirscht aus.

»Eine sehr gute Idee«, sagte ich entschlossen. »Und das mit der Fahrkarte bis nach Münster, das lassen Sie mal meine Sorge sein, es war ja quasi ein Notfall.« Ich zwinkerte ihm zu. »Stefan, bist du einverstanden, wenn wir das so handhaben?«

»Ich weiß nicht.« Der Zugchef musterte den Professor skeptisch.

»Er hat die Tasche gefunden und sie nicht angerührt. Unabhängig davon verbürge ich mich für ihn«, erklärte ich.

Der Professor lächelte mir schüchtern zu, und Stefan gab sich geschlagen. »Also schön. Was soll das Misstrauen. Ich lasse Frau Meier ausrichten, dass sie die Tasche in Münster an Gleis 12 abholen kann.« Und an den Professor gerichtet fügte er hinzu: »Warten Sie dort bitte bei der Aufsicht?«

Er nickte. »Natürlich.«

Einige Wochen später fuhr Elvira wieder nach Münster. Sie hatte eine neue Frisur und sah insgesamt irgendwie rosiger aus als sonst.

»Haben Sie die Handtasche denn noch bekommen?«, fragte ich.

»Oh ja«, sagte sie und errötete. »Dimitri hat auf dem Gleis auf uns gewartet.«

»Dimitri?«

»Na ja, also Professor Orlow eigentlich, aber ich darf ihn Dimitri nennen.«

Ach, so war das.

»Wissen Sie, es gibt ja nicht mehr so viele ehrenhafte Männer auf dieser Welt. Und als er da stand an diesem Freitagnachmittag, meine Handtasche in der einen und seine blaue Tasche mit den Flaschen in der anderen Hand, da dachte ich: Warum nicht einfach mal was ganz Verrücktes tun? Also habe ich ihn eingeladen, mich auf den Geburtstag meiner Neffen zu begleiten.«

Sie hatte *was*?! Ich war vollkommen von den Socken. »Frau Meier, in Ihnen steckt ja ein richtiger Abenteurer!«

Sie grinste. »Ja, nicht wahr? Zuerst hat er sich geziert, aber schließlich hat er sich überreden lassen, und wir haben einen sehr angenehmen Nachmittag zusammen in Münster verbracht. Am Abend hat er mich dann im Zug zurück nach Essen gebracht. Er ist eben ein Mann der ganz alten Schule, Dimitri.«

Es war kaum möglich, aber sie errötete schon wieder.

»Haben Sie denn noch Kontakt?«

Sie nickte. »Aber sicher. Wir fahren jetzt öfter zusammen nach Münster, meine Neffen besuchen, und wir waren auch schon zusammen einen Kaffee trinken. Es ist alles noch sehr aufregend für mich, wissen Sie?«

Ihre Augen glänzten, als sie mir das erzählte, und das Herz ging mir auf vor Glück und Zufriedenheit.

Als ich am Abend wieder in Köln ankam und müde aus dem Zug stieg, fiel ich fast über Hannes.

»Ich bin grade aus Frankfurt gekommen und habe dich vom gegenüberliegenden Bahnsteig aus gesehen. Magst du noch etwas trinken gehen?«, fragte er mich.

Ich überlegte. Eigentlich verbrachte ich gern Zeit mit ihm, aber heute war ich irgendwie nicht in Stimmung für Gesellschaft. »Ich bin ziemlich kaputt.«

»Schade. Aber vielleicht willst du ja mal mit mir essen gehen … Also nicht nur so ein Feierabendbierchen auf dem Bahnhof?« Er schaute mich an, biss sich dabei auf die Lippen.

»Das klingt sehr gut«, sagte ich und lächelte. »Wann denn?«

»Wann würde es dir denn passen?«

Wie niedlich, er schien nervös zu sein. Fast schon bedauerte ich, dass ich die Einladung zum Bier abgelehnt hatte. »Ich habe ab morgen vier Tage frei und muss erst wieder am Samstag los.«

»Freitag? Wäre dir das recht?«

»Ja, klar.«

Ich gab ihm meine Adresse, denn er wollte mich unbedingt abholen. Außerdem tauschten wir auch endlich unsere Handynummern. Und dann fuhr ich beschwingt nach Hause.

8 Knockin' on Heaven's Door

Verehrte Fahrgäste, die Einnahme von Drogen ist
in Zügen der Deutschen Bahn leider nicht gestattet.
Nirgendwo, nicht mal vorn beim Lokführer. Es
gibt niemanden, der das mehr bedauert als ich.

Bahnfahren ist praktisch – dort gelten keine Promillegrenzen. Man kann sich sogar ein Bierchen oder Weinchen im Bistro kaufen. Allerdings übertreiben es einige Reisende schon mal. Das ist weder für die Mitfahrenden schön noch für uns als Zugpersonal.

Es gibt eigentlich nur wenige Situationen, die mir wirklich Angst machen, aber dazu gehören Begegnungen mit Fußballfans, die schon vor dem Spiel ordentlich getankt haben. Meist sind die Abteile an Bundesligaspieltagen sehr voll, und die Fans grölen ununterbrochen ihre Schlachtlieder.

Ich hatte an einem Samstag eine Fahrt von Hannover nach Dortmund. An diesem Tag spielte Bayern München gegen Borussia Dortmund. In Minden stieg ein Mann zu, der sichtlich angeschickert war. Aber er hatte eine gültige Fahrkarte und benahm sich nicht auffällig. Er starrte mich lediglich mit glasigem Blick an, als ich das Ticket entwertete, und murmelte ohne Unterlass: »Bayern töten. Bayern töten.« Die anderen Fahrgäste waren etwas pikiert und rückten von ihm ab, aber da der Mann nichts tat, außer diesen Spruch von sich zu geben, hatte ich keinen Grund, ihn aus dem Zug zu entfernen.

Immer mehr schwarz-gelb gekleidete Fahrgäste stiegen zu. Noch war die Stimmung fröhlich, alle freuten sich auf das Spiel, und keiner schien auf Streit aus zu sein. Dann kam in Gütersloh eine Frau mit ihrem vielleicht sechsjährigen Sohn an Bord. Der Junge schaute sich die Fußballfans interessiert an, und plötzlich erhob er die helle Stimme und sang glockenklar:

»*Blau und Weiß, wie lieb ich dich*
Blau und Weiß, verlass mich nicht
Blau und Weiß ist ja der Himmel nur
Blau und Weiß ist unsere Fußballgarnitur
Hätten wir ein Königreich
Machten wir es den Schalkern gleich
Alle Mädchen, die so jung und schön
Müssten alle Blau und Weiß gekleidet gehn.«

Alle, wirklich alle, waren urplötzlich still. Der Junge traute sich was, er sang die Hymne der Schalker, dem Erzrivalen von Borussia Dortmund, und zwar in einem Zug voller Borussen!

Die Mutter schaute mich entsetzt an, hoffentlich gab das keinen Ärger. Dann zischte sie in Richtung ihres Sohnes: »Pscht! Sei bloß still!« Sie sah sich um. »Entschuldigung!«, sagte sie dann laut in die Runde. »Das ist Familientradition, das hat er wohl schon mit der Flasche aufgesaugt, die ihm sein Opa gegeben hat.«

»Fan ist Fan, und die Blau-Weißen sind aus'm Pott, genau wie die Borussia«, sagte ein Mann und stieß seinen Kumpel an. »Alles ist besser als der FC Bayern! Stimmt's, oder habe ich recht?«

»Hast recht.«

»Jawoll«, sagte nun ein anderer, stand auf und sang: »Zieht den Bayern die Lederhose aus, die Lederhose aus …«

»… Lederhose aus!«, stimmte nun auch der Junge strahlend und voller Begeisterung ein.

So sangen sie gemeinsam und fröhlich vor sich hin. Was war ich froh, dass der kleine Kerl kein Bayern-Fan war … Das hätte vielleicht *wirklich* Ärger geben können. Nicht, dass sie dem Jungen etwas getan hätten. Aber manchmal reichte schon eine Lappalie aus, um die Stimmung von angeheitert zu aggressiv umkippen zu lassen, und zwar innerhalb eines Wimpernschlags.

Ich ging ein weiteres Mal durch den Wagen und suchte meinen »Bayern töten«-Mann. Doch der war nicht an seinem Platz. Aus irgendeinem Grund machte mich das unruhig. Ich ging weiter und suchte ihn.

»Entschuldigung«, sagte eine Frau zu mir und lächelte verlegen. »Da hinten im Gang sitzt so ein Kauz am Boden. Der scheint ordentlich gebechert zu haben.«

»So ein kleiner Mann? Mit einem schwarz-gelben Schal? Und einem Borussen-Käppi?«

Super Beschreibung, in einem Zug voller Dortmund-Bienen …

»Der hat immer etwas vor sich hin gemurmelt. Aber jetzt ist er still.«

»Bayern töten«, sagte ich leise und eilte den Gang hinunter.

Der Mann saß zusammengesunken auf dem Boden. Er stank bestialisch, nach Schnaps und anderem, dessen Herkunft ich gar nicht wissen wollte. Ich schüttelte den Mann an der Schulter, und er sackte noch mehr zur Seite. Da half nichts. Ran an den Speck! Ich tastete an seinem Hals nach dem Puls, doch ich konnte nichts fühlen. Verdammt! Schnell rief ich den Zugchef an und informierte ihn. Er bat über den Lautsprecher nach ärztlicher Hilfe und informierte schon mal den nächsten Bahnhof: Hamm, den Aschenbecher, eine Station vor Dortmund.

Nur wenige Minuten nach der Durchsage stand ein Borussen-Fan neben mir. Vorhin hatte er noch fröhlich gesungen, aber nun schien er mit einem Schlag wieder nüchtern zu sein. Zusammen legten wir den Mann in den Gang, und der Borussen-Arzt begann mit Wiederbelebungsmaßnahmen. Dann fuhren wir in den Bahnhof von Hamm ein, und ein Notarzt kam an Bord. Er legte dem Patienten einen Zugang und hängte eine Infusion an, doch die Maßnahmen schienen nicht zu greifen. Schließlich wurde der Bewusstlose auf eine Trage gepackt und nach draußen getragen, wo schon der Notarztwagen wartete.

Der Zugchef hatte die Passagiere darüber informiert, dass es einen Notfall gegeben hatte und der IC deshalb erst mal nicht weiterfahren könne. Allmählich wurden die Fans unruhig – schon in zwei Stunden war Anpfiff. Doch dann endlich ging es weiter. Gleichzeitig mit dem Rettungswagen fuhren wir los – das Auto mit Blaulicht, wir ohne, auch wenn sich die Borussen-Fans das vielleicht gewünscht hätten, um garantiert rechtzeitig zum Abstoß im Stadion zu sein.

Notfälle gibt es immer mal wieder in Zügen. Ein Passagier hat Kreislaufprobleme, oder ihm ist schlecht. Betrunkenen Reisenden ist das Schaukeln des Zuges oftmals nicht besonders bekömmlich. Leider schaffen sie es in vielen Fällen nicht mehr zur Toilette, oder wenn doch, treffen sie das Klo nicht. Dann müssen wir das WC absperren, denn obwohl einige Zugreisende das annehmen, Reinigungsarbeiten gehören nicht zu unseren Aufgaben. Zum Glück.

Eine dieser Begegnungen der dritten Art hatte ich auf einem Sonderzug zu einem Guns-N'-Roses-Konzert. Söckchen war mal wieder die Zugchefin, und sie hatte alle Hände voll zu tun. Die Hard-Rock-Fans waren voller Vorfreude, Refrains wurden skandiert, die ein oder andere Flasche Bier wurde geleert, vielleicht auch Stärkeres. Doch die Stimmung war gut, und niemand pöbelte herum.

Wir waren in Norddeich gestartet und fuhren durch bis nach Köln. Schon seit kurz nach unserer Abfahrt war eine Toilette dauerbesetzt. Das machte mich ein wenig stutzig. Die Fans hatten zusammen mit ihrer Karte für das Konzert auch die Bahnfahrt bezahlt, vermeintliche Schwarzfahrer konnte es also nicht geben.

Eine halbe Stunde später war die Toilette immer noch

verschlossen. »Ist hier jemand rausgekommen in der letzten Zeit?«, fragte ich einen Fahrgast, der im Gang stand und sich mit seinem Kumpel unterhielt.

»Nö. Da ist die ganze Zeit abgeschlossen«, antwortete er. »Wir dachten, das Klo sei gesperrt oder defekt.«

Das konnte natürlich auch sein, dachte ich und rief Söckchen an. »Die hintere Toilette im Wagen 6, ist die defekt?«

»Bisher nicht«, antwortete sie, und ich konnte ihr Grinsen hören. »Warum?«

»Vielleicht täusche ich mich, aber sie ist seit der Abfahrt dauerbesetzt. Ich hab mal ein Auge drauf.«

Auch in den nächsten Minuten verließ keiner das WC. Schließlich klopfte ich an die Tür – aber niemand antwortete. Ich schlug energischer, doch es kam keine Reaktion.

»Marie, würdest du bitte herkommen?«, bat ich über die Sprechstelle. Ich wusste, dass hier etwas nicht stimmte.

Söckchen kam, klopfte ebenfalls an die Tür und fragte durch die verriegelte Tür, ob dort jemand drin sei. Wieder gab es keine Antwort. Schließlich schloss sie die Tür auf.

Auf dem Klo saß ein junger Mann, das Kinn auf der Brust. Sein linker Ärmel war hochgerollt, der Oberarm mit einer Gummimanschette abgebunden. In der Armbeuge steckte eine Spritze.

»Hallo?«, sprach Söckchen den Bewusstlosen an, aber er reagierte nicht.

Ich versuchte, den Puls am Hals zu fühlen, doch die Haut des Mannes war kalt, und einen Pulsschlag konnte ich nicht finden.

»Der ist hin«, murmelte Söckchen und schaute mich entsetzt an. In diesem Moment fingen die Fahrgäste in dem Wagen wieder an zu singen: »Knockin' on Heaven's Door«. Mir wurde ganz anders, ich bekam eine Gänsehaut.

»Und nun?«, fragte ich Söckchen.

»Mal sehen, ob ein Arzt dabei ist«, meinte sie und ging

zu der Sprechstelle. Von dort aus konnte man mit dem Lokführer kommunizieren oder Durchsagen im ganzen Zug machen.

»Ein Arzt?«, fragte ich zweifelnd.

»Falls sich ein Arzt an Bord befindet, möge er sich bitte in Wagen 6 melden«, rief Söckchen durch.

Nur kurze Zeit später stand ein Mann vor uns, tätowiert und in Lederweste. »Sie brauchen einen Arzt?«, fragte er. »Ich bin Chirurg.«

Nun, warum sollen nicht auch Ärzte Guns-N'-Roses-Fans sein, dachte ich.

»Ich fürchte, hier kommt jede Hilfe zu spät«, sagte Söckchen leise und führte den Arzt zum WC.

Sie legten den jungen Mann vorsichtig auf den Boden.

»Das ist ein Junkie«, sagte er. »Vielleicht bringt die Herzmassage was. Seit wann ist er bewusstlos?«

»Keine Ahnung. Die Toilette war seit Beginn der Fahrt besetzt. Kann natürlich sein, dass er erst vor zehn Minuten reingegangen ist, ganz sicher kann ich es nicht sagen. Aber zehn Minuten oder eine Viertelstunde war er sicher hier drin.«

»Wir brauchen einen Rettungswagen. Ohne Medikamente und Hilfsmittel kann ich nicht viel ausrichten.«

»Ich habe schon Bescheid gegeben, wir halten am nächsten Bahnhof, der Notarzt ist auch schon informiert«, sagte Söckchen.

»Vermutlich werden wir eher einen Leichenwagen brauchen«, brummte der Arzt.

Kurze Zeit darauf verlangsamte der Zug und hielt an. Tatsächlich stand der Notarzt schon bereit.

»Meine Damen und Herren, wegen eines medizinischen Notfalls müssen wir anhalten«, gab Söckchen durch.

Rufe des Missfallens wurden laut, es wurde auf die Deutsche Bahn geschimpft, dabei konnte die nun wirklich nichts dafür.

Der Notarzt stellte auch nur noch den Tod des Mannes fest, die Polizei wurde informiert. Weil der Mann aus bislang ungeklärter Ursache gestorben war und die Spritze im Arm und die verriegelte Toilettentür offenbar nicht als eindeutige Beweise galten, war auch die Kriminalpolizei anwesend.

»Sie müssen den Zug räumen«, sagte ein Beamter in Zivil. »Der Wagen wird beschlagnahmt.«

»Wieso das denn?«, wollte der Guns-N'-Roses-Chirurg wissen.

»Es liegt ein unnatürlicher Tod vor. Die Todesursache muss erst ermittelt werden. Bis dahin ist dies ein Tatort, und der muss möglicherweise polizeidienstlich untersucht werden«, dozierte der Typ von der Kripo.

»Blödsinn! Der Typ hat sich den goldenen Schuss gesetzt. Das sieht doch ein Blinder mit Krückstock. Ob absichtlich oder nicht, werden wir vermutlich nie erfahren«, schimpfte der Chirurg.

»Das sind nun mal die Vorschriften.«

Etliche der Fahrgäste standen inzwischen draußen auf dem Bahnsteig und rauchten. Als der Leichenwagen kam, wurden die Missfallensäußerungen leiser. Aber wir wussten immer noch nicht, wie es weitergehen sollte. Die Zeit drängte, denn die Leute wollten ja zu ihrem Konzert, das sicher nicht wegen unserer Verspätung verschoben werden würde.

»Sie können«, sagte Söckchen zum Hauptkommissar, »diesen Zug unmöglich räumen. Das würde katastrophal werden. So schnell kriegt die Bahn keinen Ersatzzug organisiert. Was sollen die Leute denn machen? Die wollen nach Köln und Axl Rose sehen. Meinen Sie, die würden, ohne zu murren, zurückfahren?«

Der Mann rieb sich über das Kinn. »Das muss ich mit dem Staatsanwalt abklären. Ich kann das nicht einfach so entscheiden.«

Weitere Minuten verstrichen, in denen er mit dem

Staatsanwalt und mit dem Notfallmanagement der Bahn telefonierte. Die Leute im und vor dem Zug wurden immer ungehaltener. Die Leiche des jungen Mannes, der nur sechsundzwanzig Jahre alt geworden war, wurde abtransportiert. Wieder stimmten die Fans »Knockin' on Heaven's Door« an, wieder bekam ich eine Gänsehaut.

Schließlich kam der Kripomann zu uns. »Eigentlich müssten wir den gesamten Zug stilllegen. Wir sehen aber ein, dass das große Probleme bereiten würde. Deshalb hat die Staatsanwaltschaft zugestimmt, dass nur dieser Wagen geräumt und dann versiegelt wird und der Zug die Fahrt bis Köln fortsetzen kann. Meinen Sie, das geht?«

»Die Reisenden dürfen aber noch ihr Gepäck aus dem Wagen holen?«, fragte ich.

Er sah mich nachdenklich an. »Eigentlich nicht. Es könnte ja Fremdverschulden vorliegen ...«

»Das ist doch bekloppt«, regte sich der Chirurg auf. »Der Typ hat sich selbst ins Aus geschossen, das ist so klar wie Kloßbrühe. Nun seien Sie doch mal halbwegs vernünftig! Wir alle hier wollen Axl Rose hören, wir warten seit Monaten auf diesen Tag. So ein Idiot gibt sich eine Überdosis, und der Rest soll darunter leiden? Wie bescheuert ist das denn?«

Der andere Mann verzog das Gesicht, was den Chirurgen aber nur zu einer weiteren Hymne anstachelte: »Guns N' Roses, guter Mann, das ist so geile Musik, das ist wie beten, nur sehr laut!«

»Ja, ich hab das schon kapiert«, sagte der Kripobeamte nachdenklich. Dann blies er die Backen auf und ließ die Luft entweichen. »Also gut, alle dürfen ihre Sachen aus dem Wagen holen und sich dann auf die anderen Wagen verteilen. Vermutlich liegt hier kein Fremdverschulden vor, denn die Toilette war von innen abgeschlossen.« Er sah Söckchen und mich streng an. »Das können Sie beschwören?«

Wir nickten synchron und zackig.

»Okay, dann machen wir das so, die Leute holen ihre Sachen aus dem Wagen, aber pronto. Und dann versiegeln wir ihn, und Sie fahren weiter bis nach Köln.«

Söckchen machte die Durchsage, und plötzlich ging alles ganz schnell. Flugs wurde das Gepäck gepackt, und hast du nicht gesehen, hatten sich alle auf die anderen Wagen verteilt. Mit einer Stunde Verspätung fuhren wir wieder los. Wagen 6 war versiegelt worden.

Keiner maulte, dass es zu eng war oder nicht genügend Sitzplätze zur Verfügung standen. Im Laufe der Fahrt konnte der Lokführer sogar einige Minuten wieder rausholen, da wir ja nirgendwo mehr anhalten mussten. Und als wir schließlich in Köln in den Bahnhof einfuhren, applaudierte der ganze Zug, als sei es ein Flugzeug, das nach heftigen Turbulenzen sicher gelandet wäre.

Der Chirurg kam zu uns. »Werdet ihr noch Probleme haben?«

»Nein«, sagte Söckchen. »Ihre Adresse haben wir, die Polizei wird sich sicher noch einmal bei Ihnen melden. Tut mir leid.«

»Kein Ding!« Dann drehte er sich um und ging.

Der Sechsundzwanzigjährige war an einer Überdosis verstorben, stellte die Gerichtsmedizin später fest. Das Konzert hat er verpasst – und ausnahmsweise war einmal nicht die Bahn schuld. Ich hoffte, er hat von dort oben wenigstens noch ein paar Lieder von Axl mitbekommen.

Obwohl ich mit so vielen unterschiedlichen Leuten zusammenkomme, dass ich manchmal regelrecht den Überblick verliere, habe ich Vorurteile. Manche werden jeden Tag bestätigt, andere nicht. Drogenabhängige erkennt man nicht immer am Aussehen. Manch gut gekleideter Typ hat zwar Geld, aber keine Kinderstube. Wenn ich eines bei der Bahn gelernt habe, ist es dies: Man kann den Leuten immer nur *vor*, niemals *in* den Kopf gucken.

So ging es mir auch einmal, als ein junger Mann auf einer meiner Fahrten einstieg. Er hielt eine Bierflasche in der Hand, war schwarz gekleidet, sein Gesicht mit Piercings übersät. Er hatte jedoch eine gültige Fahrkarte und eine Platzreservierung. An dem Bier nippte er nur hin und wieder. Da er Kopfhörer trug und ganz offensichtlich Musik hörte, störte er niemanden, aber ich behielt ihn im Blick. Da ich nun schon seit einigen Jahren als Zugbegleiterin arbeitete, hatte ich ein ganz gutes Gefühl für Leute entwickelt, glaubte ich. Dieser hier sah so aus, als könnte er nach dem nächsten Pils Ärger machen.

Beim nächsten Halt stieg ein Pärchen ein, mittleren Alters, unauffällig. Sie setzten sich an den Viererplatz mit Tisch. Ich fing an, die Zugestiegenen zu kontrollieren. Als ich weiterging, sah ich, dass die Frau ihre Füße, die in dreckigen Stiefeln steckten, auf den gegenüberliegenden Platz gelegt hatte. Das ging gar nicht. Ich machte mich auf den Weg zu ihnen, wurde aber von einer Frau aufgehalten, die eine alternative Verbindung von mir wissen wollte. Während ich die Möglichkeiten zur Weiterfahrt raussuchte, holte der Mann in der Viererbank eine Schnapsflasche aus seiner Tasche, trank einen großen Schluck und gab sie dann seiner Begleiterin, die auch ordentlich abpumpte.

Endlich kam ich bei ihnen an. »Fahrkartenkontrolle. Darf ich Sie bitten, Ihre Füße von dem Sitz zu nehmen?«

Die Frau beachtete mich gar nicht, trank wieder. Der Mann grinste nur – es war ein böses Grinsen.

Obwohl ich mir vorkam, als wäre ich unsichtbar, probierte ich es noch einmal. »Würden Sie bitte die Füße von dem Sitz nehmen? Schauen Sie, es hat geregnet, und Ihre Stiefel sind schmutzig. Dort wollen sich aber doch später noch andere Fahrgäste hinsetzen«, sagte ich ruhig. »Sie möchten doch auch nicht auf dreckigen Plätzen sitzen.«

»Halt's Maul!«, sagte sie leise zu mir.

Ich schnappte nach Luft, damit hatte ich nun gar nicht gerechnet. »Bitte?«, fragte ich deshalb verblüfft.

»Zisch ab, Alte!«, sagte nun der Mann.

»Nicht bevor ich Ihre Fahrkarten kontrolliert habe und Sie sich ordentlich hingesetzt haben.«

»Mach keine Welle«, erwiderte der Typ nur.

Niemand von den beiden machte Anstalten, die Fahrkarten zu zeigen. Hatten sie etwa keine? Das konnte ja heiter werden, dachte ich und überlegte, den Zugchef zu rufen. Doch bevor ich mein Handy zücken konnte, war der Kerl auch schon aufgestanden und packte mich an den Schultern. »Lass uns in Ruhe!«, schrie er mich an. Dann schubste er mich von sich weg.

Ich stolperte und fiel zu Boden. Die anderen Fahrgäste wirkten wie erstarrt. Niemand kam mir zu Hilfe. Hallo, schon mal was von Zivilcourage gehört? Ich sah mich um. Alle glotzten zu uns rüber, doch kaum, dass sie meinen Blick auffingen, schauten sie in eine andere Richtung.

In diesem Moment packte jemand den Fiesling, der immer noch vor mir stand, von hinten und zwang ihn mit zwei schnellen Griffen in die Knie. Es war der schwarz gekleidete Typ mit den Piercings. Noch zwei weitere Griffe, und der Kerl lag am Boden.

Wow. Das war schneller gegangen als bei *Karate Kid*.

Nun stand die Frau auf und keifte, aber endlich griffen die anderen Fahrgäste ein. Sie zwangen sie, sich wieder hinzusetzen. Jemand hatte den Zugchef informiert, und der kam zusammen mit zwei Polizisten, die zufällig an Bord waren. Mir wurde hochgeholfen, verletzt war ich zum Glück nicht.

Als der schmale Mann mit den vielen Piercings den besoffenen Pöbler losließ, sprang dieser auf und wollte ihn angehen, doch – schwups! – hatte er ihn wieder im Schwitzkasten. »Ich bin Meister in Aikido«, sagte er leise und grinste.

Da hatte ich ja mit meinem Karate-Kid-Gedanken gar nicht so falsch gelegen.

Doch trotz geballter asiatischer Kampfkunst konnten wir die beiden Störenfriede nur mit Mühe in Schach halten, und ich war froh, als die Polizisten sie am nächsten Halt aus der Bahn schoben. Dort warteten schon weitere Kollegen, um sie in Empfang zu nehmen.

Ich bedankte mich ganz herzlich bei dem jungen Mann, den ich so vollkommen falsch eingeschätzt hatte, und ließ mir erklären, dass Aikido eine alte japanische Kampfkunst ist.

»Sehr effektiv. Und nicht nur eine Kampfsportart, sondern vor allem eine Lebensweisheit. In der Ruhe liegt nämlich die Kraft«, sagte er und zwinkerte mir zum Abschied zu.

Selten habe ich mein erstes Urteil so gern revidiert wie an diesem Tag.

9 Ohne Moos nix los

Der junge Mann, der eben im Bordrestaurant eine
Holunder–Bionade getrunken hat, möge doch bitte
noch mal zurückkommen und bezahlen. Falls er es nicht
tut, sei ihm gesagt: Das reicht für einen DNA–Abgleich!

Natürlich gibt es immer wieder Gründe, weshalb ein Fahrgast keinen gültigen Fahrschein vorweisen kann, und nicht immer ist es böse Absicht. Manchmal tun es die Automaten nicht. Durch irgendetwas (Stau oder Baustelle) kommen Sie erst im letzten Moment am Bahnhof an und können keine Fahrkarte mehr lösen. Sie vergessen aus Versehen Ihre Monatskarte, die Bahncard, Ihr Geld – all das kann passieren, und es wird ganz sicher kein Strafverfahren nach sich ziehen, wenn Sie sich kooperativ zeigen und aktiv auf den Schaffner zugehen und ihm Ihre Situation erklären. Wenn Sie keine Fahrkarte haben, können Sie diese immer noch im Zug nachlösen. Und manchmal drückt ein Zugbegleiter auch schon mal ein Auge zu.

Wie man es nicht machen sollte, das zeigt die folgende Episode. Wir fuhren in München ab, der Zug setzte sich gerade in Bewegung, und meine Tour durch die Wagen begann.

»Wo bekomme ich einen Kaffee?«, wurde ich gefragt.

»Im Wagen 25 ist das Bordbistro, dort bekommen Sie Kaffee«, erklärte ich.

»Wird hier kein Kaffee zum Platz gebracht?« Der Fahrgast schaute mich auffordernd an. »Können Sie mir keinen bringen?«

»Wenn der Kollege vom Speisewagen nicht viel zu tun hat, kommt er sicher gleich durch. Ich verkaufe Fahrkarten, keinen Kaffee.«

»Aber Sie könnten mir doch einen bringen, Sie müssen doch sowieso wieder hier durch!« Er kniff die Augen zusammen.

»Das ist nicht meine Aufgabe.« Ich versuchte freundlich zu bleiben. »Ihre Fahrkarte, bitte.«

»Der Automat war kaputt«, schnauzte er mich plötzlich an, ganz so, als ob ich die Teile konstruiert hätte. »Überhaupt sind diese Dinger eine Zumutung.«

»Ich werde das durchgeben, damit sich jemand um den Automaten kümmert. Haben Sie sich die Nummer aufgeschrieben?«

»Wovon?«

»Von dem Automaten.«

»So weit kommt's noch!«

»Woher soll ich dann wissen, welcher Automat kaputt ist?«

»Das ist doch nicht mein Problem!«

Ich seufzte. Gaaanz ruhig. »Wohin wollen Sie fahren?«

»Na, bestimmt nicht nach Stuttgart, dann wäre ich ja nicht im Zug nach Berlin.«

Äh … hä?

»Also nach Berlin?«

»Sie scheinen eine Blitzmerkerin zu sein!« Er schüttelte missmutig den Kopf.

Ich zählte bis zehn, tippte die erforderlichen Daten in mein Mobiles Terminal. »Brauchen Sie auch eine Rückfahrkarte?«

»Sehe ich so aus, als würde ich nach Berlin ziehen wollen?!« Er wurde immer bissiger. Selbst die anderen Fahrgäste guckten schon komisch. Jetzt nur nicht provozieren lassen, sondern ganz cool bleiben.

»Wann möchten Sie zurückfahren?«

»Das geht Sie nichts an.«

Junge, Junge. Der Typ war aber ein besonders schwerer Fall von Kundenzumutung.

»Also nur die Hinfahrt?«

Er nickte. Okay. Ich nannte ihm den Preis.

»Im Internet war das aber viel günstiger«, echauffierte er sich. »Stecken Sie sich den Rest etwa privat ein?«

Ich schnappte nach Luft, suchte mein Lächeln und fand es zum Glück auch. »Wenn Sie die Fahrkarte im Zug kaufen, müssen Sie auch den Bordpreis bezahlen. Das ist leider etwas teurer.«

Da fast alle auf den umliegenden Sitzen inzwischen unser Gespräch verfolgten, zückte der Mann nun sein Portemonnaie und zahlte zähneknirschend. »Alles Abzocke hier!«

Ich schaffte es, immer noch lächelnd, das Geld entgegenzunehmen, und gab ihm die Fahrkarte. Sogar eine gute Reise wünschte ich ihm – obwohl das glatt gelogen war.

Am Freitag kam Hannes zu uns nach Haus. Er stellte sich meinem Vater vor, hatte Fußballsammelbilder für die kommende WM für Felix dabei und sammelte so bei allen ordentlich Pluspunkte. Dann stiegen wir in seinen Golf.

»Wo fahren wir hin?«, fragte ich.

»Es gibt dieses tolle Restaurant ›Zum alten Bahnhof‹. Kennst du das?«

»Nur vom Hörensagen.«

»Die Speisekarte ist gut, aber noch mehr gefällt mir das Flair. Schließlich haben wir uns ja auch im Zug kennengelernt, da fand ich das passend.«

Ich musste lächeln. Ich hatte ein Date. Ein richtiges echtes Date.

Die Atmosphäre in dem alten Bahnhof war wirklich ganz besonders. Man meinte in der Halle, die jetzt der Gastraum war, die Abschiedsumarmungen und Willkommensgesten vergangener Jahrzehnte spüren zu können. Das Jugendstilgebäude war mit passenden Möbeln eingerichtet worden, ergänzt durch moderne Technik. Da es warm genug war, setzten wir uns in den liebevoll angelegten Biergarten auf dem früheren Bahnsteig. Das erste Gleis war mit Erde aufgefüllt und bepflanzt worden. Eine Buchsbaumhecke trennte diesen Bereich vom zweiten Gleis ab, das von der Regionalbahn noch genutzt wurde. Ich schloss die Augen, meinte das Stampfen der Dampflok zu hören, den schrillen Pfiff der Pfeife. Dort standen sie, die Damen in ihren langen Kleidern, geschnürten Miedern, die Herren in Anzug und mit steifem Hut auf dem Kopf. Am Bahnsteig wurde geweint und gelacht, wie heute. Nur dass es damals vielleicht noch ein wenig aufregender gewesen war, auf Reisen zu gehen.

Doch wir waren im Hier und Jetzt, und das Kribbeln in meinem Bauch kam nicht durch die Gedanken an früher, sondern durch den Mann, der mir gegenübersaß. War dies vielleicht auch ein Aufbruch? Der Anfang einer gemeinsamen Reise in ein Leben zu zweit? Oder eher: zu dritt? Felix war ja auch noch da. Und Hilde und Paps. Also zu fünft? Herrjemine, mit mir war das eher »Ich heirate eine Familie« als »Zwei an einem Tag«.

Ob er mich auch dann noch wollen würde, wenn er mich erst einmal besser kannte? Stellte er sich wirklich eine gemeinsame Zukunft mit mir vor, oder wollte er mich nur ins Bett kriegen? Immer wieder musste ich mir sagen, dass Hannes nicht Alexander war und dass nicht jeder Mann schlechte Absichten hatte. Hannes war nämlich gar nicht so wie Alexander. Er wollte mich nicht künstlich beeindrucken mit irgendwelchem Firlefanz – das hätte er auch gar nicht mehr gekonnt, meine naive Jugendlichkeit hatte ich längst hinter mir gelassen.

Obwohl wir schon einige Male ein Feierabendbier zu uns genommen hatten, waren die Gespräche doch eher oberflächlich gewesen. Es war mehr um die Ereignisse des Tages gegangen, um grundsätzliche Informationen zu unseren Berufen und solche Dinge. Ja, er wusste, dass ich alleinerziehend war, kannte nun auch Felix und Paps – die beiden wichtigsten Männer in meinem Leben. Aber von Hannes wusste ich wenig. Er war Anfang dreißig, und es war schon immer sein Traum gewesen, Polizist zu werden. Er wohnte am Stadtrand von Köln in einer Eigentumswohnung und war nicht liiert. Das hatte er zumindest gesagt. Da war es wieder, dieses Misstrauen, das Alexander verursacht hatte. Mist!

Wir näherten uns langsam an, redeten über uns – nicht über unsere Arbeit. Mir fiel auf, dass Hannes sehr zurückhaltend war, was Informationen über sich anging. Was machte ich nun? Ich wusste ja noch nicht mal, ob er wirklich Single war. Na ja, es war unwahrscheinlich, dass nicht, aber man konnte ja nie wissen.

Ich entschied mich für den Frontalangriff, auch wenn das vielleicht ein riesiger Satz ins Fettnäpfchen sein sollte. »Lebst du eigentlich allein?«, wollte ich wissen.

»Bitte?«

»Na, lass uns doch mal auf den Punkt kommen.« Ich merkte, dass meine Haut im Gesicht spannte, wahrscheinlich lief ich gerade dunkelrot an. »Lebst du mit jemandem zusammen? Bist du in einer Beziehung?«

Hannes lehnte sich zurück und schaute mich nachdenklich an, dann verschränkte er die Arme vor der Brust. »Ich weiß nicht«, sagte er leise.

»Du *weißt* es nicht?«

»Nun, bis vor einiger Zeit hätte ich das mit Ja beantwortet, ich hätte gesagt, dass ich verheiratet bin.«

Ich rang um Fassung. Gleich würde er mir erzählen, dass seine Beziehung gerade in die Brüche ging, unglücklich sei, dass sie sich auseinandergelebt hätten. Waren sie doch alle gleich, die Männer? Es setzte leichte Schnappatmung bei mir ein.

»Ich bin auch verheiratet«, fuhr Hannes leise fort, »irgendwie. Aber dann auch wieder nicht.«

Ich zerknüllte meine Serviette und überlegte, wo ich hier in der Pampa wohl ein Taxi herbekam. Zur Not musste ich eins rufen. Oder laufen. Oder ich fuhr mit dem Zug, Herrgott noch mal!

»So ist das also«, sagte ich und verzog das Gesicht.

»Ich weiß, was du jetzt denkst«, erwiderte Hannes ganz ruhig.

»Ach ja?«, fauchte ich.

»Aber so ist das nicht.«

»Das sagt ihr alle!«

»Jule, wirklich. Hör mir zu, bitte.«

Na klar, jetzt gleich würde Sülz, Gelaber, Rhabarber kommen.

»Vor drei Jahren«, fuhr Hannes fort, offenbar unberührt von meinen wütenden Blicken, »ist meine Frau gestorben. An Krebs.«

Ach.

Du.

Scheiße.

Ich fiel in mich zusammen. Das hatte ich nicht gewusst. Noch nicht einmal geahnt. Wer ahnte schon so was? Plötzlich fiel mir auf, dass ich keine Spucke mehr im Mund hatte.

»Es ging sehr schnell, ein halbes Jahr nur von Diagnose bis zum … nun, zum Ende.« Er schluckte, seine Augen schimmerten. »Ich habe sehr lange gebraucht, um das zu akzeptieren, und mich immer noch als verheiratet betrachtet. Wir haben uns ja nicht getrennt. Wir sind getrennt worden.«

»Das … das tut mir leid«, stotterte ich. »Das ist schrecklich.«

Er nickte. »Ja, das war es. Aber mit der Zeit hat sich dieses Gefühl verändert. Sicherlich empfinde ich immer noch viel für meine Frau – ich liebe sie natürlich. Aber sie ist nicht mehr da. Und ich bin es noch. Lange habe ich gedacht, dass mich nie wieder eine andere interessieren wird.

Daran musste ich denken, als der junge Mann seiner Freundin den Heiratsantrag gemacht hat und ihr sagte, sie sei die Liebe seines Lebens.«

Ich schluckte. Okay, jetzt war alles klar.

Hannes seufzte. »Doch jetzt sitze ich hier mit dir. Und ich finde sehr spannend, was so passiert.«

Es geschieht wirklich nur sehr selten, dass mir die Worte fehlen, aber nun war so ein Augenblick – ich wusste nicht, was ich sagen sollte. Deswegen ließ ich es bleiben. Hannes hatte offenbar gerade Fahrt aufgenommen, und da ich nichts Konstruktives zum Gespräch beitragen konnte, hüllte ich mich in Schweigen.

»Ich habe immer gedacht«, fuhr er fort, »ich finde den richtigen Augenblick, dir das zu erzählen, wenn wir uns nach dem Dienst noch treffen, aber dafür gibt es vermutlich keinen richtigen Augenblick. Also habe ich mich dafür entschieden, dich einzuladen. Du hättest nicht fragen müssen, ich hätte es dir auch so erzählt. Vermutlich. Na ja, eher: hoffentlich. Denn mit Sicherheit hätte ich wieder auf den richtigen Moment gewartet, der nie gekommen wäre. Deshalb bin ich sehr dankbar dafür, dass du es angesprochen hast.« Er holte tief Luft, schaute mich erwartungsvoll an.

Meine Wut war vollständig verraucht, und eigentlich wollte ich ihn jetzt einfach nur in den Arm nehmen. Aber war das nicht ein wenig zu früh? Ach, was soll's. Ich stand auf und tat es. Es war keine leidenschaftliche Umarmung, eher eine freundschaftliche, aber mein Herz tanzte eine Polka, und in meinem Bauch kribbelte es, als ob sich zweitausend Schmetterlinge an einem Fass Waldmeisterbowle besoffen hätten. Wir verweilten einen Moment so, dann setzte ich mich wieder auf meinen Platz.

An diesem Abend redeten wir viel. Hannes erzählte von seiner Ehe, wie er seine Frau kennengelernt hatte, fragte mich über Felix aus. Später brachte er mich nach Hause. Den Vollmond musste er im Internet bestellt haben – wie gemalt hing dieser wagenradgroße Käse am Himmel, fast so, als könnte man ihn berühren. Hannes nahm meine Hand, und wir gingen den gekiesten Weg zum Haus entlang. An der Tür gab es, er war ein Gentleman, ein vorsichtiges Küsschen, dann wartete er, bis ich drin war.

Er würde sich melden, hatte er gesagt. Das glaubte ich ihm. Und alles andere auch. Er sei an mir interessiert, hatte er gesagt. Das klang allerdings ein wenig so, als würde er sich für eine Immobilie begeistern, aber Männer waren in diesen Dingen wohl eher sachlich. Und er wollte es langsam angehen lassen, was prinzipiell ja auch gut war. Einerseits. Andererseits … von der Bettkante hätte ich ihn nur geschubst, um auf dem Boden weiterzumachen.

Seit Alexander hatte ich keine feste Beziehung mehr gehabt. Es hatte ein oder zwei Bekanntschaften gegeben, die mich aber nie wirklich berührt hatten und bei denen, mal abgesehen von ein paar Küssen, nicht viel passiert war. Diese Männer hatten auch nie Felix kennengelernt. Bei Hannes war alles irgendwie anders, und ich glaubte, ich war dabei, mich zu verlieben. Das war schön, aber auch beängstigend irgendwie. Und ich vermute, Hannes ging es damals ähnlich.

Am nächsten Tag, ich war noch ganz in rosaroten Wolken, ging es nach Basel und wieder zurück. Söckchen war zufällig die Zugchefin, und natürlich, als allerbeste Freundin, sah sie sofort, dass etwas war. »Ein Mann?«, wollte sie wissen.

Treffer, versenkt. Ich nickte und grinste breit, wie ein Honigkuchenpferd im 16:9-Format.

»Wer?«

»Kennst du nicht. Er heißt Hannes.«

»Der Polizist? Der, der dich manchmal ins Bordbistro entführt? Der Süße mit den – wie hast du es genannt? – schokoladigsten Augen, die du je gesehen hast? Dieser

Hannes? Von dem du mir dauernd erzählst und dann immer so tust, als würde er dich nicht interessieren? Nee, den kenn ich nicht.«

»Äh ... ja, der.« Ich konnte nicht anders. Ich musste *noch* breiter grinsen.

»Du musst mir alles erzählen. ALLES!«

Das ging natürlich nur etappenweise, weil wir ja auch arbeiten mussten. In Basel hatten wir eine längere Pause, und Söckchen quetschte alle Details aus mir heraus. Ich fühlte mich wie eine frisch gepresste Zitrone, nur dass ich darüber gar nicht sauer war.

Als ich ihr vom Tod seiner Frau erzählte, war Söckchen genauso schockiert wie ich am Abend zuvor. »Das ist ja herzzerreißend!«

»Ja, aber es macht mir auch ein wenig Sorge«, gestand ich. »Weißt du, er liebt sie irgendwie noch. Und eine tote Frau als Konkurrenz, die nie wieder irgendeinen Fehler machen kann, das ist schon eine äußerst schwierige Situation. Ich weiß ja, wie lange Paps gebraucht hat, bis er wieder jemanden in sein Leben gelassen hat.«

»Ja, aber dein Vater hat sich das gründlich überlegt, und als er sich dann entschieden hat, dann war es die richtige Entscheidung für ihn. Und Hannes ist bestimmt auch so.« Söckchen nickte heftig. »Das ist ganz sicher so!«

»Aber er hat mich noch nicht einmal richtig geküsst. Hätte er mich nicht küssen müssen zum Abschied?«

Darüber musste sie nachdenken. »Er will es nicht überstürzen.«

»Möglich. Aber ich hätte ihn so gern geküsst. Weißt du, wie lange mein letzter Kuss zurückliegt? Meine Libido könnte inzwischen auch eine Stadt in Norditalien sein. Oder ein Fleck in der Sahelzone.«

Söckchen lachte. »Das kommt schon alles. Das weiß ich ganz sicher. Oh, ich freu mich so für dich! Das ist alles so perfekt. So toll! Du musst mir noch viel mehr erzählen.«

Da wir an diesem Tag ein Team waren und den Dienst zusammen in Köln beenden würden, hatten wir noch jede Menge Zeit, miteinander zu reden.

Auf der Rückfahrt war der Zug überfüllt. Mir fielen zwei Jugendliche auf, die rote Pullover mit einem weißen Kreuz auf der Rückseite trugen. Schweizer Kinder? Nein, Schweizer Kinder würden so etwas nicht tragen, das waren Touristen. Irgendwie waren die beiden mit ihren auffälligen Pullovern immer vor mir im Wagen und gingen weiter, bevor ich ihre Fahrkarten kontrollieren konnte. Dann verschwanden sie wieder, und ich dachte schon, ich hätte sie übersehen. Kurz darauf waren sie wieder da, sodass ich zwischendurch schon den Eindruck hatte, sie seien eine Fata Morgana. Aber der Zug war wirklich voll, und wahrscheinlich hatten sie keine Platzreservierung, also machte ich mir nichts draus.

Kurz vor Freiburg erwischte ich sie endlich und fragte nach den Fahrkarten. Es waren offenbar Geschwister, ein Mädchen, gerade volljährig, wie ich schätzte, und ein Junge, der vierzehn war. Sie sprachen Deutsch mit osteuropäischem Akzent, aber verständlich.

»Kann ich eure Fahrkarten sehen?«, fragte ich freundlich.

»Wir wollen zu Mutter in Essen.« Der Junge sah mich bittend an, ein Bambiblick wie aus dem Bilderbuch. »Mutter ist krank. Wir müssen zu Mutter.«

Ach je. Eine kranke Mutter. Das war tragisch.

»Also wollt ihr nach Essen und braucht noch ein Ticket?«, fragte ich.

Die beiden nickten.

Ich zückte mein Mobiles Terminal und suchte die Fahrt heraus. »Für euch beide macht das ab Basel bis Essen ...«

»Nein, nein«, sagte das Mädchen hastig.

»Wir haben kein Geld«, fügte der Junge hinzu. »Geben Sie einen Nachlöseschein.«

Hä? Nachlöseschein? Was sollte denn das sein?

»Meint ihr eine Fahrpreisnacherhebung?«

Beide nickten.

»Aber die ist doch viel teurer als ein normales Ticket. 40 Euro Strafe werden da fällig, zusätzlich zum Fahrschein. Wollt ihr nicht lieber ein normales Ticket bei mir lösen?«

»Wir haben kein Geld«, wiederholte der Junge. »Geben Sie uns Nachlöseschein. Wir zahlen. Nächste Woche. Mutter zahlt, oder Onkel. Ganz sicher.«

Nette Idee, dachte ich, aber dafür müsstet ihr eine beglaubigte Adresse in Deutschland haben, an die die Bahn eine Rechnung schicken könnte.

»Habt ihr Ausweise?«

Die beide reichten mir lächelnd ihre rumänischen Pässe. Eine deutsche Adresse war dort nicht vermerkt.

Ich gab ihnen die Pässe zurück. »Das reicht nicht«, sagte ich. »Ihr könnt jetzt hier im Zug bei mir nachlösen, oder ihr müsst eine Bescheinigung über euren gemeldeten Wohnort in der EU vorweisen.«

Niemand sagte etwas. Hatte ich mich unverständlich ausgedrückt? Oder war das Beamtendeutsch doch zu schwer?

»Okay, noch mal von vorn: Habt ihr ein Ticket?«

Kopfschütteln.

»Habt ihr Geld?«

Wieder Kopfschütteln.

Dann habt ihr ein Problem, dachte ich.

»Dann müsst ihr bei der nächsten Station aussteigen. Oder eine Fahrpreisnacherhebung, das heißt den Fahrpreis plus 40 Euro in Kauf nehmen – aber das geht nur, wenn ihr eine gültige deutsche Adresse habt.«

»Mutter ist doch krank«, sagte nun das Mädchen und riss erneut die Augen auf. Um mir zu zeigen, dass sie wirklich keinen roten Heller übrig hatte, zeigte sie mir ihre Handflächen. »Mutter in Essen ist sehr krank.« In ihren Augen schwammen die Tränen.

Verdammt, das würde ich auch gern können, auf Knopfdruck weinen. Mir war nämlich gerade danach zumute. Ich hatte Regeln, an die ich mich halten musste. Kinder, die zu ihrer kranken Mutter wollten, würde ich sofort durchnicken, wenn diese Kinder nicht Worte wie »Nachlöseschein« sagen würden und den Eindruck machten, dies wäre nur eine Masche. Das war kein Notfall, das glaubte ich einfach nicht. Und wenn doch, dafür gibt es staatliche Hilfen – aber das würde die Bahnpolizei ermitteln und in die Wege leiten.

»Wir fahren zu Mutter. Geben Sie uns Stempel und Schein, und wir zahlen, wenn wir zu Hause sind«, sagte nun der Junge und grinste. »Capito?«

Ja, den Plan hatte ich schon verstanden. Funktionierte aber nicht. Wusste ich denn, ob es wirklich eine Mutter in Essen gab?

»Wie lautet denn die Adresse eurer Mutter?«, fragte ich.

Die beiden schauten sich an. Dann mich.

Nee, ich war nicht die Mutter.

Sie zuckten mit den Schultern. »Onkel holt uns am Bahnhof ab. Mutter ist wirklich sehr krank.«

Wenn ich noch einmal hörte, dass die Mutter krank sei …

»Nein, das funktioniert so nicht. Ich brauche ein Ticket. Ihr müsst einen Fahrschein kaufen …«

»Machen Sie einen Stempel in unseren Pass!«, sagte das Mädchen, als wäre das eine Spitzenidee. »Das ist okay. Sie machen Stempel, wir zahlen.«

Ja, klar. Und demnächst konnte ich dann auch stempeln gehen, weil ich nämlich meinen Job los war. Ne, das ging so nicht. Das war ein Pass, und ob ich da irgendeinen Stempel reindrückte oder in Rumänien ein Esel schrie, machte keinen Unterschied. Ich beschloss, die Polizei hinzuzuziehen. Sollten die doch klären, wie das zu handhaben war.

Der Zug fuhr in Freiburg ein, und ich sah die Bahnhofspolizei schon am Bahnsteig warten. Ein älterer Mann hatte

Schwierigkeiten mit seinem Gepäck, ich half ihm – und husch, husch, die Waldfee, waren die beiden Kinder aus dem Zug raus und verschwunden. So ein Ärger! Aber ich war mir sicher, ich hatte die beiden Schlawiner nicht zum letzten Mal gesehen. Es sei denn, ich bildete sie mir wirklich nur ein.

Aber ich behielt recht. Als ich nach Frankfurt Flughafen durch meine Wagen ging, sah ich vor mir die auffälligen Pullover. Die beiden gingen in Richtung Bistro. Offenbar waren sie aus meinem Wagen aus- und weiter vorn am Gleis direkt wieder in den Zug eingestiegen. Na warte. Diesmal würden sie mir nicht entkommen. Ich sagte Söckchen Bescheid, dass sie die Bahnpolizei in Siegburg informieren sollte, und schnappte mir die Kids.

»Mutter ist so krank«, fing der Junge an zu jammern. »Bitte, lassen Sie uns fahren!«

»Diesmal nicht«, sagte ich. »Ihr habt eure Chance gehabt. Und verkohlen lasse ich mich nicht von euch!«

»Wir haben doch kein Geld.« Das Mädchen hatte plötzlich wieder Tränen in den Augen. Es waren jedoch Krokodilstränen, denn als ich mich kurz umdrehte, um einem anderen Fahrgast eine Frage zu beantworten, zwinkerte sie ihrem Bruder zu und zeigte nach hinten.

Das war nun wirklich eine oscarreife Darbietung. Dennoch: So langsam verging mir die gute Laune. Und ich wollte auch nicht ihre Schauspielkünste sehen, sondern einfach einen gültigen Fahrausweis. War das denn so schwer?

»Gebt mir eure Ausweise.«

Sie schauten sich an, als wollten sie überlegen, welchen Ausweg es jetzt noch gab.

Doch da stand plötzlich Hannes neben mir. Er musste in Frankfurt zugestiegen sein. »Ausweise«, sagte er streng. Die beiden sträubten sich ein wenig, rückten dann aber ihre Pässe heraus.

Ich erklärte ihm die Situation, auch, dass seine Kollegen in Siegburg schon informiert seien. So standen wir da, schauten uns an und lächelten. Es war das erste Mal, dass wir uns nach unserem ersten Date wiedersahen. Mein Herz raste. Mein Magen fuhr im Looping Louie eine Extrarunde. Ich hätte ihn so gern geküsst. Seine Gegenwart machte mich ganz … na ja. Aber wir waren im Dienst und irgendwie auch total schüchtern. Gut, dass die beiden Kleinkriminellen das nicht wussten – es wäre ihre Chance gewesen, erneut abzuhauen, wenn sich die Zugbegleiterin im Rausch der Hormone auf den anwesenden Schutzpolizisten gestürzt hätte …

In Siegburg wartete die Polizei am Bahnsteig und nahm die Jugendlichen in Empfang. Hannes stieg mit aus und übergab den Kollegen die Pässe.

Dann ging es endlich weiter.

»Bis wohin musst du fahren?«, fragte mich Hannes.

»Münster. Und zurück nach Köln. Dann ist Schluss für heute.«

»Wann ist das?«

»Wenn alles so pünktlich bleibt, um halb acht.«

Er nickte. Ich musste wieder los, ich war noch im Dienst, auch wenn er schon Feierabend hatte.

In Köln stieg er aus, es gab wieder einen flüchtigen Kuss. Verdammt – ich wollte mehr! Er roch so gut. Die Fahrt nach Münster und zurück absolvierte ich irgendwie, meine Gedanken aber waren bei Hannes.

Dann endlich war der Dienst zu Ende. Wir fuhren in den Hauptbahnhof ein, ich musste noch die Übergabe machen, dann hatte das Leben ein Einsehen und schickte mich in den Feierabend.

Müde lief ich den Bahnsteig entlang. Aber dort, dort vorn – das war doch Hannes? Er hatte sich umgezogen, war nicht mehr in Uniform, aber er war es ganz bestimmt. Zumindest mein Herz war sich dessen sicher, denn es galoppierte ihm bereits entgegen.

Ich ging auf ihn zu, grinste wahrscheinlich grenzdebil, aber glücklich. Er öffnete die Arme, wir zögerten nur kurz, doch dann trafen sich unsere Lippen – und wir küssten uns. Der erste Kuss mit Hannes. Er schmeckte noch besser, als er roch, und plötzlich hatte ich das Gefühl, angekommen zu sein. Hier. An Gleis 7. Mitten in Köln. War ich also endlich auch eines dieser knutschenden Bahnhofspärchen geworden.

10 Gelegenheit macht Diebe

*Falls sich ein Bundespolizist im Zug befindet: Wir
haben noch Kundschaft für Sie in Wagen 4.*

Die Zahl der Diebstähle auf Bahnhöfen und in Zügen
nimmt stetig zu. Nach Aussage der Polizei werden die
Langfinger dabei immer dreister und arbeiten oft sogar in
Gruppen zusammen. Das Gedrängel beim Ein- oder Ausstieg nutzen viele Taschendiebe, um die Geldbörse, das
Handy oder sogar ein Gepäckstück mitgehen zu lassen.
Eine andere Methode ist es, einzusteigen, sich einen Koffer oder eine Tasche zu nehmen und direkt wieder auszusteigen. Meist bemerkt der Bestohlene den Diebstahl erst,
wenn der Zug schon angefahren ist – oder erst noch viel
später.

Der junge Mann, der an einem Tag im November zu uns in
den Zug stieg, trug eine Brille mit Gläsern so dick wie Glas-
bausteine und wirkte sehr unbeholfen. Am Griff an seinem
Koffer war eine Laptoptasche befestigt. Außerdem hatte er
noch einen Rucksack bei sich. Den Koffer ließ er am Ein-
gang des Großraumwagens stehen, die Laptoptasche um-
klammerte er, als sei sie ein Rettungsring. Unsicher zeigte
er mir seine Fahrkarte mit der Platzreservierung.

»Ich fahr zum ersten Mal allein«, gestand er und wirkte
plötzlich viel kindlicher, als der Bartflaum vermuten ließ.
»Nach Hause. Zu Mama und Papa. Ich wohne seit ein paar
Wochen hier in einem Wohnheim. Aber jetzt darf ich sie
besuchen.«

»Soll ich Ihnen Ihren Platz zeigen?«

»Au ja.« Er strahlte mich offen an.

Ich brachte ihn zu seinem Sitz und sah auch im Laufe der Fahrt immer wieder nach ihm. Mindestens fünf Mal fragte er mich, ob er schon aussteigen müsse, doch ich konnte ihn beruhigen.

Hoffentlich, dachte ich, holt ihn jemand am Hamburger Hauptbahnhof ab. Denn ich konnte mir gut vorstellen, dass er sich ansonsten dort verirren würde. Rechtzeitig vor Hamburg, noch bevor die Durchsage kam, gab ich ihm Bescheid.

Er sah sich nach seinen Sachen um. »Wo ist meine Tasche?«

»Die haben Sie vorn abgestellt«, sagte ich.

»Aber meine Tasche nicht!«

»Sie meinen den Laptop?«

Er sah mich verzweifelt an.

Wir hasteten nach vorn zum Gepäckfach. Da stand sein Koffer – aber der Laptop war natürlich nicht da. Den hatte er ja auch bei sich am Platz gehabt. Doch dort war er auch nicht. Der junge Mann suchte den Zweiersitz ab, aber mir war gleich klar, jemand hatte den geklaut.

»Ich hatte ihn immer hier bei mir am Sitz«, jammerte er. »Die ganze Zeit.«

»Sind Sie zwischendurch einmal aufgestanden?«

Er überlegte. »Ich war nur einmal kurz …« Er senkte verschämt den Kopf und zeigt in Richtung Toilette.

Gelegenheit macht Diebe, und das war so eine Gelegenheit gewesen. Mir tat der arme Kerl sehr leid, und ich merkte, dass er mit der Situation völlig überfordert war. Deshalb informierte ich schnell die Bundespolizei und bat sie, zum Gleis zu kommen, auf dem wir einfahren würden.

Der Zug traf im Bahnhof ein, und der junge Mann weinte haltlos. Ich konnte ihn nicht trösten, ich konnte ihn nur in den Arm nehmen. »Werden Sie abgeholt?«, fragte ich ihn mehrfach, aber er konnte gar nicht antworten, so sehr schluchzte er.

Die Bundespolizei stand schon am Gleis. Ich half dem armen Kerl mit seinem Koffer nach draußen, zum Glück waren auch seine Eltern dort. Sie waren ganz entsetzt, als sie ihren aufgelösten Jungen in die Arme schlossen.

»Ist etwas passiert?«, fragte der Vater.

»Er ist leider bestohlen worden. Sein Laptop«, antwortete ich.

»Wo?«, wollte einer der Polizisten wissen.

»Irgendwo zwischen Osnabrück und hier. Wir haben es leider gerade erst bemerkt. Ich vermute, dass der Dieb schon längst ausgestiegen ist. Ich habe nichts gesehen, tut mir leid.« Dann musste ich wieder in den Zug.

Als ich abends zu Hause war, rief ich Hannes an und erzählte ihm von dem Zwischenfall. Ich hatte immer noch einen fetten Kloß im Hals und wurde traurig, wenn ich an den armen jungen Mann dachte.

»Das ist wirklich schrecklich«, sagte Hannes. »Aber Jule, du kannst nicht die Welt retten.«

»Will ich auch gar nicht«, erwiderte ich trotzig. Irgendwie hätte ich es ja doch gern getan … Wenn ich nur gewusst hätte, wie.

»Doch«, er lachte leise. »Das willst du. Die Welt retten und es allen recht machen. Aber das geht nicht. Auch nicht für Bahnreisende. Für die schon gar nicht.« Er seufzte. »Auf euch wird so geschimpft, macht dir das nichts aus?«

Ich überlegte. »Doch, manchmal. Aber das kann ich gut verdrängen. Ich bin nicht die Bahn. Ich versuche meinen Job so gut wie möglich zu machen, meine Kollegen auch. Die meisten zumindest.«

»Du bist nicht die Bahn, und ich bin nicht die Bullen. Ich kenn das. Dieses Gefühl, dass dich alle irgendwie hassen. Ein blödes Gefühl.«

»Aber so erlebe ich das gar nicht. Jedenfalls nicht immer. Und wenn mich jemand doof anmacht, höre ich gar nicht so genau hin.«

Oder ich griff auf den Comic-Sprechblasentrick zurück. Oder stellte mir die Leute nackt vor. Oder in einem Hasenkostüm. Ach, es gab so viele Möglichkeiten, wie man sich zur Wehr setzen konnte, ohne laut werden zu müssen.

»Das ist eine gesunde Einstellung.« Hannes schwieg. »Wann sehen wir uns wieder?«, fragte er dann leise.

Sofort, rief alles in mir. Jetzt! Ich wollte ihn spüren, riechen, fühlen, hören – nicht nur durchs Telefon. Wir trafen uns mittlerweile, so oft es ging, aber durch seine und meine Dienste leider nicht so häufig, wie ich es mir gewünscht hätte.

Zu meiner großen Erleichterung verstand sich Hannes ganz wunderbar mit meinem Sohn. Es war natürlich am Anfang ein wenig schwierig für Felix, dass da plötzlich noch jemand anderes war. Ein dritter Mann in meinem Leben. Aber inzwischen genoss er die gemeinsamen Unternehmungen mit Hannes und mir, und manchmal steckten die beiden die Köpfe zusammen, als würden sie sich seit Jahren kennen. Dann wusste ich immer, gleich stellen sie wieder irgendetwas an – und war gleichermaßen überglücklich, endlich so etwas wie ein normales Familienleben zu haben.

Es ging auf Weihnachten zu. Draußen wurde es immer kälter und dunkler, was insbesondere am Morgen in der Früh und am Nachmittag, wenn ich von der Schicht nach Hause fuhr, etwas frustrierend war. Im Dunkeln zur Arbeit gehen und im Dunkeln nach Hause kommen, das schlägt auf Dauer aufs Gemüt. In Skandinavien könnte ich deswegen niemals leben.

Als ich an diesem Nachmittag in den Zug einstieg und meinen Rollkoffer neben mir nach oben hob, spürte ich plötzlich einen heftigen Stich im Rücken. Links unten, auf

Höhe der Nieren. Verdammt, was war das? Ich ging zum Dienstabteil – nein, eigentlich schlich ich dorthin. Hoffentlich hatte ich mir nur einen Muskel verzogen, und es gab sich gleich wieder.

Ich versuchte mich zu bewegen und meine Muskulatur zu lockern, aber keine Chance. Mein Rücken fühlte sich an, als hätte ein Messerkünstler aus Versehen seine Werkzeuge in mir stecken lassen. Es zerrte und zog, pulsierte und stach, dass mir angst und bange wurde. Wir fuhren los. Ich konnte mich weder bücken noch setzen, auch laufen ging kaum noch. Was sollte ich denn jetzt machen?

»Das ist ein erstklassiger Hexenschuss«, meinte Fred, der heutige Zugchef. »Das passiert oft in der kalten Jahreszeit, wenn man sich verhebt.«

Vermutlich hatte er recht. Mist! Ich konnte nur gerade stehen, alles andere trieb mir Tränen des Schmerzes in die Augen. Es half nichts. Wenn ich jetzt ausstieg, musste ich erst einmal eine passende Verbindung zurück suchen, und eine Gastfahrt stehend im Wagen zu verbringen, stellte ich mir nur wenig besser vor, als in diesem Zug zu bleiben. Stehend. Wie eine Statue im Museum. Himmel, kam ich mir albern vor. Und wenn ich nicht solche Schmerzen gehabt hätte, ich hätte die Situation glatt komisch finden können.

Da ich nicht in der Lage war, durch die Wagen zu gehen, übernahm Fred meine Wagen. Ob ich einen Arzt ausrufen lassen sollte? Aber was sollte der machen? Mich bemitleiden? Bei einem Hexenschuss, das wusste ich von Hilde, half nichts außer Schmerzmittel. Und die würde selbst ein medizinisch versierter Passagier wohl nicht dabeihaben.

In Hannover hatten wir Pause. Fred flitzte in die Bahnhofsapotheke, besorgte mir Rheumasalbe und Wärmepflaster und verarztete mich liebevoll. »Du musst dich dehnen, hat die Apothekerin gesagt.«

»Dehnen?!«

Still stehen kam schon einem Wunder gleich. Und nun auch noch Stretching-Übungen?

»Am besten sogar laufen und dabei die Rückenmuskulatur lockern.«

Na klar. Wie wäre es mit einem Purzelbaum?

»Wir wollten morgen mit Felix schwimmen gehen«, jammerte ich. »Oder in den Zoo.« Das hatten wir ihm schon so lange versprochen. Mein Sohn würde mich umbringen, wenn ich das absagte. Na ja, würde es wenigstens mein Rücken nicht tun …

»Ich fürchte, das kannst du vergessen. Du hast einen Hexenschuss, wenn nicht sogar Schlimmeres.«

»Schlimmeres?«

Was, in aller Welt, konnte noch schlimmer sein?

»Ein Bandscheibenvorfall, zum Beispiel.«

Gott bewahre. Ich konnte wirklich nur stehen, lehnte mich an die Wand und hoffte, dass der Tag schnell ein Ende nahm. Unser Zug fuhr wieder zurück, dem Feierabend entgegen. Mit jedem Meter, den wir über die Gleise jagten, meinte ich, dass die Schmerzen schlimmer wurden. Ich konnte noch nicht einmal mehr die Ansagen machen, also übernahm Fred das wieder.

Doch dann hielten wir plötzlich kurz nach Hamm wieder an. Na super.

Fred machte eine Durchsage. »Liebe Fahrgäste, wir haben außerplanmäßig angehalten. Ich weiß aber nicht, warum. Mit mir redet keiner!«

Ich musste kichern – obwohl das fürchterlich wehtat. Fred war ein Zugchef der ganz alten Schule und sehr lustig. Immer wieder machte er Ansagen, die den halben Zug zum Lachen brachten. Einmal zum Beispiel hatte er durchgesagt: »Nächster Halt: Essen. Ach ja, Essen. Kriegen Sie im Bordrestaurant, Wagen 11.« Und ein andermal hatte er meine Kollegin Angela mit einer geröchelten Version des

Rolling-Stones-Klassikers »Angie« zu sich in das Dienstabteil gebeten. Das hatte stehende Ovationen im Zug gegeben und für einige hundert Kilometer für sehr gute Laune gesorgt.

Es dauerte gut zwanzig Minuten, bis wir von Fred endlich erfuhren, was los war. Die Strecke war wegen Kabeldiebstahl vorläufig gesperrt. Es waren wohl von den Tätern diverse Leitungen an der Bahntrasse zerschnitten worden, um festzustellen, ob es Kupferkabel waren, denn die lohnten sich. Leider hatten sie dabei auch ein Lichtwellenkabel zerschnitten, das für sie völlig wertlos war, aber für die Bahn essenziell, denn darüber lief die Kommunikations- und Steuerungstechnik. Wegen der zerstörten Kabel konnten die Weichen und Signale auf der Strecke nicht mehr bedient werden.

»Meine Damen und Herren, wir sitzen hier noch ein Weilchen fest. Freunden Sie sich also schnellstmöglich mit Ihrem Sitznachbarn an und genießen Sie die Stunde, die Sie auf dieser Fahrt zusätzlich für Ihr Geld bekommen. Falls wir irgendwo noch irgendeinen Zug erreichen sollten, würde ich noch mal Bescheid sagen.«

Das war etwas, was ich an Fred bewunderte. Egal, wie aussichtslos die Lage, wie frustriert die Gäste und wie nervig die Warterei war, er verlor nie seine gute Laune. Das übertrug sich automatisch auf die Passagiere, die sich über den jovialen Herrn, der sie in regelmäßigen Abständen mit flotten Sprüchen über die Lautsprecher unterhielt, zu amüsieren schienen.

Es dauerte eine geschlagene Stunde, bis die Fahrdienstleitung und das Notfallmanagement beschlossen, dass wir zurück in den letzten Bahnhof nach Hamm fahren mussten.

»Sehr geehrte Fahrgäste«, verkündete Fred in immer noch bester Stimmung, »es wird Sie freuen zu hören, dass wir in wenigen Minuten wieder fahren werden.«

Allgemeine Rufe der Erleichterung waren zu hören.

»Es wird Sie weniger freuen zu hören, dass wir nicht vorwärts-, sondern rückwärtsfahren werden.«

Ein frustrierter Seufzer aus Hunderten von Kehlen erklang.

»Ich kann Ihren Ärger verstehen. Wer will schon zweimal am Tag nach Hamm? Dort haben Sie die Möglichkeit auszusteigen. Oder Sie bleiben noch ein Weilchen bei uns an Bord und wir überlegen gemeinsam, wohin die Reise geht.«

Keiner von uns wusste genau, ob es die Möglichkeit einer Streckenumleitung gab und ob dieser Zug weiterfahren würde. Ich hätte heulen können, na ja, und weil ich nun schon so demoralisiert war, heulte ich tatsächlich. Wie ein Schlosshund. Ich hatte fast unerträgliche Schmerzen, konnte nur stehen, und wie lange ich dazu noch in der Lage war, das wusste ich ganz ehrlich nicht.

»Jule, ich werde einen Arzt rufen«, sagte Fred besorgt.

»Das brauchst du nicht«, schniefte ich verzweifelt. »Ich sterbe. Wirklich! Ich brauche wahrscheinlich nur noch einen Bestatter.«

Wir rollten langsam in den Bahnhof von Hamm zurück, und inzwischen war klar, dass wir umgeleitet werden konnten. Alle, die nach Westen wollten, mussten hier aussteigen und einen anderen Zug nehmen – die anderen, die in Richtung Süden wollten, konnten bleiben.

Dieser Tag zog sich endlos und wie Sirup, er wollte einfach kein Ende nehmen. Nach einer weiteren Stunde der Qual, die ich dank reiner Willenskraft und zahllosen weiteren blöden Sprüchen von Fred überstand, konnten wir endlich über eine Umleitung nach Wuppertal und dann nach Köln fahren. Mit dreistündiger Verspätung kamen wir schließlich an.

»Meine Damen und Herren«, sagte Fred zum Schluss, »wir haben uns von Station zu Station dahingeschleppt, und Sie haben tapfer durchgehalten, ohne mein Dienstabteil zu entern. Dafür bedanke ich mich aufrichtig. Einen schönen Abend und eine gute Nacht.«

Auf dem Bahnsteig wartete schon Paps, der mich sofort in die Ambulanz brachte. Es war tatsächlich nur ein Hexenschuss und kein Bandscheibenvorfall. Eine schmerzlindernde Spritze half mir, dann fiel ich wie tot ins Bett. Es tat so gut, liegen zu können.

Natürlich hatte ich auch Hannes angerufen. Er kam noch vorbei und kümmerte sich rührend um mich. Dieser Mann war ein Geschenk des Himmels, und ich hatte nicht vor, ihn wieder gehen zu lassen. Na ja, wenn er es versucht hätte, ich hätte mich ihm gerade nicht in den Weg stellen können – ich war ja mehr oder weniger ausgeschaltet. Am nächsten Tag ging er mit Felix ins Spaßbad, während ich eine lange DVD-Session einlegte. Liegen konnte ich schließlich, ich würde sogar sagen, dass ich es in den kommenden Tagen darin zu wahrer Meisterschaft brachte. Denn so lange hatte ich mit dem Hexenschuss zu tun.

Auf die Frage vom Arzt, warum ich denn nicht sofort eine Praxis aufgesucht hätte, verdrehte ich nur die Augen. »Ich war in einem Zug«, erklärte ich ihm. »Und dieser hatte wegen technischer Defekte Verspätung. Ich kam da nicht raus.«

»Ja, ja«, seufzte er. »Die Deutsche Bahn. Verspätungen und technische Defekte, ein Zeichen des schlechten Managements.«

Nein, so war das nicht! Der Diebstahl von Kabeln und Metallteilen hat der Deutschen Bahn 2012 viertausend Stunden Verspätung eingebracht. Der dadurch angerichtete Materialschaden betrug 17 Millionen Euro. Dafür kann die Bahn doch nichts. Auch nichts für die Verspätungen, die nun einmal eintreten, wenn Material geklaut und die Sicherheit der Fahrgäste somit nicht mehr gewährleistet ist. Kabelklau ist kein Kavaliersdelikt. Dass sich die Metalldiebe bei ihrem Beutezug auch selbst in Gefahr bringen, ist ihnen wahrscheinlich nicht klar. Bei einigen Personenunfällen wurden neben den verunglückten Körpern auch Werkzeuge wie Metallschneider und Kupferkabel gefunden.

Mittlerweile vergeht kaum noch ein Tag, an dem nicht irgendwo in der Republik Kupferkabel, eiserne Mastverankerungen oder gar komplette Schienen geklaut werden. Der Schaden für die Bahn geht in die Millionen. Inzwischen wird künstliche DNA bei den Metallen eingesetzt, um die Spuren des Diebesguts zu verfolgen. Dabei werden sowohl der Kabelmantel von außen als auch die Kabelseele unterhalb des Mantels selbst markiert. Damit wird es für die potenziellen Täter unmöglich herauszufinden, welche Kabel markiert sind und welche nicht.

Hildes Habseligkeiten sind leider nicht mit künstlicher DNA markiert, deswegen wurde sie neulich auch bestohlen. Sie fuhr von Köln nach Paris, um dort eine Freundin zu besuchen. Paps brachte sie zum Zug, half ihr mit dem Koffer und stieg rechtzeitig wieder aus, bevor der Zug losfuhr. Eine knappe Stunde später hatte er die aufgelöste Hilde am Handy. Sie war kurz im Bordbistro gewesen, um sich einen Kaffee zu holen. In dieser Zeit war ihr Koffer gestohlen worden. Obwohl sie sich an ihre Banknachbarin gewandt hatte und auch die Bahnpolizei eingeschaltet wurde, konnte der Dieb leider nicht ermittelt werden. In dem Koffer befanden sich nur Hildes Wäsche und einige persönliche Dinge von geringem finanziellem Wert. Bargeld und Ausweis trug sie zum Glück in ihrer Handtasche bei sich. Dennoch machte ihr der Verlust der alten Fotos zu schaffen, die sie mitgenommen hatte, um mit der Freundin zusammen in Erinnerungen zu schwelgen.

Offensichtlich hatte der Dieb ein Herz – zumindest mehr als Verstand. Eine Woche nach dem Diebstahl fand Hilde einen Umschlag in der Post, in dem die Fotos waren. Und auf dem sie eine Überraschung fand: Der Dieb hatte pflichtbewusst seine Adresse auf dem Briefumschlag vermerkt. Das freute vor allem die Polizei, denn in seiner Wohnung wurde nicht nur Hildes Koffer, sondern auch noch anderes Diebesgut gefunden. Ehrlich währt nun mal am längsten – vor allem hinter schwedischen Gardinen.

11 My Bahn is my Castle

*Wir haben in diesen Zug sechs Türen
einbauen lassen, bitte nutzen Sie alle.*

Wenn einer eine Reise tut, so kann er was erleben, heißt
es. Zum Teil trifft das auch für uns Zugbegleiter zu. Nachtfahrten sind allerdings nicht so spannend, weil die meisten Fahrgäste schlafen. Ich arbeite dennoch gern in diesen
Zügen mit Schlaf- oder Liegewagen. Mit ihnen kann man
lange Strecken ohne viele Zwischenhalte zurücklegen. Ich
mag die Nachtfahrten, weil sie so schön ruhig sind. Wir
Zugbegleiter sitzen dann oft in unserem Dienstabteil und
reden.

Auf einer Nachtfahrt von Basel nach Hamburg hatte
mir Söckchen, die die Zugchefin war, die zweite Klasse zugeteilt. Schon als ich die Tür zu dem ersten Abteil öffnete,
fiel mir die Sackkarre auf, die neben der Tür stand und auf
der vier Taschen festgeschnallt waren. Die zwei Frauen, die
es sich in dem Abteil gerade gemütlich machten, musterten
mich skeptisch.

»Die Fahrkarten bitte.«

Die eine Frau musste schon älter sein, ich schätzte sie
auf sechzig. Genau konnte ich es aber nicht sagen, da sie
sehr verhärmt aussah. Sie trug eine zerrissene Jeans, allerdings keine modischen Löcher, wie man das so kennt, sondern mit aufgerissenen Nähten. Ihre Jacke, eine alte Armeejacke, hatte sie ordentlich aufgehängt. Auch die hatte schon
deutlich bessere Tage gesehen. Der grüne Wollpullover, den
sie trug, wirkte zerschlissen, war aber sauber.

Die Frau ihr gegenüber sah aus wie eine jüngere Kopie

von ihr. Beide hatten krause Haare, die ältere in Grau, die jüngere in Mausbraun. Auch die Jüngere war im Besitz einer Armeejacke, die sie nun auszog.

»Die Fahrkarten?«, fragte ich noch einmal.

Die beiden Frauen schauten mich missmutig an. Dann griff die Ältere in eine Handtasche, zog ein Portemonnaie heraus und reichte mir eine Bahncard. Die Jüngere tat es ihr gleich. Die beiden besaßen je eine gültige Bahncard 100, zweiter Klasse.

Das war eine kleine Sensation. Es gibt drei Bahncard-Typen in Deutschland: Bahncard 25, Bahncard 50 und Bahncard 100. Mit Letzterer kann man ohne weitere Kosten beliebig viele Fahrten mit der Deutschen Bahn unternehmen. Die Karte selbst gilt dabei als Fahrschein – ein separates Ticket ist nicht nötig. Für die zweite Klasse kostet die Bahncard 100 4.090 Euro, sie ist eigentlich nur für Berufspendler und absolute Vielfahrer interessant. Damit sich diese Bahncard lohnt, muss man mindestens für 340 Euro im Monat Bahn fahren. Das leisten sich nur die wenigsten. Noch weniger gönnen sich die Bahncard 100 in der ersten Klasse. Für sie sind 6.890 Euro fällig oder, umgerechnet pro Monat: 639 Euro.

Erstaunt kontrollierte ich die Bahncards, aber sie waren gültig. Die Fotos zeigten die beiden Damen, auch wenn sie auf den Bildern die Haare ordentlicher hatten.

»Gültige Karte«, sagte die ältere Frau mit amerikanischem Akzent und schnaubte. »Sie muss nicht so gucken.«

Sie hatte recht. Mir stand es nicht zu, meine Verwunderung darüber zu zeigen, wer sich eine Bahncard 100 leisten konnte und wer nicht. Ich gab die Bahncards zurück und verließ, immer noch sprachlos, das Abteil.

»Da sind zwei Frauen in der zweiten Klasse«, erzählte ich den Kollegen, nachdem ich meine Runde beendet hatte. »Die sehen aus, als seien sie obdachlos. Aber sie haben beide eine gültige Bahncard 100. Unglaublich.«

»Die kosten doch über viertausend Euro«, sagte nun auch mein Kollege Lars verdutzt. »Bist du dir sicher, dass sie sie nicht gestohlen haben?«

»Die Fotos stimmen.«

»Die beiden Frauen?«, sagte Söckchen und grinste. »Die kenne ich schon. Ja, ich habe, als ich sie das erste Mal traf, genauso ungläubig geguckt wie du, Jule. Aber die Karten sind echt.«

»Du bist ihnen schon mal begegnet?«

»Mehrfach. Meistens auf den Nachtzügen. Sie fahren immer kreuz und quer durch Deutschland. Auf der Nord-Süd-Strecke sind sie wohl oft.«

»Aber wohin fahren sie denn?« Ich hatte nicht begriffen, was das Durchqueren von Deutschland für einen Sinn ergeben sollte.

»Sie fahren, weil sie keine Bleibe haben, verstehst du? Es ist ihnen anscheinend egal, wohin sie kommen.«

Ich musste darüber nachdenken. »Du meinst, sie fahren mit dem Zug, weil sie wirklich obdachlos sind?«

»Ja, davon gibt es einige. Da ist zum Beispiel dieser Typ, er fährt oft von Berlin bis München und wieder zurück. Er hat auch eine Bahncard 100, die kauft ihm jedes Jahr seine Familie. Er ist schizophren oder so, aber eigentlich ein ganz Lieber. Spricht eben nur immer mit jemandem, der gar nicht da ist.«

»Was macht er denn in München?«, will ich wissen.

»Keine Ahnung. Jedenfalls fährt er ein paar Tage später immer wieder zurück nach Berlin. Und dann wieder nach München«, sagte Söckchen. »Er hat stets seinen imaginären Kumpel dabei. Der hat sogar einen Namen.« Nachdenklich legte sie die Stirn in Falten. »Hugo oder so. Er hat sich schon mal bei mir entschuldigt, weil Hugo nie eine Fahrkarte hat. Ich habe ihm erklärt, dass Hugo keine braucht, solange er keinen Platz besetzt. Das schien ihn beruhigt zu haben.« Dann schüttelte sie den Kopf. »Manchmal kommt ein Angehöriger und sammelt ihn ein. Er muss regelmäßig zum Arzt und braucht wohl Tabletten, die er aber nicht immer nimmt. Dann kommt er für ein paar Tage oder Wochen in eine Klinik und wird neu eingestellt. Kurze Zeit später ist er aber wieder auf der Bahn.«

»Du meinst, diese Leute fahren mit der Bahn, anstatt sich eine Wohnung zu nehmen?« Lars schüttelte den Kopf.

»Für die Familien ist es billiger, viertausend Euro auf den Tisch zu legen, als eine Wohnung zu finanzieren, die mit Nebenkosten, Einrichtung und so weiter wesentlich teurer als dreihundertfünfzig Euro im Monat ist. So hat mir das zumindest der Verwandte von dem Hugo-Typ erklärt. Wieso die beiden Frauen lieber Zug fahren, als sich eine Wohnung zu mieten, weiß ich nicht. Meistens fahren sie zwischen Hamburg und Basel. Das geht schon ein paar Jahre so. Ich habe sie zwar auch schon auf anderen Strecken getroffen, aber das scheint ihre Hauptroute zu sein.«

Mich stimmte das ganz traurig, denn da steckte sicher eine tragische Geschichte dahinter. Dank der Bahncard konnten sie immer und überallhin fahren. Nachtzüge waren fast nie ausgebucht. Morgens kamen sie irgendwo an und liefen mit ihren Taschen auf der Sackkarre durch die Stadt. Vielleicht verbrachten sie eine Zeit dort, um dann eines Abends wieder in den Nachtzug zu steigen und bis ans andere Ende von Deutschland zu fahren …

Aber Moment mal. Das klang ja fast wie mein Leben!

Ein paar Wochen später fuhr ich wieder mit dem Nachtzug und traf auf einen jungen Mann. »Wir müssen der Dame unsere Fahrkarte zeigen«, sagte er zu jemandem, den offenbar nur er sehen konnte. »Hast du sie?« Er wühlte in seiner Tasche, zog dann die Bahncard hervor. »Nein, ich habe sie. Bitte schön, gnädige Frau.«

Ich nahm die Karte entgegen und bedankte mich höflich.

»Passen Sie auf«, sagte er. »Stolpern Sie nicht über Hugos Füße. Hugo, nun setz dich doch mal ordentlich hin.«

Ah! Der war das. Komisch, als Söckchen mir davon erzählt hatte, war ich von einem Spinner ausgegangen, einem Typen, dem man den Wahnsinn drei Meter gegen den Wind ansah. Aber dieser freundliche Kerl wirkte alles andere als durchgeknallt. Er machte einen ausgeglichenen Eindruck, bis auf seinen Hugo schien gar nichts Verrücktes an ihm zu sein.

Ich spielte das Spiel mit und stieg über die Beine des eingebildeten Freundes und wünschte den beiden eine gute Fahrt. Der junge Mann zwinkerte mir zu und fing dann eine lebhafte Diskussion mit Hugo an, deren Inhalt ich aber leider nicht mehr mitbekam.

Noch aufregender war eine Fahrt, die ich kurze Zeit später unternahm. Denn dadurch kam es für mich zu einer ungewollten Gastfahrt auf dem Nachtzug. Meine Tour an dem Tag sollte mit dem ganz normalen ICE nach München und zurück gehen. Der Dienst begann nachmittags, mit dem letzten Zug sollte ich wieder in Köln sein. Hannes würde mich abholen und nach Hause bringen. Dieses Wochenende wollten wir endlich mal wieder gemeinsam verbringen und Samstagfrüh nach Brühl ins Fantasialand fahren. Felix war schon ganz aufgeregt.

Es regnete ununterbrochen und wollte den ganzen Tag über nicht so richtig hell werden, ich hoffte sehr, dass das Wetter morgen besser sein würde, denn sonst würde unser Ausflug ins Wasser fallen. Als wir den Ulmer Bahnhof in Richtung Augsburg verließen, war noch alles gut. Doch dann gab es plötzlich einen lauten Knall. Ich kontrollierte gerade die Fahrkarten der zugestiegenen Gäste in Wagen 32, als von einer Sekunde auf die andere alle Lichter ausgingen. Der Zug wurde immer langsamer und blieb dann stehen. Alles schien ausgefallen zu sein.

Dann knackte es in den Lautsprechern, und der Zugchef meldete sich. »Meine sehr verehrten Damen und Herren, ich kann Sie beruhigen: Wir sind nirgendwo gegengefahren. Wir sind auch nicht falsch abgebogen. Wegen eines technischen Defekts verzögert sich die Weiterfahrt. Wir bitten dies zu entschuldigen.«

Ein technischer Defekt – das konnte eigentlich alles heißen. Aber dann gingen zum Glück die Lichter wieder an. Doch der Zug bewegte sich noch immer nicht.

»Was ist denn los?«, wurde ich von allen Seiten gefragt.

»Ich weiß auch nicht mehr als Sie«, antwortete ich lächelnd.

Ein paar Minuten später meldete sich der Zugchef erneut. »Meine Damen und Herren, der Stromabnehmer auf Wagen 31 ist defekt, die Weiterfahrt wird sich um unbestimmte Zeit verzögern.«

Es war kurz ruhig, dann sagte er weiter: »Damit Sie nicht zu lange rätseln müssen, worum es sich dabei handelt: Der Stromabnehmer sieht aus wie ein großer Drahtbügel und befindet sich oberhalb des Zuges. Dank ihm wird der Zug über die Oberleitungen mit Energie versorgt. Leider ist er beschädigt. Klingt komisch, ist aber so. Ich melde mich wieder, wenn ich mehr in Erfahrung gebracht habe. Wir danken für Ihr Verständnis.«

Verständnis der Fahrgäste gab es wenig, mehr Gemurre. Mir passte die Verspätung auch nicht. Nach Dienstplan sollte ich den letzten Zug von München nach Köln zurück nehmen.

Dann hatte ich endlich den Zugchef am Telefon. »Der Stromabnehmer auf Wagen 31 ist beschädigt«, seufzte er. »Die Notfallleitstelle wurde schon informiert. Wir haben jetzt den zweiten Stromabnehmer angeschlossen, damit wir wenigstens Saft haben.«

»Gibst du das noch einmal durch?«, bat ich ihn. Wir verabredeten uns in ein paar Minuten im Dienstabteil. Dort teilte er uns dann noch mit, dass die Strecke aufgrund unseres Zugs gesperrt worden war. Er und der Lokführer würden aussteigen und einen Kontrollgang am Zug entlang machen.

»Kriegen wir jetzt Freigetränke?«, fragte mich ein Mann, als ich wieder zurück in den Großraumwagen kam.

»Äh … warum?«

»Weil wir stehen geblieben sind.«

»Nein. Es ist ja nicht heiß. Das Bordbistro ist aber geöffnet, Sie können vorgehen und sich ein Getränk kaufen.«

»Ich will mir nichts kaufen. Ich will ein Freigetränk. Die Klimaanlage geht durch den Stromausfall nicht.«

»Es ist September. Wir brauchen keine Klimaanlage.«

»Aber sie geht nicht.«

Ich seufzte. »Sie muss auch nicht gehen. Es ist weder zu warm noch zu kalt. Ich kann Ihnen deswegen leider kein Freigetränk versprechen.«

»Blöde Bahn!«, maulte er und verzog sich.

Der Zug bestand aus zwei getrennten Teilen, von Wagen 31 bis 38 und von Wagen 21 bis 28. Man muss sich das wie zwei unabhängige ICEs vorstellen, die aneinanderkleben. Das heißt auch: Es war nicht möglich, den Zug von hinten nach vorn einmal zu durchqueren, man musste am Verbindungspunkt den Zugteil wechseln. Ich befand mich mit Gregor und zwei weiteren Kollegen im hinteren Teil, der beschädigt war. Es dauerte nicht lange, bis feststand, dass wir damit auf keinen Fall weiterfahren konnten – unser Stromabnehmer war abgerissen.

Der Einsatzleiter des Notfallmanagements und die Feuerwehr berieten sich. Es dauerte eine ganze Weile, bis beschlossen wurde, dass die Fahrgäste in den unbeschädigten ersten Zugteil evakuiert werden sollten. Dazu hatten wir Notfallleitern an Bord, die an den Zug angestellt werden konnten. Die Leitern waren steil, und die ganze Sache barg ein nicht unerhebliches Unfallrisiko. Es nützte aber nichts, wir würden evakuieren müssen. Der Zugchef sagte uns, dass wir den letzten Wagen vor dem Verbindungspunkt des vorderen und hinteren Teils, Wagen Nummer 38, als Ausstieg nehmen sollten. Wir zogen unsere Warnwesten an und sicherten die Leitern. Einer meiner Kollegen lief den ganzen hinteren Zugteil entlang und stieg im letzten Wagen ein, um die Passagiere langsam nach vorn in Wagen 38 zu begleiten. Eine andere Kollegin, die den vorderen Zugteil betreut hatte, bat die Passagiere aus ihren Wagen, sich nach weiter vorn im Zug zu setzen und viele Sitzplätze freizumachen, damit nach Möglichkeit alle aus dem hinteren Teil einen Platz fanden.

»Sehr verehrte Fahrgäste«, gab der Zugchef durch. »Leider wird die Weiterfahrt mit dem hinteren Zugteil nicht möglich sein. Bitte nehmen Sie Ihr Gepäck, und begeben Sie sich in aller Ruhe zum Wagen 38. Dort wird alles für Ihren Ausstieg vorbereitet.«

Was auch immer die Fahrgäste unter »in aller Ruhe« verstehen mochten, ruhig ging es nicht zu. Es wurde gedrängelt und geschubst, auf dem Weg zu Wagen 38 staute es sich überall. Wir hatten die Treppen inzwischen am Ausgang des Wagens befestigt und halfen den Reisenden mit ihrem Gepäck.

»Bitte gehen Sie langsam und vorsichtig zum anderen Zugteil. Dort können Sie wieder einsteigen«, sagte ich. »Und seien Sie vorsichtig, am besten nicht in das andere Gleisbett geraten. Sie könnten dort über die Schwellen stolpern.«

Die Fahrgäste mussten die Treppe rückwärts hinuntergehen. Einige ältere Leute hatten Schwierigkeiten, doch wir halfen, so gut wir konnten. Immer wieder wies ich in die Richtung, in die die Reisenden gehen sollten, nämlich zum vorderen Zugteil, doch einige gingen trotzdem zur falschen Seite. Die musste ich wie ein Hirtenhund wieder einsammeln. Dadurch verzögerte sich alles natürlich noch mehr. Es regnete immer noch, und der Schotter war rutschig.

»Gehen Sie in aller Ruhe, wir werden keinen zurücklassen«, sagte ich wieder und wieder und kam mir langsam, aber sicher vor wie ein Idiot. Wenn man einen Satz so oft hintereinander wiederholt hatte, dass man seine Bedeutung vergaß, war es Zeit für den Feierabend, fand ich.

Gregor versuchte die Fahrgäste, die noch im defekten Wagen waren, zu beruhigen, während ich das Gepäck entgegennahm. Am anderen Zugteil waren zwei weitere Kollegen und halfen den Passagieren beim Einstieg. Wir waren nur zu sechst und hatten alle Hände voll zu tun, die Leute aus dem einen Zugteil hinaus und in den anderen hinein zu bekommen. Älteren oder schwachen Menschen, die schwere Gepäckstücke hatten, halfen wir natürlich, die Tasche über den Schotter zu tragen, aber wir konnten nicht jeden Koffer schleppen.

Die Laune der Fahrgäste schien im Sekundentakt zu sinken, immer wieder wurde ich angeranzt. »Jetzt muss ich meinen Koffer da rüberschleppen? Auf den Steinen kann ich ihn ja gar nicht rollen!«, beschwerte sich ein dicklicher Mann bei mir. Er mochte Mitte vierzig sein und hatte wahrscheinlich Bluthochdruck – jedenfalls war seine Gesichtsfarbe ungesund rot. Aber die paar Meter würden ihn sicher nicht umbringen.

»Das tut mir leid, aber es ist nicht zu ändern«, antwortete ich so freundlich wie möglich.

»Hier, bitte schön.« Ein anderer drückte mir seinen Koffer direkt in die Hand.

»Ich darf diese Position nicht verlassen, bis alle Fahrgäste ausgestiegen sind.«

»Ich kann den Koffer auch hier stehen lassen«, meinte er und grinste frech. »Dann nehmen Sie ihn gleich mit, wenn Sie hier fertig sind.«

Mir verschlug es die Sprache. Mir war kalt, ich war durchnässt, und ich hatte keine Lust mehr. Eine freundliche Antwort wollte mir nun wirklich nicht mehr einfallen, also versuchte ich es gar nicht erst.

»Sie wollen, dass ich Ihren Koffer trage? Darf ich Ihnen auch noch ein Heißgetränk servieren, natürlich auf Kosten der Deutschen Bahn? Und für eine Fußmassage sind Sie doch sicher auch zu haben, oder?«

Er rang entrüstet nach Fassung, dann grapschte er nach dem Griff seines Gepäcks und lief stolpernd davon. »Ich werde mich beschweren!«, drohte er mir.

»Machen Sie das«, rief ich ihm hinterher. »Mein Name ist Juliane Zimmermann, und von Leuten wie Ihnen werde ich ganz besonders gern bei meinem Arbeitgeber angeschwärzt.«

Alles, was recht war – auch ich kannte Grenzen.

Ich wurde abgelenkt vom nächsten Fahrgast, der langsam und vorsichtig die Treppe herunterkam. Es war eine ältere Dame. Sie hatte einen Trolley und eine große Reisetasche, die mir Gregor aus dem Zug aufs Gleisbett reichte.

Die ältere Dame lächelte mich an und wollte ihre Gepäckstücke entgegennehmen. Die Runzeln und Falten in ihrem Gesicht wirkten auf mich wie freundliche Wagenspeichen. »Das ist sicher auch kein Spaß für Sie«, sagte sie.

»Nein, ist es nicht.« Ich nahm den Trolley und die Tasche. »Ich begleite Sie bis zum Aufstieg.«

»Das ist doch nicht nötig. Das schaffe ich schon.«

»Ich traue Ihnen das durchaus zu, aber ich werde Ihnen trotzdem helfen.«

»Herzlichen Dank.« Sie ging flott voran, stützte sich auf ihren Regenschirm. Vor der Wiedereinstiegstreppe staute es sich natürlich. »Die letzten Meter schaffe ich schon allein«, sagte sie resolut.

Ich reichte ihr die Gepäckstücke, gab meinem Kollegen ein Zeichen, auf die alte Dame zu achten, und ging zurück zu meinem Posten neben Wagen 38.

Nach und nach verließen alle den defekten Zugteil und stiegen im anderen wieder ein. Endlich schienen sämtliche Fahrgäste drüben zu sein. Wir kontrollierten die verlassenen Wagen, ob nicht doch noch irgendwo jemand war, und schauten auch nach vergessenem Gepäck. Dann endlich konnten wir unsere Sachen holen und ebenfalls nach drüben gehen.

Die ersten beiden Wagen, 21 und 22, waren nun ziemlich vollgestopft. Ich ging langsam durch die Reihen. Im dritten Wagen war noch einiges an Platz. »Gehen Sie *bitte* weiter!«, sagte ich. »Keine Angst, auch weiter vorn sind Fenster.« Doch nur zögernd wurde mein Hinweis befolgt.

»Wann geht es weiter?«, wurde ich dauernd gefragt.

»Das weiß ich nicht«, musste ich zugeben. Inzwischen standen wir schon seit fast zwei Stunden hier.

»Können Sie nicht einen Bus organisieren, der uns nach München fährt?«

Wieso nicht gleich ein Taxi? Oder eine Sänfte für jeden Einzelnen?

»Nein, leider … Bedaure. Schöne Idee, aber unglücklicherweise haben wir Vorgaben, an die wir uns halten müssen …«

Wir versammelten uns in unserem Dienstabteil, wo uns der Einsatzleiter des Notfallmanagements die Lage per Funk erklärte. »Der Stromabnehmer dieses Zugteils muss erst überprüft werden, bevor ihr die Fahrt fortsetzen könnt. Das dauert leider noch ein wenig.«

»Die Fahrgäste sind fast alle stinkig«, seufzte ich.

»Nicht nur die auf diesem Zug«, meinte er. »Wir mussten die Strecke sperren. Das ist mal wieder einer dieser rabenschwarzen Tage für die Bahn.«

Endlich kam der Bauzug mit dem Turmdrehkran auf dem gegenüberliegenden Gleis angefahren und hielt neben uns. Es dauerte nicht lange, dann gaben die Techniker das Okay, dass der Zug langsam vorwärtsfahren durfte. Der Zugchef sagte das durch, und ich hatte das Gefühl, alle Fahrgäste würden gemeinsam erleichtert aufatmen. Es waren nur ein paar hundert Meter, um die Fahrtüchtigkeit zu überprüfen, dann standen wir wieder. Doch dann endlich konnte es wirklich weitergehen. Dadurch, dass auch andere Züge durch uns Verspätung hatten, konnten wir erst einmal keine Auskünfte geben, was Anschlusszüge anging. Aber Gregor erfragte die Zeiten mit seinem Communicator, einem Datenübertragungsgerät, das an das Reiseinformationssystem der Bahn angeschlossen ist. Eigentlich ist es ein Handy, aber Communicator hört sich sehr viel schicker an.

Wir versuchten, möglichst vielen Fahrgästen Anschlusszüge zu vermitteln. Natürlich verteilten wir auch Fahrgastrechtformulare, damit die Reisenden eine Erstattung geltend machen konnten. Über drei Stunden hatte dieses Debakel gedauert. Inzwischen war es Abend geworden, und endlich erreichten wir unsere Endstation. Wir waren genauso erleichtert wie die Fahrgäste. Vielleicht sogar noch etwas glücklicher darüber, dass nichts passiert war, von ein paar blöden Meckerern mal abgesehen.

Gregor und ich entschieden, dass wir den Nachtzug nehmen und nicht ins Hotel gehen würden, so kämen wir am nächsten Tag um sieben Uhr früh in Köln an und hätten noch etwas von dem freien Tag.

Eigentlich war die ganze Sache ja sehr positiv ausgegangen, dachte ich, als ich auf meinem Platz saß und dem monotonen Rattern der Räder auf den Gleisen lauschte. Niemand hatte sich verletzt, war hingefallen oder bestohlen worden, es war keine Panik ausgebrochen, sondern alle hatten mehr oder weniger besonnen das getan, was wir ihnen gesagt hatten. Das war ein Erfolg für uns als Team – und für die Bahn, die so schnell wie möglich das Problem behoben und uns aus der Situation befreit hatte.

Schade, dass sich die meisten Passagiere nur an die Dinge erinnern würden, die nicht funktioniert hatten.

12 Bombenstimmung

Liebe Fahrgäste, hier spricht der Lokführer. Der Ruck-
sack, der aus Versehen in Wagen 3 liegen gelassen
wurde, enthielt außer zwei Äpfeln, einer Digitalkamera
und einem weißen T-Shirt in Größe XL lediglich zwei alte
Käsebrote. Aufatmen können Sie aufgrund der Geruchs-
belästigung, die von den Broten ausgeht, trotzdem nicht.

Früh- und Spätdienste sind manchmal so eine Sache. Wenn ich eine frühe Tour habe, muss ich mit dem Auto nach Köln rein, da noch kein Regionalzug fährt – das mache ich auch dann, wenn mein Dienstende sehr spät ist. Zum Glück gibt es ein Parkhaus für Bahnmitarbeiter direkt am Kölner Hauptbahnhof.

Ich hatte eine Fahrt am Karnevalssonntag und würde erst spät zurück sein. Etwa anderthalb Stunden vor meinem Dienstbeginn fuhr ich los. Doch in der Stadt erwartete mich eine böse Überraschung. Wegen der Umzüge waren viele Straßen gesperrt, auch die, die zu unserem Parkhaus führte. Wer schon einmal mit dem Auto am Kölner Hauptbahnhof war, weiß, dass es viele Einbahnstraßen gibt. Entweder durfte ich nicht in die Richtung fahren, in die ich musste, oder aber die Absperrungen stellten sich mir in den Weg. Ich drehte Runde um Runde um den Bahnhof, fand aber keine Möglichkeit, zum Parkhaus zu gelangen. Meine Zeit wurde knapp und ich immer verzweifelter. Irgendwann hielt ich neben einem Polizisten an.

»Entschuldigen Sie? Ich muss da durch!«, rief ich ihm zu.

»Sperrung! Hier können Sie erst am Dienstag wieder langfahren.«

»Aber ich muss dringend in das DB-Parkhaus«, sagte ich verzweifelt.

»Das geht nicht, jedenfalls nicht hier. Haben Sie es schon hintenherum versucht?«

»Ja, ich habe es überall probiert! Ich komme nicht durch. Nirgendwo!« Nun stiegen mir Tränen in die Augen. »Ich muss aber dorthin. Gleich beginnt mein Dienst. Was soll ich denn nun machen?«

»Wir haben hier vorn ein Notfallparkhaus. Das ist nicht für die Öffentlichkeit oder Besucher der Karnevalsumzüge, sondern tatsächlich für Notfälle. Und so wie ich das sehe«, er trat an mein Auto heran und legte mir beruhigend die Hand auf den Arm, »sind Sie ein Notfall. Ich gebe meinem Kollegen an der Einfahrt Bescheid, damit er Sie reinlässt.«

»Wirklich?« Ich schniefte noch einmal auf. »Danke!«

»Aber Sie werden bezahlen müssen«, sagte er mit sichtbarem Bedauern.

»Das macht nichts. Ganz herzlichen Dank!«

Ich wendete und fuhr in das Parkhaus, das er mir beschrieben hatte, und wurde an der Einfahrt prompt durchgelassen. Ich fand einen Parkplatz und hastete nach oben zu den Gleisen. Gerade noch rechtzeitig zum Dienstbeginn war ich da.

Der Zug war voller schunkelnder Gäste, einige wenige sogar verkleidet. Fliegende Untertassen, Marsmenschen, Bienen, sexy Polizistinnen und ein Kamel waren dabei. Manche trugen nur eine rote Fliege zum ansonsten relativ normal aussehenden Businesskostüm, eine Geschäftsfrau hatte einen Hasenpuschel am grauen eng anliegenden Rock angebracht. Noch waren die meisten nüchtern. Zum Glück.

Kai, unser Zugführer, war offenbar Karnevalist. Als wir losfuhren, spielte er »Wir lasse de Dom in Kölle« über die Durchsage. Wenig später hörten wir »Heute fährt die 18 bis nach Istanbul«. Die Gäste waren begeistert und sangen mit. Es gab Kamellen und Küsschen für die Zugbegleiter. Manchmal ist Bahnfahren wirklich schön.

Die Rückfahrt am Nachmittag war dann nicht mehr so erbaulich – einige der Fahrgäste waren betrunken und pöbelten rum. Da sie alle nach Köln wollten, glühten sie schon mal im Zug vor. Und wir kamen kaum hinterher, für Ruhe und Ordnung zu sorgen. Es war wie ein leckendes Boot – kaum hatte man ein Loch gestopft, blubberte an einer anderen Stelle Wasser durch die Wand.

Ein Fahrgast, der einen sehr nüchternen Eindruck machte, kam zu mir und beschwerte sich. »Da hat ein Besoffener auf den Sitz gepinkelt. Gekotzt hat er auch.«

Na bravo. Ich ließ mir die Platznummer sagen.

»Schicken Sie gleich den Putztrupp?«, wollte der Mann wissen.

Ich musste lachen. Wir hatten keinen Putztrupp im Zug. Manchmal, auf langen Strecken, steigt Reinigungspersonal zu und geht durch die Wagen. Sie leeren die Mülleimer und säubern oberflächlich die WCs, aber Polster können auch sie nicht reinigen. »Das wird leider nichts. Vielleicht suchen Sie sich einfach einen anderen Platz?«

»Ich habe extra reserviert. Fensterplatz und Tisch. Haben Sie da woanders noch etwas frei?«

»Ich glaube nicht, aber Sie können ja schauen, ob Sie noch etwas finden.«

»Ich habe dafür aber bezahlt und bestehe darauf, dass das jetzt gereinigt wird!«, empörte er sich.

»Was soll ich denn machen?«, fragte ich ihn. »Ich kann doch jetzt auch nicht die Polster reinigen.«

In diesem Moment kam ein Mann im Bärenkostüm vorbei und kniff mir in den Hintern. »Hmm, ich mag von deinem Honig naschen«, brummte er.

Ich schlug ihm auf die Finger und wandte mich wieder dem anderen Fahrgast zu. »Sie sehen ja, was hier los ist.«

»Was für eine Unverschämtheit! Man hört ja nicht umsonst immer vom schlechten Service der Bahn. Ich werde mich beschweren!«

Mach das, dachte ich resigniert. Meine Beschwerde kannst du gern mitnehmen. Unzumutbare Arbeitsbedingungen, permanent nörgelnde, wahlweise auch grölende

Zuggäste, zu wenig Personal und sexuelle Belästigung am Arbeitsplatz – die Liste war lang.

Der Bär stand immer noch hinter mir. »Darf ich mich dir aufbinden?«

»Äh, nein danke.«

»Schade. Süßes Kostüm.«

Ich sah an mir hinunter. »Das ist kein Kostüm.«

Der Bär lachte. »Klar. Ich hab auch keines an.«

»Nein, im Ernst«, ich musste grinsen, »ich bin Zugbegleiterin. Das ist mein Beruf.«

Der Bär wackelte mit den Augenbrauen. »Na aber sicher doch, mein kleiner Honigtopf. Darf ich jetzt an dir naschen?«

»Nein.« Es fiel mir schwer, mir das Lachen zu verkneifen. »Aber ich möchte gern Ihre Fahrkarte sehen.«

Er seufzte, öffnete den Reißverschluss einer Tasche, die inmitten des braunen flauschigen Fells gar nicht zu sehen gewesen war, und zauberte ein Ticket hervor. »Im nächsten Jahr gehe ich wieder als Captain Jack Sparrow. Die Bärennummer funktioniert irgendwie nicht.«

Zwei Bienendamen surrten kichernd an uns vorbei.

Der Bär sah ihnen nach. »Entschuldigung. Das ist mein Einsatz.« Und damit verschwand er.

Ich war heilfroh, als ich abends endlich wieder in Köln ankam. Es war fast Mitternacht. Ich ging zu dem Parkhaus, in dem ich meinen Wagen am Morgen abgestellt hatte, und suchte den roten Bereich.

Aber dort stand mein Auto nicht.

Ich war mir ganz sicher, dass ich es hier geparkt hatte. Wieder und wieder ging ich das Parkdeck ab, doch ich konnte den Wagen nicht finden. Verzweiflung stieg in mir hoch. Das durfte doch nicht wahr sein! Dieser Tag hatte es wirklich in sich. Was sollte ich denn nun machen? Wahrscheinlich war der Wagen abgeschleppt worden, vielleicht sogar gestohlen. Wie sollte ich jetzt nach Hause kommen?

Oh verdammt! Und das alles nur, weil Karneval und Köln im Ausnahmezustand war.

Im Treppenhaus sah ich, dass es noch ein weiteres Parkdeck gab. Also ging ich hinunter – und tatsächlich, der Himmel hatte ein Einsehen: Da fand ich auch mein Auto. Der Stein, der mir vom Herzen plumpste, war riesig, so groß, dass man seinen Aufprall sicher noch in Mainz gehört hat.

Auf der Fahrt nach Hause schwor ich mir, mir nächstes Jahr an Karneval freizunehmen. Das war in nüchternem Zustand ja wirklich nicht zum Aushalten!

Doch wer meint, dass es nicht schlimmer geht, der irrt. Ganz besonders heftig sind immer die Fahrten während des Oktoberfestes. Zur gleichen Zeit ist nämlich auch Cannstatter Wasen in Stuttgart. Mädels in Dirndln und Buben in Lederhosen bevölkern die Straßen – wobei Mädels und Buben nicht unbedingt ein Hinweis auf das Alter sein muss. Oder die geistige Reife. Was das allgemeine Verhalten angeht, könnte man glatt auf die Idee kommen, dass in dieser Ausnahmezeit nur pubertierende Minderjährige in München und Stuttgart unterwegs wären.

Ich hatte einen Abendzug von München nach Wiesbaden – und es war das pure Grauen. Wie die Sardinen standen die besoffenen Fahrgäste, eine Kontrolle der Fahrkarten war unmöglich. Es war so voll, dass sich keiner mehr bewegen konnte, aber Flaschen rumreichen ging natürlich immer.

Ich habe es schon erlebt, dass am Bahnhof die Türen aufgehen – rein kommt keiner mehr, wir haben wegen Überfüllung geschlossen – und Männer sich an die Tür stellen, um auf den Bahnsteig zu pinkeln. Regelmäßig werden auch leere Bierkästen auf die Bahnsteige geschoben. Das Pfand ist egal, Hauptsache ein wenig mehr Platz. Wenn es so voll ist, dauert es immer, bis die Türen wieder geschlossen werden können.

Wir hielten in Ulm. Ich quetschte mich an den Betrunkenen vorbei nach draußen. Zum Glück wollte keiner mehr einsteigen, die meisten der Passagiere auf dem Bahnsteig schüttelten nur den Kopf und wichen instinktiv ein paar Schritte zurück.

Die Kollegen hoben ihre Zugmeldescheibe, ich auch, damit hatten wir unsere Bereiche als ›abfahrbereit‹ gemeldet. Der Zugchef schloss daraufhin die Türen. Zugbegleiter müssen ihre Tür freischalten, damit sie dann den Zug betreten können. Ich stieg also ein, sicherte die Tür und wurde, *schwups*, wieder auf den Bahnsteig gedrängt.

»Ey, Alte, hier isses voooooll«, lallte jemand.

Du bist voll, dachte ich, als sich die Tür vor meiner Nase schloss. Ich griff sofort zu meinem Handy und wählte die Nummer des Lokführers. Was war ich froh, auf einem ICE zu sein und ein Diensthandy zu haben. In ICs haben wir zur Kommunikation untereinander nur die fest eingebauten Sprechstellen.

Die besoffenen Fahrgäste im Inneren des Zuges streckten mir durch die Scheibe die Zungen heraus. Na warte …

»Hallo?«, fragte der Lokführer.

»Uwe, ich steh noch auf dem Gleis. Bitte entsichere die Türen wieder und lass mich rein, ja?«

Er lachte und öffnete wieder die Türen.

Auf sie mit Gebrüll. »Okay, Leute, alle mal herhören. Wenn ich nicht in den Zug reinpasse, muss einer von euch hierbleiben. Ohne mich fährt der Zug nicht, habt ihr das verstanden? Also zieht mal den Bauch ein und lasst mich rein.« Dann fuhr ich erneut die Ellenbogen aus und drückte mich gegen die stinkende Masse aus Leibern.

»Das ist die Zugschubse«, sagte ein Typ und zog seinen besoffenen Kumpel, der halb auf dem Boden hing, nach oben. »Mach mal Platz.«

Endlich war ich drin und hielt den Atem an. Ich hasste

diesen Alkoholgeruch, versetzt mit Schweiß und Urin. Gerade noch so konnte ich mich reinquetschen. Endlich konnten wir abfahren. Mit einiger Verspätung erreichten wir schließlich Wiesbaden. Hier endete der Zug, und alle stiegen aus. Zum Glück.

Nun mussten wir Zugbegleiter noch durch die Wagen gehen, um nach vergessenen Gepäckstücken zu schauen. Vor einem der WCs stand eine Plastiktüte. Ich sah hinein, nur um gleich darauf entsetzt zurückzuspringen. Da hatte doch tatsächlich jemand seine vollgekackte Lederhose in eine Tüte vor die Toilette gestellt! War das die Möglichkeit? Ich fragte mich, wie der Typ wohl aus dem Zug ausgestiegen war. Unten ohne? Ich konnte es kaum glauben.

Wir Zugbegleiter werden zwar immer wieder dazu angehalten, vergessene Dinge aus dem Zug mitzunehmen, aber diese Tüte ließ ich stehen. Sollte sich der Reinigungstrupp darum kümmern, ich hatte heute schon genug Menschliches erlebt.

Früher war das ganz normal: Am Ende einer Fahrt wurde der Zug kontrolliert, liegen gebliebene Sachen ohne große Sorge mitgenommen und ins Fundbüro gebracht. Seit ein paar Jahren ist das nicht mehr so. Der 11. September, aber insbesondere die Anschläge auf Personenzüge 2004 in Madrid und 2005 in London haben ihre Spuren hinterlassen. Heute kann ein stehen gebliebener Koffer schon mal einen Großeinsatz auslösen. Es könnte eine böse Überraschung drin sein – und damit meine ich keine verkackte Lederhose.

Auch ich habe eine solche Situation schon einmal erlebt. Wir hielten planmäßig in Hamm, und ich freute mich auf meinen Feierabend. In zwei Stunden würde ich endlich zu Hause sein. Dachte ich und lag falsch. Denn plötzlich rief uns Anita, unsere Zugchefin, alle ins Dienstabteil.

»Es gibt eine Bombendrohung für diesen Zug«, sagte sie

stockend. »Habt ihr irgendwo einen auffälligen Koffer oder anderen Gegenstand gesehen?«

Wir schüttelten verblüfft den Kopf. Worin unterscheidet sich denn ein auffälliger Koffer von anderen? Da würde ja sicher kein Wecker dran befestigt sein.

Anita sprach mit der Notfallleitstelle. Wir sollten den Zug so ruhig und schnell wie möglich evakuieren. Die Bombe werde in einer Stunde hochgehen – das zumindest hatte der anonyme Anrufer behauptet.

Anita machte eine Durchsage: »Sehr verehrte Fahrgäste, aufgrund einer technischen Störung des Triebwerks können wir leider nicht weiterfahren. Wir werden uns schnellstmöglich um die Lösung des Problems kümmern und bitten um Ihr Verständnis.«

Die Gäste seufzten, einige schienen sehr verärgert.

Wenn ihr wüsstet, dachte ich.

Auf dem Nebengleis wurde in aller Eile ein anderer Zug bereitgestellt, und wir baten die Fahrgäste dort einzusteigen. Natürlich gab es Fragen, und natürlich waren einige Leute ungehalten. Sie waren müde und wollten nach Hause, so wie wir auch. Aber bitte nicht in einem Zug mit Bombe …

Das Notfallmanagement, das nur dreißig Minuten nach dem Anruf am Bahnhof von Hamm eingetroffen war, hatte beschlossen, dass wir den Grund des Umzugs erst dann mitteilen würden, wenn sich alle Passagiere im anderen Zug befanden und unserer, den wir dann verlassen hatten, schon nicht mehr im Bahnhof war. Das war eine weise Entscheidung, ansonsten wäre zum Unmut ganz sicher noch Panik dazugekommen.

Nachdem wir den Zug ein letztes Mal auf eventuell vergessene Passagiere, die von der Räumung nichts mitbekommen hatten, kontrolliert hatten, gingen wir in den bereitgestellten Zug auf dem Nebengleis. Eine Minute später fuhr unser alter Zug aus dem Bahnhof heraus.

»Der fährt ja noch!«, sagte eine Frau und klang erbost. »Der ist ja gar nicht defekt. Warum fährt der denn noch?«

»Wann fahren wir weiter?«, wollte ein Mann von mir wissen. Er packte meinen Ärmel und hielt mich fest. Ich wollte ihn abschütteln, aber er ließ nicht los.

»Das kann ich Ihnen nicht sagen«, antwortete ich und versuchte mich zu befreien.

Und dann prasselten sie auf mich ein, die Fragen und Vorwürfe: »Ich will nach Hause!«

»Warum sind wir hier?«

»Was ist mit dem Zug?«

»Wollen Sie uns für dumm verkaufen?«

Und natürlich: »Die doofe Deutsche Bahn!«

In diesem Moment, bevor die aufgebrachte Meute mich lynchen konnte, rauschte es in den Lautsprechern, und ich konnte Anita sich räuspern hören. »Verehrte Fahrgäste, es gab eine Bombendrohung für unseren Zug. Deshalb mussten wir Sie evakuieren. Momentan wird der Zug auf freie Strecke gebracht. Die liegt leider in unserer Fahrtrichtung. Deshalb können wir auch jetzt nicht weiterfahren, sondern müssen noch einmal warten. Wir hoffen, dass es eine leere Drohung war und wir demnächst unsere Reise fortsetzen können. Das Bistro hat geöffnet, Sie können dort alkoholfreie Freigetränke bekommen. Wir danken für Ihr Verständnis und bitten um Entschuldigung für die Unannehmlichkeiten.«

Für einen Moment war es so leise, man hätte eine Stecknadel auf den Boden fallen hören können. Wahrscheinlich mussten alle die Nachricht erst einmal verdauen. Doch dann ging es rund. Wie auf Knopfdruck prasselten alle Fragen auf mich ein, jeder wollte wissen, was das für eine Drohung gewesen war und wie es nun weiterging. Das konnte ich ihnen auch nicht sagen, aber ich versuchte erst einmal, alle zu beruhigen.

Es dauerte lange. Immer wieder sprachen wir mit dem

Notfallmanagement, doch auch die mussten warten. Die Kripo hatte es als zu gefährlich eingeschätzt, den Zug vor der angegebenen Uhrzeit, zu der die Bombe hochgehen sollte, zu durchsuchen. Also stand der Zug etwa eine Stunde auf offener Strecke, und alle dort hielten gespannt die Luft an. Der Zeitpunkt, an dem die Bombe hätte hochgehen sollen, verstrich – aber nichts passierte.

Erst dann wurde der Zug mit Spürhunden durchsucht. Das dauerte natürlich ebenfalls seine Zeit. Erst gegen ein Uhr morgens wurde die Strecke wieder freigegeben, und wir konnten endlich weiterfahren. Mein Dienst hatte fast zwanzig Stunden gedauert, ich fühlte mich wie gerädert und hatte eine Mordswut auf den Typen, der das verursacht hatte.

Erst viel später, auf einer anderen Fahrt, erfuhr ich von Anita, die in Kontakt zum Notfallmanagement gestanden hatte, dass es sich bei der potenziellen Bombendrohung um einen Streich gehandelt hatte. Zwei Sechzehnjährige hatten sich den Spaß erlaubt, bei der Bahn anzurufen und ihre Bombendrohung zu hinterlassen. Weil sie nicht nur sehr erwachsen, sondern auch sehr überzeugend geklungen hatten, hatte man ihnen geglaubt.

Ich konnte nur hoffen, dass diese beiden Spaßvögel niemals in ihrem Leben meinen Weg kreuzen würden. Ansonsten würde ihnen das Lachen sicher vergehen.

13 Familie und andere Katastrophen

*Sehr geehrte Damen und Herren, die kleine Lea möchte
gern im Kinderparadies abgeholt werden. Das befindet
sich am Ende von Wagen 1 in der Lokführerkabine.*

Als Felix gerade ins vierte Schuljahr gekommen war, bekam
ich eine E-Mail.

Hallo Frau Zimmermann,

mein Name ist Gabriele Müller, ich bin (endlich) die Exfrau
von Alexander Sulzbach. Erst nach unserer Scheidung
habe ich von Ihnen und Ihrem Sohn erfahren. Mein Exmann
schwört zwar, dass er nur rein beruflich mit Ihnen zu tun
hatte – aber das glaube ich ihm nach den ganzen Gerüchten
natürlich nicht. Nach Ihnen, und vielleicht auch schon davor,
gab es nämlich noch etliche andere Frauen, zu denen mein
Exmann wohl mehr als nur freundschaftlichen Kontakt hielt.
Leider habe ich das erst nach und nach erfahren. Das soll
aber nicht Ihr Problem sein.

Aha, denke ich verwundert. Warum schreibt sie mir dann?
Wird Felix' Erzeuger keinen Unterhalt mehr zahlen? Mir
wird sofort ganz anders.

Ihr Sohn ist der Halbbruder meiner Tochter – deshalb
schreibe ich Ihnen. Ich finde, dass die beiden ein Recht
darauf haben, sich kennenzulernen. Was meinen Sie dazu?
Ich würde mich über eine Reaktion sehr freuen.
Herzliche Grüße
Gaby Müller

Na so was, dachte ich verblüfft. Alexander war also geschieden – das war mir ziemlich schnuppe. Er hatte sich nie bei uns gemeldet, nicht ein einziges Mal hatte er nach Felix gefragt. Ich hatte meinem Sohn ein wenig von seinem Erzeuger erzählt, da er immer mal wieder wissen wollte, wer das eigentlich war. Doch seit es Hannes in unserem Leben gab, hatte er nicht mehr nachgefragt.

Dennoch durfte Felix tatsächlich mehr über seinen Vater erfahren, wenn er das wollte. Frau Müller hatte ihre Telefonnummer mitgeschickt, und eines Abends, als Felix im Bett und Hannes bei seiner Schicht war, rief ich bei ihr an. Ich war ein wenig nervös. Alles, was ich über sie wusste, war, dass sie eine ziemliche Hexe gewesen sein sollte. Doch vermutlich war auch das nur eine der zahlreichen Lügen, die Alexander mir aufgetischt hatte.

Am Anfang des Gesprächs waren wir beide sehr vorsichtig und nervös, doch nach einer Weile legte sich das. Man sollte nie zwei Frauen mit negativen Schwingungen einem einzigen Mann gegenüber zusammentun – das potenziert sich. Am Ende des Gespräches duzten wir uns und hatten ein Treffen in München verabredet.

Nachdem ich aufgelegt hatte, wirbelten die Gedanken nur so durch meinen Kopf. Das schleimige Arschloch war also geschieden. Er hatte nicht nur mich nach Strich und Faden belogen, sondern auch seine Frau, und vermutlich hatte er seinen anderen Affären auch das Blaue vom Himmel versprochen – dabei war das alles nur heiße Luft gewesen. Nun würde ich mit Felix reden müssen. Mein Sohn musste erfahren, dass er eine ältere Schwester hatte. Und einen leiblichen Vater, der absolut gar kein Interesse an ihm hatte. Das war sicherlich bitter für ihn.

Lauter Erinnerungen, die ich bisher erfolgreich verdrängt hatte, kamen hoch. Ich hatte mich von diesem Mann so sehr täuschen lassen und konnte plötzlich die alten Verletzungen, die er mir zugefügt hatte, wieder spüren.

Wie hatte ich mich damals nur so blenden lassen? Ein Gutes hatte das alles natürlich doch: Felix. Ich wollte ihn nicht einen Tag in meinem Leben missen müssen und hatte es nie bereut, ihn bekommen zu haben.

Das Gespräch mit ihm schob ich auf, wartete auf den passenden Moment, der natürlich nicht kam.

»Irgendetwas ist mit dir«, stellte Hannes am Wochenende nach meinem Anruf in München fest. Auch mit ihm hatte ich bisher nicht über die Mail und das Telefonat gesprochen.

»Ach, ich habe eine Nachricht bekommen«, sagte ich stockend, und dann erzählte ich ihm davon.

Nachdenklich hörte Hannes mir zu. »Du willst Felix mit seiner Schwester zusammenbringen? Hältst du das für klug?«

»Du nicht?«

»Er wird nach seinem Vater fragen, und was sagst du dann? Dass er ihn nie wollte. Das kann für so ein Kind ein heftiger Schlag sein.«

»Das weiß ich«, sagte ich traurig. »Dennoch glaube ich, dass Felix ein Recht darauf hat, seine Schwester kennenzulernen.«

»Nun gut, das musst du wissen.« Irgendwie wirkte Hannes mürrisch. »Was ist«, fragte er, »wenn Felix seinen Vater treffen will?«

»Das wird er wohl auch irgendwann einmal«, gab ich zu.

»Und wie soll das gehen? Ich meine, du wärst doch dann dabei ...«

»Natürlich. Allein lass ich ihn sicher nicht dahin!«

»Und dann?«, fragte Hannes leise.

»Was dann?« Ich verstand nicht, was er meinte.

»Dann triffst du ihn wieder, Felix' Vater. In den du mal sehr verliebt warst. Und nun ist er geschieden.« Er schluckte. »Und du bist verdammt attraktiv.«

»Ja und?« Ich raffte nicht, worauf er hinauswollte.

»Ach, Jule.« Hannes sah mich an. »Ihr habt ein gemeinsames Kind. Was, wenn es wieder zwischen euch funkt?«

Ich lachte auf. »Darüber machst du dir Sorgen? Das brauchst du wirklich nicht. Nie im Leben! Der Kerl ist das Letzte. Ich würde ihn nur Felix zuliebe treffen, und das auch nur mit großer Überwindung. Ich liebe doch nur dich.«

»Wirklich?« Hannes wirkte erleichtert.

»Aber natürlich.« Ich küsste ihn. »Und soll ich dir mal beweisen, wie viel?«

Ein paar Wochen später war es so weit. Die Freifahrtkarten hatte ich besorgt, und auch mit Felix hatte ich inzwischen gesprochen. Er hatte nicht viel zu den Neuigkeiten gesagt und auch nicht weiter gefragt. Vermutlich musste er die ganze Situation auch erst einmal verdauen.

Wir saßen allein in einem Abteil. »Freust du dich?«, fragte ich Felix, als wir langsam den Bahnhof Messe/Deutz verließen.

Er starrte aus dem Fenster. »Weiß nicht«, brummte er dann.

Ich wartete, ob noch etwas kam, aber Felix schwieg weiter. Sollte ich fragen oder es einfach gut sein lassen? Manchmal war es so schwer, Mutter zu sein und immer das Richtige tun zu wollen.

Ich hing meinen Gedanken nach, als plötzlich die Tür zu unserem Abteil geöffnet wurde. »Hier noch jemand zugestiegen?« Der Schaffner sah mich überrascht an. »Jule? Was machst du denn hier?«

»Martin!« Wie schön, ein bekanntes Gesicht zu sehen. Mit Martin und seinem Lebensgefährten traf ich mich alle paar Monate. Es war weniger geworden, weil ich als Teilzeitkraft öfter am Wochenende arbeiten musste und er meist die ganze Woche unterwegs war. Den Kontakt hatten wir aber nie verloren.

»Hey, Felix«, sagte er und setzte sich zu uns. »Macht ihr eine große Reise?«

»Fahren nach München«, murmelte Felix und starrte wieder nach draußen.

Mein Kollege hob fragend die Augenbrauen, und ich hob seufzend die Schultern und reichte Martin unsere Fahrscheine.

»Was macht ihr denn in München?«, fragte er mich. »Nur einen Wochenendtrip? Mutter und Sohn?«

»So ähnlich«, sagte ich und warf einen besorgten Blick zu Felix, doch der schien ganz in Gedanken vertieft zu sein. »Ich geh mal eben mit Martin ins Bistro, ja, Felix? Möchtest du auch etwas trinken?«

Er schüttelte nur den Kopf. Au weia.

»Wie geht es Sascha?«, fragte ich Martin, als wir auf den Gang getreten waren.

»Bei uns ist alles gut«, meinte er und sah dann zurück ins Abteil, wo Felix immer noch aus dem Fenster starrte. »Aber bei euch wohl nicht.«

»Ja, bei uns ist grad echt der Wurm drin. Ich hab dir doch mal von Alexander Sulzmann, Felix' leiblichem Vater, erzählt?« Während wir zum Bistro schlenderten, schilderte ich Martin, was zuletzt geschehen war. Ich erzählte ihm auch, dass Hannes einen lahmen Grund vorgeschoben hatte, Felix und mich nicht zum Bahnhof bringen zu können. Obwohl ich ihm in den letzten Wochen mehrfach gesagt hatte, dass Alexander Sulzmann wirklich keine Gefahr darstellte, nicht mal, wenn man ihn mir auf den Bauch binden würde, war Hannes deutlich auf Distanz gegangen, das hatte ich gespürt.

»Hannes ist eifersüchtig und hat Angst«, stellte Martin fest, nachdem ich ihm alles erzählt hatte. »Er fürchtet, dass er dich an Felix' Vater verlieren wird.«

»Was ein Schwachsinn«, seufzte ich. »Das ist das Letzte, was passieren wird. Mehr Sorgen mache ich mir aber um Felix.«

»Versetz dich doch mal in diesen kleinen Kerl hinein. Er erfährt plötzlich, dass er eine Schwester hat. Eine Schwester, wo er doch bisher noch nicht einmal einen Vater hatte. Er wird sich fragen, ob sie den Vater kennt und all das.«

»Ja, ich weiß. Ist es ein Fehler, nach München zu fahren und sie kennenzulernen?«

»Solche Gedanken, Jule, sind müßig. Ihr macht das jetzt, ihr müsst da durch. Das ist sicher etwas, was ihn beschäftigt, aber er hat ja dich und deinen Vater, Hilde und Hannes, Leute, die ihn auffangen. Vielleicht wird er wütend werden – auf seinen Vater. Das kannst du nicht ändern. Die Wut wird er an dir auslassen, das musst du aushalten. Aber ich finde es gut, dass er seine Familie kennenlernt.« Martin senkte den Kopf und schnaubte. »Du weißt doch, seit ich mich geoutet habe, spricht mein Vater nicht mehr mit mir. Für ihn bin ich gestorben. Meine Mutter trifft sich manchmal heimlich mit mir – schön ist das nicht, und daran habe ich auch lange geknabbert. Familiendinge sind so eine Sache.«

Da hatte er natürlich recht. Überhaupt, das Gespräch mit ihm gab mir neuen Mut. Dinge passierten, man konnte sie nicht aufhalten. Und es war überflüssig, sich über das Warum den Kopf zu zerbrechen. Oder über all die anderen Ereignisse, die hätten eintreffen können. Vielleicht wäre es schlauer gewesen, nicht nach München zu fahren – aber dann hätte mich Felix eines Tages sicher gefragt, warum ich keinen Kontakt zu seiner Schwester oder seinem Vater hatte. Vielleicht wäre es klüger gewesen, sich niemals auf Sulzmann einzulassen – aber dann hätte ich heute Felix nicht und wäre bestimmt nie zur Bahn gegangen.

Ich umarmte Martin zum Abschied. »Danke. Du hast mir sehr geholfen. Es stimmt schon irgendwie, wir Bahner sind eine große Familie.«

Er lachte. »Das sind wir. Man kann sich niemanden aussuchen, und man muss die anderen mögen, mit oder gerade wegen ihrer Macken!«

Es war früher Abend, als wir in München ankamen. Ich hatte ein Zimmer in einem Hotel gebucht, am nächsten Tag würden wir uns mit Gaby und Charlene, Felix' Schwester, treffen. Der heutige Abend gehörte nur uns zweien. Es war ein großes Zimmer mit einem tollen Bad und einem riesigen Fernseher.

»Was willst du essen?«, fragte ich meinen Sohn. »Willst du noch etwas machen? Wir könnten ins Kino gehen. Da ist eins gleich die Straße hinunter. Wir können auch noch in die Stadt gehen.«

»Stadt?« Felix verzog das Gesicht. Er hielt sich am liebsten in seinem Baumhaus auf, das ihm Paps im Garten gebaut hatte. »Nein, ich will lieber ins Bett.«

Hoppla. Das waren ja ganz neue Töne.

Ich ließ ihn schmollen und versuchte Hannes zu erreichen, doch er ging nicht ans Telefon. Er wollte mit seinen Freunden pokern, fiel mir ein.

Am nächsten Morgen wirkte Felix blass. Beim Frühstück kaute er missmutig an seinem Brötchen herum.

»Na komm«, sagte ich, »mach nicht so ein Gesicht.«

Er schaute mich wütend an. »Ich finde das alles doof«, platzte es aus ihm heraus. »Plötzlich habe ich eine Schwester, die ich besuchen muss. Ich will keine Schwester, schon gar keine, die älter ist als ich.«

»Ich kann dich verstehen, Felix«, sagte ich verständnisvoll. »Ihr müsst euch auch nicht liebhaben oder so. Es geht nur darum, dass ihr euch mal trefft und kennenlernt.«

»Hab ich aber keinen Bock drauf!«, rief er störrisch.

»Und ich hab keinen Bock auf dich, wenn du so ein doofer Esel bist«, sagte ich und streckte ihm die Zunge heraus.

Damit konnte ich Felix zwar nicht besänftigen, aber zumindest entlockte ich ihm ein hauchzartes Lächeln, das seine Mundwinkel umspielte.

Gaby wohnte in einem großen Mehrfamilienhaus. Die umliegenden Grünflächen wirkten trostlos. Felix schaute sich erstaunt um, und auch ich war verblüfft. Ich hätte gedacht, dass sich die Sulzmanns mehr leisten könnten.

Ich klingelte und merkte, wie aufgeregt auch ich war. Wir fuhren mit dem Fahrstuhl nach oben. Im Flur wartete Gaby schon auf uns. Sie lächelte. »Hallo. Du bist Felix?«

Er biss sich auf die Lippen, nickte.

»Ich bin Gaby. Charly ist in ihrem Zimmer. Sie schmollt. Leider ist sie nicht so gut gelaunt.«

»Kann ich verstehen«, meinte mein Sohn.

Wir folgten ihr in die Wohnung, die hell und nett eingerichtet war. »Charly, der Besuch ist da«, rief Gaby, aber nichts rührte sich. Sie führte uns ins Wohnzimmer.

»Möchtet ihr etwas trinken? Kaffee? Saft?«

»Kaffee wäre toll«, sagte ich, Felix schüttelte den Kopf und schaute sich aufmerksam um.

»Wir wohnen noch nicht so lange hier«, erzählte Gaby. »Erst seit ein paar Monaten, seit der Scheidung. Charly hat sich noch nicht richtig eingelebt, sie vermisst ihr Zuhause.«

»Ihr musstet umziehen?«, fragte ich.

»Ja, allein konnte ich das Haus nicht halten. Es ist natürlich eine ganz schöne Umstellung für uns beide, aus einem Haus mit Garten in eine Wohnung mit Balkon. Charly knabbert ziemlich daran. Auch daran, dass ihr Vater sich kaum meldet. Sie vermisst ihn.«

»Er meldet sich nicht?«

Wieso wunderte mich das nicht?

Gaby schüttelte den Kopf. »Als hätte er alle Gefühle für sie auf Knopfdruck ausgeschaltet.«

»Mir hat er damals erzählt, dass du ihn mit ihr erpresst

hättest. Er wollte die Scheidung, doch dann hättest du ihm Charly entzogen. Das konnte er nicht, weil er sie so liebte.«

Gaby lachte leise, es klang nicht fröhlich. »Damals war von Scheidung keine Rede. Er hat immer wieder beteuert, wie sehr er uns liebt und dass es ihm leidtut, dass er so viel unterwegs ist. Ich wollte ja an den Niederrhein ziehen, aber das wollte er nicht. Ich wusste nichts von dir und auch nichts von Felix.«

Felix hatte uns zugehört, nun stand er auf. »Ich geh mal zu Charly.« Wir schauten ihm verblüfft hinterher. Er öffnete die Tür zum Kinderzimmer. »Hallo«, sagte er, »ich bin Felix.« Dann schloss sich die Tür hinter ihm.

Nach einer Weile konnten wir Lachen und Kichern aus dem Zimmer hören – das Eis war gebrochen. Wir gingen zusammen Pizza essen, dann an die Isar. Das Wetter meinte es gut mit uns, es war warm und sonnig.

Gaby und ich redeten lange über Alexander, aber dann wechselten wir zu anderen Themen. Kindererziehung, als Mutter berufstätig zu sein und solche Sachen. Wir verstanden uns gut, und auch Felix und Charlene schienen einen Draht zueinander gefunden zu haben.

Abends, im Hotel, fragte mich Felix: »Darf Charly uns besuchen kommen? Ich möchte ihr gern mein Baumhaus zeigen.«

»Natürlich.« Jetzt war ich wirklich froh, diese Reise gemacht zu haben.

»Oder wir fahren mal zusammen an die Nordsee. So wie wir beide, früher, weißt du noch?«

»Natürlich weiß ich das noch.«

»Das fände ich super. Wir alle in einem Abteil, und dann machen wir Urlaub am Meer, und ich kann mit Charly spielen und du mit Gaby quatschen, so lange du willst.«

Ich musste lächeln. Ja, das war ein schöner Gedanke.

»Weißt du«, sagte er dann, »ich war neidisch, dass sie unseren Vater kennt und mit ihm zusammengelebt hat.

Aber das bin ich jetzt nicht mehr. Uns geht es doch viel besser mit Opa und Hilde und so. Und auch mit Hannes. Irgendwie tut mir Charly richtig leid.«

Ich nahm ihn in den Arm und drückte ihn. »Willst du denn deinen Vater auch mal kennenlernen?«

»Darüber muss ich erst nachdenken«, sagte er. Dann schaltete er den Fernseher ein und zappte durch die Kanäle.

Die Rückfahrt am nächsten Tag verlief ohne weitere Vorkommnisse. Felix durfte vorn in den Triebwagen und auch mit in unser Dienstabteil und fand alles voll super und spannend. »Deine Arbeit ist voll cool«, fand er.

Als wir in Köln ankamen, wurde mir ein wenig mulmig. Hannes hatte ich die ganze Zeit über nicht erreicht, sein Handy war fast das ganze Wochenende über aus gewesen. Würde er uns abholen, wie er es versprochen hatte?

Doch als der Zug einfuhr, stand er auf dem Bahnsteig, und er sah so nervös aus, wie ich mich fühlte. Erleichtert fiel ich ihm um den Hals.

»Und?«, fragte er.

»War voll cool«, sagte Felix und nahm Hannes' Hand. »Das nächste Mal musst du mitkommen.«

»Das *nächste* Mal?«

»Ja, ich habe jetzt eine Schwester, um die muss ich mich doch kümmern. Die ist echt arm dran, weil unser Vater wirklich doof ist und nichts mehr von ihr wissen will. Von mir auch nicht, aber das ist nicht schlimm. Er scheint nicht besonders nett zu sein. Und außerdem habe ich ja dich.« Felix strahlte.

Hannes sah mich an und warf mir einen Luftkuss zu. Da wusste ich, alles würde gut werden.

Zunächst einmal musste aber geheiratet werden. Und zwar ganz stilecht in einer alten Dampflok am Niederrhein. Das war natürlich der perfekte Ort für eine Bahnerhochzeit und das ideale Setting für ein so verliebtes Paar wie Söckchen und Lukas, den Lokomotivführer.

Wir fuhren nach Krefeld, wo die Dampfeisenbahn schon auf uns wartete. Bis zu achtzig Gäste können mit dem Schluff, wie diese Bahn gemeinhin heißt, mitfahren. Der Standesbeamte begrüßte die Hochzeitsgesellschaft am Bahnsteig der historischen Eisenbahn, die an jedem Sonn- und Feiertag zwischen Mai und Oktober von Hunderten von Fahrgästen als beliebtes Ausflugsziel angesteuert wird. Die Strecke, die man mit der Bahn zurücklegen kann, reicht von St. Tönis über den Krefelder Nordbahnhof zum Naherholungsgebiet Hülser Berg. Ein- bis zweimal im Jahr kann der Schluff für standesamtliche Trauungen genutzt werden. Die Termine sind meist schon monatelang vorher ausgebucht.

Aufgeregt warteten wir am Bahnhof. Söckchen sah hinreißend aus in ihrem Kleid, das champagnerfarben und im Stil der Zwanzigerjahre gehalten war – tiefe Taille und lange Fransen, und natürlich trug sie auch eine riesige Perlenkette. Lukas, der Bräutigam, kam in Frack und mit Zylinder. Er reichte ihr die Hand, und während die Dampflok laut und schrill pfiff, führte er sie in den Großraumwagen des Zuges. Dort gab es eine Bar, an der Getränke ausgeschenkt und Häppchen serviert wurden. Die mit rotem Samt bezogenen Sitze der Waggons waren leider nicht so bequem, wie sie aussahen, aber die Fahrt dauerte nur etwas mehr als eine halbe Stunde – das konnte man auf sich nehmen. Die Stimmung war ausgelassen, wir alle freuten uns mit dem Paar, als die romantische Reise endlich losging und sich der Zug lautstark in Bewegung setzte.

Hannes zog mich mit sich nach draußen auf eine der Verbindungsplattformen zwischen den Wagen. Schweigend standen wir da, Arm in Arm, und bewunderten die Aussicht. Es ging an romantischen Hinterhöfen und schönen Gärten vorbei. Dann verlangsamte sich die ohnehin schon gemütliche Fahrt, die einem genügend Zeit ließ, alles zu genießen. Nach dreißig Minuten Fahrt erreichten wir das Hülser Bruch, den Wald. Die Äste der Bäume hingen tief über dem Gleisbett, streiften am Zug entlang. Der Dampf der Lok wehte uns ins Gesicht. So, dachte ich, war das wohl früher. Das Stampfen der Lok, immer wieder der schrille Warnpfiff und der dichte weiße Dampf.

Als wir schließlich die Endstation erreichten und der Zug anhielt, hörte das Stampfen auf. Nun versammelten wir uns alle im Trauzimmer – einem Waggon ohne Sitzbänke, in dem ein Tisch aufgebaut war, vor dem zwei Sessel standen. Jetzt wurde es ernst. Mich ergriff ein wohliger Schauer. Ach, wie gern würde ich auch mal so eine schöne Hochzeit haben!

Söckchen und Lukas setzten sich auf die Stühle, der Standesbeamte, auch stilecht mit Frack und Weste bekleidet, hielt seine kleine Ansprache. Ich bekam kaum mit, was er sagte. Die feierliche Stimmung, das Flair und die Tatsache, dass mein Söckchen nun endlich unter der Haube war – all das ging mir sehr zu Herzen. Eine Freundin von Marie, die ziemlich gut Gitarre spielen und noch besser singen konnte, gab eine sehr schöne Coverversion von »Your Song« von Elton John zum Besten.

Dann war es endlich so weit. Das Jawort und der Tausch der Ringe. Ich brachte das Kissen, auf dem die beiden goldenen Schmuckstücke lagen, und meine Hände zitterten wie Espenlaub.

Der Standesbeamte nahm das Kissen entgegen und erhob die Stimme. »Wollen Sie, Lukas Schmitz, mit Ihrer hier anwesenden Verlobten, Marie Sock, die Ehe eingehen? Dann antworten Sie bitte mit Ja.«

Lukas' Stimme klang belegt. »Ja.«

Der Standesbeamte nickte ihm zu und wandte sich dann Söckchen zu. »Nun meine Frage auch an Sie, Frau Sock. Wollen auch Sie mit Herrn Lukas Schmitz die Ehe eingehen? Dann antworten Sie bitte ebenfalls mit Ja.«

Marie warf Lukas einen langen Blick zu. In ihren Augen schimmerten die Tränen. Die Hochzeitsgesellschaft hielt kollektiv die Luft an. Und gerade, als Söckchen den Mund öffnete, erklang ein durchdringender Pfiff von der Dampflok: »Tuuuuuuuutuuuuuuuuut!«

Stille.

Der Standesbeamte starrte erst Söckchen, dann Lukas an. Dann blickte er auf das Buch in seinen Händen. »Ich, äh …«, stammelte er, »… ich habe Sie nicht richtig …«

Der Rest ging in einem weiteren infernalisch lauten Pfiff der Lok unter: »Tuuuuuuuutuuuuuuuuut!«

»Was?« Söckchen hatte sich nach vorn gebeugt, weil sie den Standesbeamten offenbar nicht verstanden hatte.

Da pfiff die Lok erneut über den geschrienen Satz des Beamten hinweg, der nur bruchstückhaft zu verstehen war. »Wollen – tuuuuutuuuuu – Lukas – tuuuuutuuuuu – eingehen? Dann antwort… – tuuuuutuuuuu – Ja!«

Und Marie schrie aus Leibeskräften: »Jaaaaa!«

Nur dass die Lok in diesem Augenblick keinen Mucks mehr von sich gab.

Der Standesbeamte, dem Marie gerade noch ihr Ja entgegengebrüllt hatte, fasste sich als Erster. »Dann erkläre ich, dass Sie nunmehr kraft Gesetzes rechtmäßig verbundene Eheleute sind.«

Alle seufzten auf.

»Herr Schmitz, Sie dürfen die Braut jetzt küssen.«

Aber Marie war schneller.

Nach der Zeremonie und dem anschließenden Sektempfang ging es zurück zum Ausgangspunkt. Wir würden in der Gaststätte »Nordbahnhof« einkehren. Das ehemalige Krefelder Bahnhofsgebäude wird heute als Restaurant bewirtschaftet – wie so viele alte Bahnhöfe an stillgelegten Strecken. Liebevoll restauriert haben sie das Flair und die Atmosphäre der alten Gebäude erhalten. Dort feierten wir nach der zauberhaften Fahrt bis zum Morgengrauen.

Am nächsten Morgen würden die beiden schon früh zu ihrer Hochzeitsreise aufbrechen – vierzehn Tage mit der Transsibirischen Eisenbahn. Es war schon immer Söckchens Traum gewesen, einmal damit zu fahren, ein Traum, den sie zum Glück mit Lukas teilte und sich nun erfüllte. Die Strecke von Moskau nach Wladiwostok ist über neuntausend Kilometer lang – die reine Fahrtzeit beträgt hundertsechzig Stunden. Natürlich muss man nicht die ganze Strecke fahren, aber es lohnt sich wirklich.

Es gibt aber auch andere spektakuläre Bahnfahrten, die sich für Hochzeitsreisen eignen. Ob der Rovos Train quer durch Afrika, der Orientexpress nach Istanbul oder der Tren a las Nubes, der Wolkenzug, in Argentinien – was kann es Schöneres geben, als den Honeymoon auf einer historischen Bahnstrecke zu verbringen? Mein Traum ist die Fahrt von Daressalam nach Kapstadt – durch fünf Länder des afrikanischen Kontinents im Stil der Goldenen Zwanziger. Diese Reise ist allerdings derartig teuer, dass sie wohl für immer ein Traum bleiben wird.

Unabhängig davon: Um zu seiner Hochzeitsreise aufzubrechen, sollte man idealerweise verheiratet sein. Ich war ja noch nicht einmal verlobt. Aber auch dafür, da war ich mir sicher, würde es eine Lösung geben.

14 Der Teufel steckt im ICE

Meine Damen und Herren, wir sind pünktlich und
werden alle Anschlusszüge erreichen. Ich weiß
auch nicht, was los ist. Vielleicht warten wir lieber
noch ein paar Minuten, bevor wir in den Bahnhof
einfahren, um nicht für Verwirrung zu sorgen.

Es gibt gute Fahrten, es gibt schlechte Fahrten, es gibt Verspätungen, Personenunfälle und technische Defekte. Die Bahn ist ein riesiges Unternehmen, bei dem viele Menschen arbeiten, die alle auch mal Fehler machen können. Ich bin auch nur ein Mensch, und hin und wieder mache auch ich Fehler.

Neulich hatte ich einen Marathon quer durch Deutschland, der es wirklich in sich hatte.

Alles fing in Düsseldorf an. Dort fuhr mein Zug mit technischen Problemen ein. Wir hatten Verspätung, und ich war angespannt. Der Zug sollte nach Binz auf Rügen fahren, aber ich wusste nicht, wann er das tun würde. Bei Verspätungen kann man nicht einfach irgendwann losheizen – man muss auf Anschlusszüge warten und Freigaben erhalten, immerhin ist man nicht der einzige Zug auf der Strecke.

Während ich am Bahnsteig auf Informationen wartete, ob und wie es weiterging, kam ein Mann zu mir. »Entschuldigen Sie«, sagte er. »Ist dies der Zug nach Hamburg?«

»Nein«, sagte ich genervt – nicht von ihm, sondern von der Situation.

»Wo fährt denn der Zug nach Hamburg?«

»Bitte gehen Sie zur DB Information und fragen Sie dort nach. Ich weiß es nicht.«

Er ging, und eine Frau kam auf mich zu. »Hamburg?«, fragte sie.

Ganze Sätze?, hätte ich beinahe gesagt. Stattdessen sagte ich kurz angebunden: »Düsseldorf.«

»Ja, aber Hamburg?«

»Düsseldorf.«

»Ich will wissen, ob das der Zug nach Hamburg ist!« Sie schnaubte.

»Wir sind in Düsseldorf«, sagte ich, »und dies ist der Zug nach Binz. Wo der Zug nach Hamburg abfährt, erfahren Sie an der DB Information.«

Sie schnaubte wieder und drehte ab.

Dann kam endlich der Anruf, dass die technischen Probleme so weit beseitigt waren, nur zwei der Türen nicht öffneten, wir aber weiterfahren konnten. Nach Binz.

Eine Reisegruppe kam auf unseren Zug zu, mit ihr ein Mitarbeiter der Bahnhofsmission, der ihnen mit dem Gepäck half. »Dies ist der Zug«, sagte er, »den Sie gebucht haben. Nach Hamburg. Ich wünsche Ihnen eine gute Fahrt.«

Sie stiegen ein, und ich wartete noch ein wenig länger als gewöhnlich, bevor ich die Zugmeldescheibe hob, doch dann drängte der Zugchef, und ich musste meine Türen schließen.

Als wir abfuhren, sah ich den Mann und die schnaubende Dame wieder am Bahnsteig erscheinen. Zu spät leider. Sie hatten den Zug verpasst, der über Hamburg nach Binz fuhr. Und zwar meinetwegen. Ich fühlte mich fürchterlich.

Nach einer Übernachtung auf Rügen ging es für mich dann wieder zurück nach Köln. Wieder fuhr ich in die Hansestadt an der Elbe, wo ich eine kurze Pause hatte, bevor es dann per ICE Richtung Süden weiterging. Auf der Fahrt kam ich während eines Kontrollgangs in ein Sechserabteil. Dort stand ein Mann am Fenster und schaute nach draußen. Er war groß wie ein Schrank, ganz in Schwarz gekleidet und hatte lange dunkle Haare. Er schien mich nicht zu bemerken.

»Die Fahrkarte bitte.«

Er wandte sich um und grinste. »Ich bin der Teufel.«

»Das mag ja sein«, antwortete ich. »Ich brauche trotzdem Ihre Fahrkarte.«

»Hast du mich nicht verstanden?«, fragte er mich. »Ich bin der Teufel. Ich habe keine Fahrkarte.«

»Sie können bei mir einen Fahrschein nachlösen. Wo soll es hingehen?«

»Nach Hause.«

»Und das ist wo?«

»Also, Sie sind wirklich schwer von Begriff«, sagte er nun. »Das ist natürlich in der Hölle. Der Zugang zur Hölle ist in Stuttgart.«

»Dieser Zug fährt nicht nach Stuttgart, sondern nach Frankfurt. Sie können aber dort in einen Zug nach Stuttgart umsteigen. Dennoch brauchen Sie eine Fahrkarte.«

»Mann, begreifen Sie das nicht? Ich kann gar keine Fahrkarte lösen! Ich bin doch der Teufel, und die Fahrkarte würde in meinen Händen verbrennen. Das Geld genauso.« Er hob die Hände und drehte sie vor mir hin und her, als würde das alles erklären. »Alles verbrennt zwischen meinen Fingern. Ich bin der Teufel!«

Okay, dachte ich, der Typ hat ganz sicher nicht mehr alle Latten am Weidezaun. Aber er war mir auch eine Nummer zu groß – ich holte mir lieber Hilfe. Nicht, dass ich mich am Ende mit dem Falschen anlegte. Zum Glück würde mein Dienst bald enden.

Ich ging zur Sprechstelle und rief den Zugchef an. »In Wagen 2, in einem der Abteile, steht der Teufel. Leider ohne Fahrausweis. Er will auch nicht bezahlen, er sagt, er würde alles verbrennen, was er berührt.« Nur mühsam konnte ich meine genervte Stimmung unterdrücken.

»Was?«, fragte der Zugchef Matze entgeistert.

Ich erklärte ihm genau meine Begegnung mit dem Teufel.

»Okay«, sagte er. »Dann sagen wir schon mal im nächsten Bahnhof Bescheid. Das ist Bremen. Sollen die sich um ihn kümmern.«

Kurz darauf rief mich Matze zu sich ins Dienstabteil. »Die haben eine Suchmeldung«, sagte er. »Der Typ ist aus der Psychiatrie ausgebüxt. Er ist harmlos. Trotzdem holen wir ihn mal lieber zu uns. Nicht, dass er noch jemandem halbgare Deals mit der Unterwelt anbietet.«

Gemeinsam gingen wir zu ihm. »Ich habe gehört, Sie sind der Teufel?«, fragte Matze freundlich.

Der Mann nickte.

»Und Sie haben keine Fahrkarte?«

»Sind denn alle hier nur blöd? Natürlich habe ich keine Fahrkarte! Ich könnte sie ja gar nicht anfassen, sie würde verbrennen. Alles, was ich anfasse, geht in Flammen auf.«

»Gut. Das kann man dann natürlich nicht ändern. Darf ich Sie bitten, uns zu folgen?«

»Wohin?«

»Ins Dienstabteil. Dort kann ich auch nachschauen, welche Verbindungen es für Sie gibt. Natürlich befördern wir den Teufel unentgeltlich, aber nicht jeder ist gut auf Sie zu sprechen, wissen Sie. Wir wollen die anderen Fahrgäste nicht beunruhigen. Wo wollten Sie doch gleich hin?«

»Nach Stuttgart. Dort ist einer der geheimen Zugänge zur Hölle«, sagte der Teufel mit diabolischem Grinsen.

»Ja, das muss der Bahnhof sein«, murmelte ich.

»Wir würden Ihnen gern helfen, nach Hause zu finden«, sagte Matze freundlich.

Innerlich rüstete ich mich schon gegen eine weitere Diskussion, doch zu meiner Überraschung blieb sie aus. Der Teufel folgte uns ohne Widerspruch ins Dienstabteil und setzte sich breitbeinig hin. Bis Bützow war es nicht mehr weit, und bald schon erreichten wir den Bahnhof. Die Polizei war noch nicht da, aber wir würden warten, bis sie kamen. Mit einem psychiatrischen Flüchtling zockelte man nicht seelenruhig durch die Landschaft. Wir hatten die Fahrgäste informiert, dass es auf der Strecke vor uns zu Schwierigkeiten gekommen war und wir warten mussten. Die Raucher nutzten die unverhoffte Gelegenheit, sprangen aus dem Zug und steckten sich ihre Zigaretten an.

»Ich muss raus«, sagte der Teufel plötzlich und sprang auf.

Matze und ich sahen uns an. Wir konnten den Hünen unmöglich festhalten.

»Wieso?«, fragte Matze.

»Ich muss rauchen! Ich bin der Teufel, und in der Hölle wird gequalmt, verstehst du?« Er drängelte sich an uns vorbei und sprang auf den Bahnsteig. Wir folgten ihm schnell, er sollte nicht einfach so abhauen. Aber das hatte er gar nicht vor. Er quatschte den erstbesten Raucher an. »Ey, haste mal eine Kippe für mich?«

Der Typ gab dem Teufel eine Zigarette.

»Und Feuer?«, fragte er dann.

»Feuer?« Matze, der hinter ihm stand, lachte laut. »Mann, du bist doch der Teufel! Du brauchst doch gar kein Feuer.«

Der Teufel legte die Stirn nachdenklich in Falten, dann grinste er. »Stimmt«, sagte er und steckte sich die Zigarette unangezündet in den Mund. Er sog daran und tat so, als würde er sie rauchen. »Geil!«

Endlich kam die Polizei. Zu unserer Überraschung ließ sich der Teufel ohne Widerrede abführen. Er verbeugte sich sogar vor uns, bevor er abgeführt wurde. Seit dieser Fahrt wusste ich: Der Teufel steckt im ICE, und er ist nicht zwingend ein Bahnmitarbeiter.

Hannes war nicht so begeistert, als ich ihm am Abend die Sache mit dem Teufel erzählte. Er schüttelte besorgt den Kopf. »Da sind doch lauter bekloppte Leute unterwegs. Muss ich mir Sorgen machen?«

»Blödsinn. Überleg doch mal, wie viele Jahre ich schon bei der Bahn arbeite. Da passiert so schnell nichts.«

Hannes liebte mich, das wusste ich. Und er wollte mich beschützen, deshalb nehme ich ihm seine Sorge nicht übel. Aber ich erzählte ihm auch nicht, was mir auf dieser Fahrt außerdem passiert war.

Wir waren kurz vor Hamburg gewesen und der Zug war relativ leer. An einem eiskalten Tag im Februar fuhren nun mal die wenigsten an die Ostsee in den Urlaub – beziehungsweise von dorthin zurück nach Hause. Ich drehte meine Runde durch die Abteile und kontrollierte die Tickets, dabei fiel mir ein junger gut aussehender Typ auf, der allein in einem Abteil saß und mich auffällig musterte.

Als ich seine Fahrkarte überprüfte, sagte er: »Na?«

Ich blickte von den Unterlagen auf. »Na?«

»Wie wäre es mit uns beiden?«, fragte er da.

»Bitte wie?«

»Na komm. Du willst es doch auch.«

Da fehlten mir doch glatt die Worte. Mit gespieltem Bedauern schüttelte ich den Kopf: »Bin leider schon vergeben.«

»Macht ja nix«, sagte er. »Freie Liebe.«

»Hmhm«, erwiderte ich und ging.

Im Dienstabteil traf ich Charlotte, die heute mit mir die zweite Klasse betreute. »Da war so ein Typ«, fing sie an zu erzählen und schnappte dann hörbar nach Luft.

Ich imitierte seine Stimme. »Wie wäre es mit uns beiden?«

Charlotte prustete los. »Sag bloß, bei dir hat er es auch probiert!«

Na warte, Freundchen.

Wir riefen Steven, den schwulen Steward aus der ersten Klasse an, und ich weihte ihn in meinen kleinen Racheplan ein. Steven ist ein sehr netter Mann und immer für einen kleinen Spaß zu haben, also war er direkt dabei. Wir schickten ihn in das Abteil, in dem der junge Mann immer noch ganz allein saß. Während Steven sehr langsam und lasziv die gläserne Schiebetür öffnete, mussten Charlotte und ich, die wir nur wenige Meter von dem Abteil entfernt warteten und alles mithörten, uns am Riemen reißen, um nicht laut loszulachen.

»Na?«, sagte Steven und machte das Teekesselchen: ein Arm in die Taille gestemmt, der andere abgeknickt zur Seite.

Der junge Typ schaute ihn fassungslos an. »Hi.«

»Wie wäre es mit uns beiden?«, fragte Steven.

»Ich … äh …« Der junge Mann stotterte und brachte kaum ein Wort heraus. Ihm war die Situation merklich unangenehm.

»Komm schon. Du willst es doch auch«, sagte Steven, trat einen Schritt in das Abteil hinein und schloss die Tür hinter sich.

So schnell wir konnten, verschwanden Charlotte und ich hinter einer Ecke – keine Sekunde zu früh, denn schon kam der junge Mann den Gang entlanggeeilt, seine Sachen hastig zusammengerafft, die Tasche noch offen.

Steven schlenderte lachend hinter ihm her. »Das wird ihm eine Lehre sein«, kicherte er. »Der hatte so eine Angst vor mir – ich lach mich kaputt! Als würde ich ihn an Ort und Stelle vernaschen. Keine Sorge, so schnell macht der sich an niemanden mehr ran!«

In Hamburg waren auch zwei gut gelaunte junge Frauen eingestiegen. Sie kamen gerade aus dem Urlaub, wie man deutlich sah. Braun gebrannt, fröhlich, erholt. Ein wenig beneidete ich sie. Sie gingen in den Speisewagen und bestellten hemmungslos. Die waren nicht nur ausgeruht, die schienen auch ausgehungert zu sein.

Als ich wieder durchkam, hielt mich der Zugchef an. »Jule«, sagte Uwe zu mir, »siehst du die beiden dort drüben?« Er zeigte auf die jungen Frauen. Plötzlich wirkten sie nicht mehr so fröhlich. »Du kannst dir nicht vorstellen, was mit denen ist.«

»Ihren Fahrschein haben sie, das habe ich schon kontrolliert.«

»Ja, aber sie haben gedacht, dass es in der Bahn wie im Hotel mit Vollpension sei: alles umsonst. Nun haben sie nicht genügend Geld bei sich, um zu bezahlen.«

»Das ist wirklich schwer zu glauben. Da stehen doch überall Preise!«

»Sie dachten, die seien für die anderen Gäste. Die, die nicht all-inclusive gebucht haben.«

»Oh. Man kann bei der Bahn all-inclusive buchen?«

Uwe schüttelte den Kopf. »Nein. Sie waren zwei Wochen in Thailand, da gab es wohl alles, was das Herz begehrt, ohne Limit – man musste nur ein blaues Bändchen am Handgelenk tragen. Offenbar dachten sie, dass all-inclusive auch für die Zugfahrt gilt.«

Ich lachte auf. »Und jetzt?«

»Die eine will beim nächsten Halt raus und schnell zum Geldautomaten. Kannst du darauf achten, dass sie auch wieder reinkommt?«

Ich überlegte. Am nächsten Halt in Osnabrück hatten wir einen unplanmäßigen siebenminütigen Aufenthalt, da wir noch auf einen Anschlusszug warten mussten, der Verspätung hatte. Mit ein wenig Glück und Spucke konnte sie es schaffen. »Dann schauen wir mal, ob wir das hinbekommen.«

Ich ging mit ihr zur Tür, und sie sprintete, sobald ich die Tür geöffnet hatte, los. Dann wartete ich. Die Zeit verging, hinter mir stand ihre Freundin, trippelte nervös von einem Fuß auf den anderen.

»Wir sind keine Zechpreller«, kiekste sie aufgeregt, »aber wir haben gerade zwei Wochen Thailand hinter uns. Und im Flugzeug hat es doch auch nichts gekostet.« Sie sah mich aus großen Rehaugen an. »Kristy hat gesagt, hier kostet es bestimmt auch nichts, weil wir ja das Ticket mit dem Flug gebucht haben.« Dann seufzte sie. »Wird sie es schaffen?«

Ich verkniff mir mein Lachen. »Hoffen wir es für dich«, sagte ich ernst, was sie mit einem entsetzten Gesichtsausdruck kommentierte. Was glaubte sie wohl, was wir mit Leuten wie ihr anstellten? Sie hinter dem Zug herziehen?

Obwohl alle anderen Türen schon geschlossen waren, wartete ich noch. Und dann endlich kam Kristy wieder die Treppe hoch, hastete zum Zug und hüpfte hinein. Sie strahlte uns an. »Gimme five!«, sagte sie zu ihrer Freundin und hob die Hand. Die beiden klatschten sich ab, dann war ich an der Reihe. »Sie sind einfach nur mega«, sagte Kristy und ließ mich ebenfalls abklatschen. »Ehrlich, wenn ich mal so alt bin wie Sie, bin ich hoffentlich auch so cool!«

Äh … danke.

Über den ereignisreichen Umlauf dachte ich auch drei Tage später noch nach, als es für mich wieder einmal nach München ging. Ich hatte dort eine Übernachtung und nutzte sie, um Charly und Gaby zu treffen, wenn ich schon mal hier war. Es war erst sechs Uhr abends, als ich ankam, und sie holten mich am Bahnhof ab. Wir fuhren mit der Straßenbahn zu den beiden nach Hause. Ich vermisste meinen Sohn und Hannes in solchen Augenblicken sehr, aber die Zeit allein gab mir die Gelegenheit, die Batterien wieder aufzufüllen. Zu Hause gab es immer etwas zu erledigen – Wäsche, Haushalt, Garten. Seit Hannes bei uns wohnte, wusch ich fast jeden Tag eine Maschine. Das war nervig. Toll war aber, dass sich Hannes um meinen Sohn kümmerte, seit er bei uns wohnte. Felix war gut bei ihm aufgehoben, darum musste ich mich nicht sorgen. Und bald konnte er auch allein bleiben, er wurde so schnell groß.

Mit seiner Schwester verstand er sich blendend. Es war, als hätte er sein Leben lang diese eine Stelle in seinem Leben unbesetzt gehabt, und nun war da Charly, seine coole große Schwester, die er in Köln stolz seinen Freunden vorführte. Charly war schon mehrfach übers Wochenende bei uns gewesen, und auch Felix hatte seine Halbschwester schon öfter ohne mich besucht. Alexander Sulzmann, der abwesende Vater der beiden, leitete inzwischen ein Hotel in Dubai. Er zahlte anstandslos Unterhalt, interessierte sich aber nicht weiter für die Kinder. Charly litt darunter wesentlich mehr als Felix, der es ja gar nicht anders kannte.

Darüber dachte ich nach, als wir mit der Straßenbahn zur Isar fuhren. Die Kontrolleurin kam, schaute auf unsere Tickets, ging weiter. Sie steuerte einen Mann mit seinem Sohn an. »Die Fahrkarten, bitte.«

Der Mann zog hektisch das Ticket hervor, zeigte es ihr. Sie sah kritisch zu dem Kind. »Wie alt ist denn Ihr Sohn?«, wollte sie wissen.

Ich musste lächeln. Dasselbe hätte ich auch wissen wollen. Fahrten für Kinder bis sechs Jahren waren frei, und dieser kleine Rotzbengel sah älter aus.

»Fünf«, sagte der Vater.

»Nicht wahr. Ich bin sechs!«, krähte der Junge.

»Du bist fünf«, sagte der Vater streng.

»SECHS!«

»Nein, fünf.«

Die Kontrolleurin grinste. »Ich glaube, du bist wirklich fünf …«

»Nein, ich bin seeeeheeeeechs!«, brüllte der Sohn mit mittlerweile puterrotem Kopf.

»Wissen Sie was?«, sagte eine junge Frau, die in der nächsten Reihe saß. »Sagen wir doch einfach, dass wir nicht sechs, sondern sieben Uhr haben, dann kann der Junge bei mir mitfahren.«

»Jetzt, wo Sie es sagen«, meinte die Kontrolleurin lachend. »Wann bist du denn sechs geworden?«

»Gestern«, sagte der Neunmalklug stolz.

»Na, dann herzlichen Glückwunsch nachträglich«, sagte sie und zwinkerte dem Vater zu, der sich ganz offensichtlich wünschte, in einem Erdloch zu verschwinden.

15 Die Zugschubse, dein Freund und Helfer

*Wir möchten Sie außerdem daran erinnern,
dass ein Lächeln ein Zeichen der Freundlichkeit,
kein Signal der Schwäche ist, und wünschen
Ihnen eine angenehme Weiterfahrt.*

Der Zug war proppenvoll. Durch Gleisbauarbeiten konnten nicht alle Züge von Norden nach Süden an Frankfurt vorbeifahren. Das war zwar vorher angekündigt worden, aber nicht jeder Bahnkunde liest die Bekanntmachungen. Entsprechend schlecht war die Stimmung.

»Ihre Fahrkarten bitte.« Ich sagte meinen Spruch mit einem Lächeln, so klang meine Stimme freundlicher, und manchmal half das direkt, um blöden Sprüchen vorzubeugen.

»Hallo?«, sagte jemand und tippte mir energisch auf die Schulter. »Bekomme ich meinen Anschlusszug in Mannheim?«

»Welcher ist das denn?«, fragte ich zurück.

»Ich muss nach Weinheim.«

»Welcher Anschlusszug ist das denn?« Ich zückte mein Mobiles Terminal und gab schon mal Mannheim ein.

»Das müssen Sie doch wissen. Sie arbeiten doch bei der Bahn.« Er sah so aus, als wollte er jeden Moment mit dem Fuß aufstampfen.

»Ich kann nachschauen, welche Züge planmäßig ab Mannheim in Richtung Weinheim fahren. Eine Glaskugel, die mir sagt, welche Verbindung Sie gebucht haben, habe ich leider nicht«, sagte ich immer noch lächelnd.

Der Mann kramte in seiner Tasche, zog seine Fahrkarte hervor und hielt sie mir unter die Nase. »Diese!«

Mit einem Blick sah ich, dass er eine regionale Verbindung gebucht hatte, die halbstündlich fuhr. Außerdem lagen wir gut in der Zeit. Der Zug war voll, aber nicht verspätet. »Das wird klappen, und falls doch nicht, kommt dreißig Minuten später die nächste Bahn.«

Ich gab ihm die Fahrkarte zurück. Sein Blick war immer noch angesäuert, aber er schluckte die Bemerkung herunter, die ihm auf der Zunge zu liegen schien.

Da zog mich jemand anderes am Arm. »Kommen wir pünktlich an? Warum ist es hier so voll? Ich finde gar keinen Platz.«

»Haben Sie eine Platzreservierung?«, fragte ich den älteren Herrn im schlecht sitzenden Tweed-Sakko.

»Nein. Vier Euro fünfzig, damit ich sitzen kann? Normalerweise ist doch immer irgendwo etwas frei.«

»Heute aber nicht. Da hätten sich die vier fünfzig vielleicht gelohnt.«

»Die Bahn darf doch nicht mehr Karten verkaufen, als es Sitzplätze gibt«, empörte er sich.

Ich seufzte innerlich auf. Sollte ich ihm jetzt erzählen, dass man Fahrkarten auch ohne Zugbindung kaufen konnte? Und dass auch ›die Bahn‹ nicht hellsehen konnte, wer mit welchem Zug fahren würde? Dass heute einige Züge ausgefallen waren und es deshalb voller war als normal? Was er hätte wissen können, wenn er sich informiert hätte? All das erzählte ich ihm natürlich nicht. Zum einen brachte es einfach nichts, den Kunden diese Dinge zu erklären. Zum anderen hatte ich dafür nicht die Zeit.

»Ich kann nicht ändern, dass es heute so voll ist. Ich bin im Übrigen auch nicht schuld daran. Aber vielleicht gibt es hinten noch Sitzplätze«, sagte ich so freundlich wie möglich.

»Jetzt muss ich durch den ganzen Zug laufen? Unverschämtheit«, grummelte er und trollte sich dann zum Glück.

Eine junge Frau kam auf mich zu. »Gibt es irgendwo noch einen Platz?«, fragte sie und klang verzweifelt.

»Das wird schwierig. Haben Sie denn nicht reserviert?«

»Doch, natürlich. Aber da sitzt so ein Typ neben mir, der ist mir nicht ganz geheuer.« Sie senkte den Kopf, und ich sah, dass sie rot wurde. »Ich möchte da nicht mehr sitzen.«

»Hat er irgendetwas gesagt oder gemacht? Hat er Sie belästigt?«, fragte ich.

Sie nickte stumm.

»Was hat er denn getan?«

»Er hat sich da … berührt«, flüsterte sie.

»Da?«

»Na, da unten …« Ihre Worte waren nur ein Hauch, kaum zu verstehen.

»An den Genitalien?«

Sie nickte. »Er hat die Hose geöffnet und dann …«

»So etwas geht ja gar nicht!«, sagte ich energisch. »Wo sitzen Sie?«

Exhibitionisten gibt es immer mal wieder, allerdings stehen sie eher an den Bahnhöfen und entblößen sich vor dem abfahrenden Zug. Manchmal jedoch nehmen auch sie die Bahn. Und dann kann es zu solchen Situationen kommen. Allerdings gibt es viele Frauen, die in diesem Augenblick wie gelähmt sind vor Angst und sich nicht zur Wehr setzen. In einem vollen Zug kann ihnen eigentlich nichts passieren, sie müssen sich nur melden – die Zugbegleitung oder andere Fahrgäste ansprechen.

Der Mann auf dem Fensterplatz trug einen feinen Anzug, war gut frisiert. Neben ihm hing ein teurer Mantel. Hatte ich mich im Platz vertan? Ich schaute mich um, aber alle anderen Plätze im Großraumwagen waren besetzt. Die junge Frau, die weiter hinten stand, nickte mir zu und deutete auf den Mann.

Ich trat einen Schritt näher. Tatsächlich, der Reißverschluss seiner Hose war geöffnet, er saß breitbeinig da – mehr war allerdings nicht zu sehen.

»Entschuldigung«, sagte ich und beugte mich zu ihm. »Ihre Hose …«

Er sah mich an, lächelte. »Boss. Der Anzug ist von Boss.«

»Das mag sein, aber das meine ich nicht. Ihr Reißverschluss …« Ich deutete mit dem Kinn in Richtung seines Schritts. »Er ist offen.«

Nun sah er an sich herunter. »Ja, das stimmt.« Er machte keine Anstalten, das zu ändern.

»Es haben sich Fahrgäste beschwert«, erklärte ich nun etwas lauter. »Über Ihr unsittliches Benehmen.«

»Unsittlich? Was war denn unsittlich?«

Na, der hatte ja Nerven! In einem vollbesetzten Zug eine derlei unangenehme Diskussion zu führen – für ihn, nicht für mich.

»Sie sollen sich unsittlich an Ihrem Genital berührt haben.«

»Unfug. Ich habe mich gekratzt. Am Penis. Hat nun mal gejuckt.« Er zuckte mit den Schultern.

Ich beugte mich noch tiefer zu ihm hinunter und sagte nun so laut, dass es alle außen rum hörten: »Entweder Sie schließen nun Ihre Hose, oder ich werde es für Sie erledigen.«

Es gab einen Moment der Stille, in dem er mich fixierte. Er schien abzuwägen, ob es den Ärger mit mir wert war. Dann zog er mit einem ärgerlichen Ausatmen den Reißverschluss zu. »Recht so?«

»Sollte ich noch so eine Beschwerde hören, werden Sie den Zug verlassen. Ich habe Sie im Auge!«, zischte ich.

»Nun haben Sie sich mal nicht so«, meinte er und lachte, als wäre ich hysterisch. »Außerdem steige ich sowieso gleich aus.«

Ich ging zurück zu der jungen Frau. Sie war bleich und wirkte sehr verängstigt. »Das war ein inakzeptables Verhalten«, sagte ich. »Gut, dass Sie sich bei mir gemeldet haben.«

»Ich habe Angst, mich wieder dorthin zu setzen.«

Das konnte ich verstehen. Auch wenn der Typ nicht handgreiflich geworden und nicht weiter gegangen war, dies war als ein sexueller Übergriff zu verstehen. Rechtlich konnten wir leider nicht gegen ihn vorgehen, aber ich vermochte, die junge Frau zu schützen. Ich brachte sie in die erste Klasse, dort waren noch Plätze frei, und bat meine Kollegin, die dort Dienst hatte, besonders auf sie zu achten.

Der widerliche Typ stieg tatsächlich am nächsten Halt aus. Ich ging wieder zu der jungen Frau. »Er ist weg, ausgestiegen. Sie brauchen keine Angst mehr zu haben.«

Sie lächelte mich dankbar an. »Er hat ja nicht wirklich etwas gemacht, außer sich zu kratzen … Jetzt komme ich mir schon albern vor.«

»Nein, das ist nicht albern. Sie haben sich richtig verhalten. Auch wenn er sich nur an den Genitalien gekratzt hat, das ist Erregung öffentlichen Ärgernisses, und das muss man nicht dulden. Und ich kann sehr gut verstehen, dass Sie sich bedroht gefühlt haben. Falls Ihnen wieder so etwas passiert, scheuen Sie sich nicht, Hilfe zu holen. Das ist nicht peinlich, und man muss sich auch nicht schämen. Schämen müssen sich nur diese Idioten.« Ich hatte mich richtig in Rage geredet. Die junge Frau sah mich mit großen Augen an. »Geht es Ihnen jetzt besser?«, fragte ich.

»Ja. Und Ihnen?«

Ich musste lachen. »Ja, mir auch.«

Es ist ein gutes Gefühl, wenn man einem Fahrgast helfen kann. Manchmal ist das aber gar nicht so einfach. So ging mir das, als ich einmal zu meinem Dienstantritt kam und mich die Zugchefin direkt zur Seite nahm. Es hatte im Bahnhof von Köln einen Personenunfall gegeben, fast alle Züge hatten dadurch Verspätung.

»Das Notfallmanagement hat mich darüber informiert, dass gleich eine traumatisierte Frau an Bord kommt. Sie stand am Bahnsteig, direkt vor ihr ist jemand vor den Zug gesprungen. Sie hat einen Schock erlitten, der Notarzt und die Seelsorge haben sich zum Glück um sie gekümmert«, erklärte sie mir.

»Oje, das ist schrecklich. Und sie will nun trotzdem fahren?«

»Es ist eine ältere Frau, die ihre Kinder besuchen will. Hier ist sie allein. Sie hat zwar Angst vor der Zugfahrt, will aber auch nicht in Köln bleiben. Und bis nach Bremen ist es zu weit mit dem Taxi.«

»Dann werden wir sie mal gut im Blick behalten.«

Der Sanitäter brachten sie zu uns – sie war ganz blass und verheult. Die Zugchefin brachte sie in die erste Klasse und fragte sie direkt, ob sie etwas zu trinken haben wolle.

»Wasser«, meinte die Frau leise.

Immer wieder sahen wir nach ihr. Sie war sehr verstört, obwohl sie eine Spritze und auch Medikamente bekommen hatte. Aber ich wusste, den Anblick eines Menschen, der von einem Zug zermalmt wird, konnte man nicht einfach so vergessen. »Es war so schrecklich«, sagte sie wieder, und die Tränen liefen. »Warum hat er das nur gemacht?«

Bis nach Bremen hatte sie sich ein wenig beruhigt, aber ich wusste, dass sie noch eine ganze Weile daran knabbern würde. Zum Glück standen ihre Kinder schon am Bahnhof bereit und holten sie ab.

»Sie steht immer noch unter Schock«, vertraute ich der Tochter an. »Achten Sie gut auf sie und ziehen Sie noch einmal einen Arzt hinzu.«

Eine Woche später wurden wir zur Dispositionsleitung gerufen, wir alle, die auf dem Zug Dienst gehabt hatten. Die Frau hatte einen dicken Blumenstrauß und Pralinen geschickt, dazu einen Dankesbrief. Sie sei so froh, dass wir uns so gut um sie gekümmert hätten, schrieb sie. Und auch, dass es ihr inzwischen wieder besser gehe, obwohl sie das Bild des Toten vermutlich nie vergessen werde.

Als ich kurze Zeit später mit einem neuen Kollegen zur Einweisung unterwegs war, kontrollierte er unter meiner Aufsicht die Fahrkarten. Er war erst noch ziemlich nervös, machte es aber dann doch schon ganz gut.

Ich konnte mich noch gut daran erinnern, wie nervös ich bei meiner Einweisung und bei den ersten Fahrten gewesen war. Damals schien mir das Tarifwesen wie ein Buch mit sieben Siegeln, das war es inzwischen nicht mehr. Natürlich hatte ich damals eine idealisierte Vorstellung von dem Job, aber obwohl ich heute wusste, dass nicht immer alles leicht und rosarot ist, liebte ich meinen Job noch immer. Es liegt in der Natur des Menschen, dass man schreckliche Erlebnisse wie Personenschäden und Unfälle eher im Gedächtnis behält als die schönen Dinge. Aber die überwiegen. Die herzlichen, manchmal traurigen, leidenschaftlichen Abschiede auf den Bahnsteigen, die einen berühren. Aber auch die schönen Wiedersehen. Eltern fahren zu ihren Kindern, Kinder fahren zu ihren Eltern, Freunde treffen sich. So manche Freundschaft ist in der Bahn entstanden. Oder sogar Liebe.

Ich hatte während der letzten Jahre viele Städte kennengelernt, mich in einige Altstädte, Viertel oder Parks geradezu verliebt. Dort fuhr ich immer wieder gern hin und entdeckte jedes Mal Neues. Wenn es wieder zurückging, freute ich mich auch. Ich liebte mein Zuhause, genoss das Leben mit meinem Sohn, Paps, Hilde und natürlich Hannes. Besonders, seit der bei uns wohnte, fühlte es sich an, als wären wir eine richtige kleine Familie. Na ja, eher: Großfamilie. Es war am Anfang seltsam gewesen, jeden Abend neben ihm einzuschlafen und jeden Morgen wieder neben ihm aufzuwachen. *Fast* jeden Morgen, denn manchmal hatte ich ja auch Dienste mit Übernachtung. Aber mittlerweile fand ich das richtig schön, denn jetzt war die Vorfreude auf den Feierabend und auf Hannes noch größer.

»Die Fahrkarten bitte.« Mein neuer Kollege ging weiter.

Welche Vorstellungen und Träume er wohl von seinem Beruf hatte? War es einfach nur ein Job für ihn, oder verband er mit Zugfahrten auch emotionale, romantische, glückliche Momente? Vielleicht war er einfach gern unterwegs und mochte es, so wie ich, mit vielen verschiedenen Menschen zu tun zu haben.

»Sie haben die Bahncard nicht unterschrieben«, sagte er nun zu einem Mann, der ihm den Fahrschein und die Plastikkarte gereicht hatte. Er zückte einen Kugelschreiber und hielt ihn dem Passagier hin.

Doch dieser schüttelte den Kopf und packte seine Unterlagen schnell wieder ein. »Mache ich nachher«, murmelte er.

»Nein, Sie müssen sich jetzt verifizieren.«

In diesem Moment kam eine Frau den Gang entlang, schaute auf das Display über dem Sitz und sagte dann: »Das ist mein Platz. Den habe ich reserviert.« Sie zeigte auf die Anzeige.

Verdattert schaute der Mann hoch, raffte dann hastig seine Sachen zusammen und stand auf. In der Reihe davor waren freie, nicht reservierte Plätze, doch er starrte nur mit zusammengekniffenen Augen auf die Displays und ging langsam weiter.

Ich ging zu ihm. »Hier können Sie sich setzen«, sagte ich und deutete auf eine Sitzreihe. »Dieser Platz ist nicht reserviert.« Dann wünschte ich ihm eine schöne Reise. Er nickte mir dankbar zu.

»Der muss doch noch unterschreiben«, meinte mein junger Kollege, als wir weitergingen.

»Nein«, sagte ich leise. »Jedenfalls nicht hier im Zug. Ich möchte wetten, dass er Analphabet ist.«

»Meinst du? Er sah aber doch gar nicht aus wie einer.«

Ich stutzte. »Wie sehen denn Analphabeten aus?«

»Na ja …« Er stockte. »Ich weiß auch nicht.«

»Nicht jeder Analphabet ist zugleich ein Aussätziger der

Gesellschaft. Viele haben einen Beruf, finden sich irgendwie im Leben zurecht. Sie können nur nicht oder nur wenig lesen und schreiben.«

»Okay«, sagte der junge Kollege. »Dann war das wohl eine Lektion fürs Leben, die ich heute gelernt habe.«

Ich lächelte.

16 Love Train

*Der nette junge Mann, der gerade nach vorn
gekommen ist und mich darum gebeten hat,
seine Annika zu fragen, ob sie ihn heiraten will,
soll bitte noch einmal bei mir vorbeischauen. Ich
will natürlich wissen, ob sie Ja gesagt hat!*

Früher gab es den Polterabend. Heute wird der Junggesellenabschied gefeiert. Das kann man nett machen, aber anscheinend gehört es heutzutage dazu, eine Peinlichkeit
nach der nächsten zu veranstalten. Eine lustige Feier reicht
nicht mehr, allem muss noch irgendwie die Krone aufgesetzt werden – im Fall des Junggesellenabschieds ist sie
meistens rosa und aus glitzerndem Plastik.

Nicht, dass Sie mich missverstehen – ich liebe es zu feiern, und ich kann angemessen die Sau rauslassen. Aber
muss man denn schon mittags betrunken durch den Zug
torkeln, nur weil ein Kumpel heiratet? Muss man die anderen Fahrgäste bedrängen und anpöbeln? Ja, es *kann* witzig
sein, mit einem improvisierten Bauchladen durch die Gegend zu laufen und Kleinigkeiten zu verkaufen. Viele Leute
haben auch Erbarmen und machen mit. Aber wenn einem
dabei eine üble Fahne entgegenschlägt und wilde Gesänge
und zotige Sprüche das Ganze begleiten, dann hört der
Spaß bei vielen auf.

Vor allem bei mir.

Gerade nach München, Hamburg, Köln oder Düsseldorf fahren viele Gruppen, um dort das Ende ihres bisheri-
gen Lebens zu begießen. Wenn man sich den letzten Abend
in Freiheit mal so anguckt, beschleicht einen der Verdacht,
dass die Ehe von dem einen oder anderen mit einer Gefan-
genschaft in Ketten verwechselt wird.

Als ich von Basel zurück nach Köln fuhr, hatte ich gleich

zwei Junggesellenabschiede im Zug und eine Streckensperrung vor uns. Die Jungs – die einen im pinkfarbenen Prinzessinnenkostüm, die anderen in Rippunterhemden, alle mit jeder Menge Alkohol im Gepäck – machten glatt dem Bordbistro Konkurrenz. Sie verkauften kleine Flaschen mit allerlei Inhalt und waren dabei sogar ziemlich erfolgreich. Aber sie verkauften sie nicht nur, sondern probierten auch recht ordentlich, und so wurde die Stimmung immer ausgelassener – so könnte man es nennen, wenn man den Herrschaften freundlich gesinnt war. Es wurde gegrölt und gesungen, schweinische Witze wurden durch den Zug gebrüllt und Parolen skandiert. Es war nicht zum Aushalten.

Die ersten Reisenden suchten sich andere Plätze. Als die Prinzessinnen ein Megafon herausholten und die Leute damit beschallten, reichte es mir.

»He, Sie da«, herrschte ich den Typen mit der Flüstertüte an. »Können Sie mir mal das Ding geben?«

»Was willst 'n damit?«, lallte er.

»Es haben«, sagte ich. »Vor einiger Zeit hat jemand mit einem Megafon im Zug rumgebrüllt, und einem Fahrgast ist das Trommelfell geplatzt. Der Junggeselle hat nun eine dicke Anzeige an der Backe. Das will ich Ihnen ersparen. Sie bekommen es wieder, wenn Sie aussteigen.«

Ich schaute ihn so böse an, dass er mir das Ding tatsächlich überließ. Meine Worte schienen die Truppe ein wenig ernüchtert zu haben, deshalb ergriff ich gleich die Gelegenheit. »Ich bitte Sie alle, in den Wagen hinter das Bistro zu gehen. Dort können Sie weiterfeiern, wenn Sie sich zumindest in Teilen an die Hausordnung der Bahn halten und keine anderen Fahrgäste mehr belästigen.«

»Na gut«, sagte die Prinzessin mit der größten Krone – vermutlich der Bräutigam in spe. »Aber du gehst vor.« Damit stellte er sich hinter mich, legte mir die Hände auf die Schultern und schob mich vor sich her.

Wie auf ein geheimes Signal bildeten alle Prinzessinnen eine Polonaise, und auch die Rippunterhemden schlossen sich uns widerstandslos an. Begleitet von frenetischem »Gesang« (»Geh mal Bier hol'n, du wirst schon wieder hässlich, ein zwei Bier, und du bist wieder schön ...«) zockelte der Zug der Feierwütigen, angeführt von der mittlerweile zu allem wild entschlossenen Zugschubse Juliane Zimmermann, bis in ihren Wagen. Einige der Passagiere, an denen wir vorbeischunkelten, zückten ihre Handys. Lieber Gott, mach, dass sie das nicht auf Facebook posten, dachte ich. Meinem Arbeitgeber zu erklären, wie es zu dieser Situation gekommen war, wäre sicher kein Zuckerschlecken.

Die wenigen Reisenden in dem hinteren Wagen bat ich, in die vorderen Abteile auszuweichen, und so konnten wir die Fahrt ohne größere Vorkommnisse fortsetzen.

Als ich am Abend nach Hause kam und mich im Badezimmerspiegel betrachtete, fiel mir auf, dass meine Haare noch glitzerten. Offenbar war etwas von dem Prinzessinnenstaub an mir hängen geblieben. Wie schön.

Dann bemerkte ich, dass mir einer der Idioten einen Kaugummi in die Haare geklebt hatte, mit dem ich den ganzen Tag rumgelaufen war. Wie gewonnen, so zerronnen.

Natürlich ist die Bahn das ideale Transportmittel für feiernde Gruppen, und dagegen ist auch gar nichts einzuwenden. Man kann zusammen gesellig sein, ein wenig trinken und feiern und kommt sicher, wenn auch nicht immer pünktlich, an.

Vor einiger Zeit allerdings ging die ganze Sache im wahrsten Sinne des Wortes nach hinten los. Wegen einer Bombe musste ein Zug angehalten werden, dreihundert Fahrgäste wurden evakuiert. Und zwar vollkommen umsonst. Die Bombe war nämlich nicht mehr als ein Holzklotz, verziert mit Kabeln und einem Wecker. Der zukünftige Bräutigam, der diesen Klotz am Bein mit sich führen musste, hatte ihn im Zug vergessen. Das konnte der Zugbegleiter aber nicht wissen, als er das Ding unter einem Sitz liegen sah.

Natürlich gibt es auch viele Junggesellenabschiede, die lustig sind und die anderen Fahrgäste erfreuen. So einen erlebte ich, als ich von Osnabrück nach Nürnberg fuhr. Es war ein Samstagnachmittag, und in Münster stieg eine Gruppe Frauen zu, alle etwa im selben Alter Mitte dreißig. Sie wollten nach Köln und hatten sich rosa T-Shirts mit lustigen Sprüchen darauf angezogen. Die künftige Braut trug den obligatorischen Bauchladen, aber sie verkaufte Schaummäuse und andere Süßigkeiten statt Alkohol und Kondome. Natürlich ließen sie auch die Sektflasche kreisen, und die Braut versuchte, einige der ihr gestellten Aufgaben schon im Zug zu lösen. So sollte sie zwei Männern die Fingernägel rot lackieren und jemanden finden, der den gleichen Vornamen wie ihr Zukünftiger hatte, und sich mit ihm fotografieren lassen. Beide Aufgaben konnte sie erfüllen, denn die meisten Reisenden waren entspannt und erfreuten sich an der lustigen Truppe. Auch die Süßigkeiten gingen weg wie geschnitten Brot.

In Dortmund stieg eine Gruppe Männer ein. Alle Mitte dreißig. Junggesellenabschied auf dem Weg nach Köln. Sie waren, genau wie die Damen, fröhlich, aber nicht zu aufdringlich. Sie saßen vorn im Großraumabteil, die Mädels im selben Wagen hinten. Das kann ja was werden, dachte ich.

Die Jungs hatten eine tragbare Anlage dabei und spielten Schlager, Wolfgang Petry. Das ganze Abteil wurde von der Musik beschallt. Sie hatten Spaß, etliche Mitreisende aber nicht. Ich wurde angesprochen, ob das denn so sein müsse.

Dann musste der Bräutigam sein Hemd ausziehen. Was kommt denn nun?, dachte ich verwirrt. Dem teils amüsierten, teils genervten Publikum präsentierte sich ein gut gebauter Mann im Unterhemd, allerdings Marke Bär. Der Trauzeuge offenbarte ihm, wie er zu Geld kommen könne: Sie hätten Kaltwachsstreifen dabei und verkauften diese nun an Willige, um den Bären zu enthaaren.

Das bekamen die Junggesellinnen mit, und sofort ging es los. Mit viel Gelächter und Gekicher wollte jede einen der Wachsstreifen erwerben und sofort am armen Bräutigam anwenden. Und nicht nur die rosa Damen standen Schlange – fast jede Frau im Wagen hielt das Enthaaren für eine gute Idee. Offenbar war das die Rache der Weiblichkeit für all die Qualen, denen sie sich aussetzt, um Männern zu gefallen. Jedenfalls waren die Freiwilligen nicht zimperlich, als sie den nach kurzer Zeit enthaarten Junggesellen, der nun wie ein Nacktmull mit Sonnenbrand aussah, mit dem Kaltwachs folterten. Dazu sang immer noch Wolfgang Petry – vielleicht sogar die schlimmere Körperverletzung. Aber die Stimmung war gut, es wurde auf Braut sowie Bräutigam angestoßen, und alle hatten Spaß.

Einer der Junggesellen tänzelte plötzlich zu einer Dame und bat sie um einen Tanz. Sie schüttelte den Kopf und drehte sich weg.

Na komm, Mädchen, dachte ich, mach mit!

Der Mann ließ nicht locker, nahm ihre Hand. »Hölle, Hölle, Hölle«, schallte es aus dem Lautsprecher der tragbaren Anlage. »Wahnsinn, warum schickst du mich in die Hölle?«, fragte der Mann seine auserwählte Tanzpartnerin. Da endlich ließ sie sich erweichen. Eins-zwei-tap, eins-zwei-tap … ging es bald schon durch den Wagen, und offenbar machte der Tanz der jungen Frau ebenso viel Spaß wie dem Mann.

Ein weiterer Junggeselle schlängelte sich an den beiden vorbei, verbeugte sich formvollendet vor einer anderen der rosa Damen. Und zack – schon tanzten auch sie.

»Das ist Wahnsinn, du spielst mit meinen Gefühlen«,

sangen die anderen. Eins-zwei-tap, eins-zwei-tap … Bald darauf legten noch weitere einen flotten Discofox hin, und nur eine Minute später tanzten fast alle miteinander, sogar andere Fahrgäste waren aufgestanden und machten mit. Zum Glück war der nächste Wagen das Bistro, und die Anwesenden erweiterten die Tanzfläche dahin. Ein wahrer Partyzug lief in Köln ein, und die beiden Gruppen verließen gemeinsam den Zug. Ich hätte schwören können, dass sie ihre Pläne über den Haufen warfen und zusammen durch die Stadt zogen. Keiner, auch keiner der anderen Fahrgäste, verließ den Zug ohne ein Lächeln auf den Lippen.

Und dann passierte es. Ich war auf der Heimfahrt, hatte eine Übernachtung in München gehabt und freute mich nun auf Felix und Hannes. In Nürnberg stieg eine neue Zugchefin zu, und überrascht stellte ich fest, dass es Söckchen war. Seltsam, hatte sie mir nicht vor ein paar Tagen noch gesagt, sie habe heute frei? Ich hätte es doch gewusst, wenn wir dieselbe Strecke gehabt hätten.

»Ich habe getauscht«, sagte sie, drückte mich kurz und verschwand dann im Dienstabteil. Sie wirkte beschäftigt, und ich war mit meiner Runde noch nicht fertig – also dachte ich mir nichts dabei.

Der Zug war zum Glück nicht so voll, deshalb holte ich nach Würzburg einen Kaffee im Bistro für Söckchen und mich und ging dann zu ihr. Sie telefonierte gerade mit dem Handy, und als sie mich sah, winkte sie mich weg. Nanu? Hatte sie Stress mit Lukas? Ich wollte es nicht hoffen.

Kurz danach rief sie mich zu sich. »Kannst du bitte den Dienst in der ersten Klasse übernehmen? Lutz geht es nicht so gut, und Maike hat Schwierigkeiten mit einem Gast, die kann auch nicht.«

Lutz war unser Steward. Mist. Wenn der ausfiel, musste ich einspringen. Vor Frankfurt mussten die Goodies verteilt werden – das durfte ich also allein machen. Aber was soll's, es war mein Job.

Ich setzte mein schönstes Lächeln auf, nahm den Korb mit den Gummibärchentüten und ging in die erste Klasse. Lutz kam mir entgegen – er sah ganz normal aus und zwinkerte mir gut gelaunt zu. Was sollte das denn? Aber ich hatte keine Gelegenheit, mich zu wundern. Einer der Geschäftsreisenden der ersten Klasse orderte Essen bei mir, ein anderer wollte ein Getränk, der nächste musste es sich noch überlegen und bat mich, gleich noch einmal zu fragen. Die restlichen wollten nichts oder zumindest momentan nicht.

Ich ging ins Bistro und gab die Bestellungen auf. Hoppla! Wer war denn das? War das nicht Hilde? Die Frau, die fast schon fluchtartig den Wagen verließ, sah aus wie die Lebensgefährtin meines Vaters – aber das konnte doch gar nicht sein. Sie war ja in Köln. Und passte hoffentlich auf Felix auf. So hatten wir es zumindest vereinbart.

Ich schüttelte den Kopf. Jule, Jule, schimpfte ich mich. Du bist überarbeitet. Nun fängst du schon an, Gespenster zu sehen!

In Aschaffenburg stiegen drei der Erste-Klasse-Fahrgäste aus, vier neue kamen. Noch etwas mehr als eine Stunde, dann hatte ich Feierabend und musste nur noch vom Kölner Hauptbahnhof nach Hause fahren. Jetzt würde ich aber erst einmal die Zeitungen an die Zugestiegenen verteilen und Bestellungen aufnehmen, dann die Fahrscheine prüfen. Mist, was war denn nur mit Lutz? Kam der gar nicht mehr wieder? Warum war er nicht da und half mir?

Ich eilte ins Bistro und wieder zurück. Natürlich wollten nun alle etwas trinken und die meisten auch etwas essen – das war ja klar, das war Murphys Gesetz. Je näher der Feierabend rückte, desto mehr gab es zu tun. Und ich war allein, bediente einen ganzen Erste-Klasse-Wagen mit ungefähr dreißig Personen darin und hatte alle Hände voll zu tun.

Wir erreichten Frankfurt Flughafen. Eigentlich hatte Hannes heute früher Schluss machen wollen, um mit mir zurückzufahren. Jetzt hing ich aber in der ersten Klasse fest und konnte ihn gar nicht suchen.

Unser Zug raste durch die Eifel, und endlich wurde es etwas ruhiger. Mein Kaffee im Dienstabteil war inzwischen kalt geworden. Ich überlegte, ob ich mir einen frischen holen sollte, doch in diesem Moment bat mich Söckchen über das Mobiltelefon ins Bistro.

Was zum Teufel war denn jetzt? Bitte keine Streckenstörung, kein Personenunfall, keine Randale! Ich wollte einfach nur noch nach Hause oder zumindest zu Hannes. Aber wo war der eigentlich?

Als ich ins Bistro kam, war niemand da. Niemand, der Wagen war buchstäblich leer gefegt. Nicht mal die Theke war besetzt.

Hä? Was sollte denn das jetzt? Würde ich jetzt auch noch Bistrodienst schieben müssen? Meine Laune sank noch weiter.

Da knisterte es plötzlich in den Lautsprechern. Eine Durchsage? Wo war überhaupt Söckchen?

Und dann hörte ich plötzlich dieses Lied.

Erst Gitarrenriffe. Dann Gesang.

»*When I wake up, well I know I'm gonna be*
I'm gonna be the man who wakes up next to you
When I go out, yeah I know I'm gonna be
I'm gonna be the man who goes along with you.«

Was sollte das denn? Hey, das Lied kannte ich, das waren The Proclaimers mit »500 Miles«. Aber was sollte das? Warum lief hier Musik? Wo waren alle?

Die nächste Strophe wurde gesungen.

»*If I get drunk, well I know I'm gonna be*
I'm gonna be the man who gets drunk next to you
And if I haver, hey I know I'm gonna be
I'm gonna be the man who's havering to you.«

In diesem Augenblick tänzelte Felix in den Bistrowagen. Er grinste mich breit an.

Was machte mein Sohn hier? Allein? Und wie war er in den Zug gekommen? Bevor ich den Gedanken zu Ende denken konnte, kamen Paps und Hilde hinterher. Ich hatte mich also nicht getäuscht, es war Hilde gewesen, dachte ich verblüfft und konnte immer noch nicht fassen, was hier passierte. Sie bewegten sich synchron zur Musik und grinsten breit.

War das eine Choreografie, die sie da tanzten? Seit wann konnte meine Familie tanzen? Noch dazu im Takt und offenbar beabsichtigt?

Dann kamen Lutz, Silke, zwei Kolleginnen, Martin und sein Freund Sascha dazu. Söckchen folgte ihnen. »*But I would walk 500 miles and I would walk 500 more*«, schmetterten sie lautstark mit.

»*Just to be the man who walks a thousand miles to fall down at your door*«, sangen Kai und Lukas, die beiden Lokführer.

Meine ganzen Lieblingskollegen hatten sich hier versammelt, sangen und klatschten im Takt, und offenbar tanzten sie auch synchron zu einer vorgegebenen Choreografie – nur ich wusste immer noch nicht, was das bedeutete.

Und dann glaubte ich zu träumen – dies musste eine Halluzination sein, eine Fata Morgana! Elvira Meier, die Drillingstante, und Professor Orlow, der Flaschensammler, betraten das Bistro. Sie hatten jeder einen kleinen Strauß Blumen in den Händen. Aber ich hatte doch gar nicht Geburtstag!

Alle sangen nun den Achtzigerjahre-Klassiker mit:
»But I would walk 500 miles
And I would walk 500 more
Just to be the man who walks a thousand miles
To fall down at your door.«

Felix stand plötzlich neben mir, strahlte mich an. »Du musst jetzt gut zuhören, Mama«, sagte er und zwinkerte.

Das Lied endete. Was hatte das alles zu bedeuten? Ich verstand es nicht.

Es knackte wieder in den Lautsprechern, und bevor ich auch nur einen Mucks von mir geben konnte, wurde ein weiteres Lied gespielt: »*It is a beautiful night …*«

Oh nein. O mein Gott. Das glaubte ich nicht. Das war Bruno Mars! Ich kannte dieses Lied.

Hannes erschien in der Tür. Er grinste mich breit an und schmetterte dann mit Bruno Mars zusammen: »*Hey baby, I think I wanna marry you …*« Die anderen standen hinter ihm im Spalier und warteten darauf, die La-Ola-Welle zu machen.

Es war nicht zu glauben. Das war eine Art Flashmob. Alle waren gekommen, und ich stand da wie ein Ölgötze und rang nach Fassung.

Hannes blieb vor mir stehen, schaute mich erwartungsvoll und vielleicht auch ein wenig nervös an.

Ich wusste nicht, was ich tun sollte. Meinte er das so? Er wollte mich heiraten? O Gott. Wie krass! Wie wunderschön!

Er kam auf mich zu – gut, denn ich konnte mich gar nicht wirklich bewegen, zu überwältigt war ich.

Felix gab mir einen Stups. »Nun mach schon, Mama«, sagte er laut.

Und dann fielen Hannes und ich uns in die Arme. Er meinte es so, er wollte mich heiraten. Den Rest seines Lebens mit mir verbringen. Der Zug endete nicht, hier war nicht die Endstation – es war der Anfang einer aufregenden neuen Reise.

»Du willst mich wirklich heiraten?«, flüsterte ich ihm ins Ohr.

»Ja, mehr als alles in der Welt. Du bist die Liebe meines Lebens.«

»Du weißt aber, dass du damit nicht nur mich am Bein hast, sondern auch Felix.«

»Felix hat man nicht am Bein, mein Schatz«, sagte Hannes. »Und es ist ja nicht nur er. Dich gibt es nur im Paket, dazu gehören auch dein Paps und Hilde.«

»Oje, ich fürchte, da braucht man noch viel mehr Beine«, seufzte ich.

»Und Gaby und Charly«, sagte Felix, der auf einmal neben uns stand. »Die sind ja auch Familie. Leider konnten sie heute nicht kommen.«

»Aber zur Hochzeit kommen sie«, sagte Hannes. »Ich habe sie schon gefragt.«

»Ohne mein Ja abzuwarten?«, wollte ich wissen, lachte aber.

»Ich habe auf das Ja zumindest spekuliert.« Hannes räusperte sich. »Nur für die Hochzeitsreise in Afrika müssen wir noch sparen. Aber man muss ja auch ein Ziel im Leben haben.«

Und dass der Weg das Ziel war, wusste niemand besser als ich.

Nachwort

Ich bin Zugbegleiterin mit Herz und Seele. Ich liebe meine Arbeit. Ich mag es, Zug zu fahren. Ich übe meinen Job aus, genau wie Tausende meiner Kollegen. Wir sind Angestellte bei der Deutschen Bahn, wir sind nicht der Konzern. Aber wir bekommen immer und immer heftiger die Kritik am Unternehmen zu spüren.

Zu teuer, zu langsam, zu viele Verspätungen, zu dreckig, zu laut … Es gibt unzählige Kritikpunkte an der Deutschen Bahn. Die mögen zum Teil auch berechtigt sein, aber wir, die Zugbegleiter, sind nicht dafür verantwortlich. Wir sind nur Menschen. Menschen, die vielleicht schlecht geschlafen haben, denen es nicht gut geht, die aber trotzdem arbeiten gehen müssen. Menschen, die angemotzt, angepöbelt, angeschrien werden, weil der Zug eine Verspätung hat.

Ich bin aber nicht immer von den Nörglern, den Meckerern und Motzern umgehen. Viel öfter habe ich nette, freundliche, höfliche, lustige und witzige Fahrgäste. Deshalb liebe ich meinen Job auch. Diese netten Momente machen meinen Beruf zu etwas ganz Besonderem. Das kleine Glück, das einen plötzlich erfüllt, die Augenblicke, mit denen man nicht rechnet. Es muss gar nichts Großartiges sein. Manchmal genügt das Lächeln eines Kindes, wenn es von jemand anderem angesprochen wird, das Glucksen eines Babys, wenn es sein Spiegelbild in der Scheibe sieht, das Jauchzen eines jungen Mädchens, wenn sich die Tür des Zuges am Bahnhof öffnet und dort ihr Freund wartet, das Strahlen des älteren Herrn, wenn seine Enkelkinder aus dem Zug in seine Arme springen. Es sind die Menschen, die Zugfahrten zu etwas Besonderem machen.

Da ist die Backpackerin, die nach einem Jahr müde und erschöpft vom Flugzeug in die Bahn steigt, fast den Heimatbahnhof verpennt und dort von ihren Freundinnen mit einem großen Plakat willkommen geheißen wird.

Da ist der Geschäftsmann, dem die Omi, die zu ihren Kindern reist, einen Kaffee ausgibt, weil er so fürchterlich gestresst aussieht.

Da sind die Paare, die sich trennen müssen, aber wissen, dass sie sich an diesem zugigen Bahnhof bald wieder in die Arme schließen können.

Vielleicht sind Sie auch einer dieser Menschen? Ganz sicher sogar. Wenn Sie also demnächst in einem Zug sitzen, der Verspätung hat, dessen Klimaanlage ausgefallen ist, dessen Klo defekt und dessen Bistro nicht besetzt ist, denken Sie daran, dass ich nach wie vor glaube, dass dem Zugfahren eine gewisse Magie innewohnt. Vielleicht ist mein Job nicht romantisch, und die Zuggäste, denen ich begegne, sind es zum großen Teil auch nicht. Aber Menschen wie Sie, die mir ein freundliches Lächeln schenken und mir ab und an zeigen, dass sie meine Bemühungen wahrnehmen, sorgen dafür, dass ich nicht aufhöre, an diesen Zauber des Zugfahrens zu glauben.

Ihre Juliane Zimmermann

Vom Wahnsinn in den eigenen vier Wänden

Ralf Schmitz
SCHMITZ' HÄUSCHEN
Wer Handwerker hat,
braucht keine Feinde mehr
336 Seiten
mit zahlreichen
Abbildungen
ISBN 978-3-404-60806-5

Ralf Schmitz baut um – und ist kurz davor durchzudrehen. Denn nichts läuft nach Plan: Maurer ziehen Wände auf der falschen Etage hoch, Maler verputzen abgeklebte Fenster, und Elektriker montieren Lichtschalter, bei deren Betätigung die Dachluke aufgeht. Und das ist erst der Anfang. Was für ein Glück, dass der Top-Comedian bei all diesen Katastrophen nicht seinen unvergleichlichen Humor verliert. Ralf Schmitz erkundet die verrückte Welt der Heim- und Handwerker. Am Ende ist klar: Das Leben ist eine Baustelle, nach fest kommt ab – und den Rest bringt der Putz!

Bastei Lübbe